미스테이크 밀리어네어

미스테이크 밀리어네어

실수를 압도적 성공으로 탈바꿈한 백만장자가 밝히는 승자의 메커니즘

킴 퍼럴 지음 | 이동희 옮김

MISTAKES
That Made Me a
MILLIONAIRE

필름

"사람들은 대개 자신의 실수를 숨기려 한다.
하지만 킴은 실수를 성공으로 향하는 지도로 바꿔 놓았다.
이 책은 그 자체로 보물이다."

— **크리스 버치**(Chris Burch),
토리 버치 공동 창립자 및 버치 크리에이티브 캐피털 CEO

"브랜드를 구축하기 위해선 회복 탄력성과 창의성,
그리고 실수할 용기가 필요하다.
킴의 책은 모든 창업자의 서재에 꽂혀 있어야 할 필독서다."

— **사라 리**(Sarah Lee), 글로우 레시피 창립자

"패션과 비즈니스 세계에선 반드시 위험을 감수해야 하며,
때로는 잘못된 길을 갈 수도 있다.
킴은 실수를 인정하고 그것을 위대한 교훈으로 바꾸는 법을 가르쳐 준다."

— **위니 할로**(Winnie Harlow), 슈퍼모델 및 기업가

"킴은 실제 현장에서 통하는 구체적이고 현실적인 조언을 건넨다.
그녀는 작은 발걸음 하나도 진전임을 상기시키며
우리에게 앞으로 나아갈 힘을 준다.
명석함과 따뜻함, 전문성을 모두 갖춘 그녀는 정말 독보적인 존재다.
나는 킴 덕분에 나의 아이디어를 비즈니스 제국으로 키워 냈다!"

— **질 마틴**(Jill Martin), 〈투데이 쇼〉 라이프스타일 전문 패널

"인생을 업그레이드하기 위한 최종 병기와도 같은 책이다.
마음가짐, 커리어, 자신감을 이 한 권으로 마스터할 수 있다."

— **브라이언 켈리**(Brian Kelly), 더 포인트 가이 창립자

"이 책은 실수를 성공으로 뒤바꾸는 법을 알려 주는 최고의 교재다.
모든 기업인에게 일독을 권한다!"

— **빌 쇼**(Bill Shaw), 잡지 〈앙트러프러너〉 회장

내 사랑하는 아이들에게,
실수하는 것을 절대 두려워하지 말렴.
용기를 내어 시도하는 그 순간,
진정 마법 같은 일이 펼쳐진단다.

기업가의 여정은 흔히 성공을 향해 곧게 뻗은 일직선으로 미화되곤 한다. 사람들은 승리에 환호하고, 획기적인 성공을 찬양하며, 성공한 창업자들을 영웅처럼 떠받든다. 하지만 우리가 쉽사리 간과하는 사실이 하나 있다. 킴 퍼럴이《미스테이크 밀리어네어》에서 명쾌하게 드러냈듯이, 실제 여정은 승리가 아닌 수많은 실수로 포장되어 있다. 그것도 헤아릴 수 없이 많고, 필수 불가결이며, 더없이 값진 실수들로 말이다.

나는 이 사실을 누구보다 잘 알고 있다. 1998년, 그러니까 넷플릭스가 오늘날 우리가 아는 스트리밍 거물이 되기 훨씬 전에 공동 창업자인 리드 헤이스팅스와 나는 나름의 실수를 잔뜩 저지르고 있던 두 명의 기업가에 불과했다. 우리는 재고를 확보하는 데 돈을 너무 많이 쓴 나머지 웹 서버에 충분히 투자하지 못했다. (사이트는 개시한 지 15분 만에 다운되었다.) 게다가 DVD 대여뿐만 아니라 판매 사업도 하기로 결정했다. (주문을 받을 때마다 손해를 보았다.) 또한 우편 DVD 대여 서비스의 초기 버전에는 반납 기한과 연체료가 있었다. (사람들이 경쟁사인 블록버스터를 선호했던 것도 당연하다.)

그러나 아마도 가장 큰 실수인 동시에 아이러니하게도 결국 우리를 살려 낸 결정적인 오판은, 최고의 영화 포털이 되겠다는 야심 찬 시도였다. 우리는 넷플릭스가 영화를 사랑하는 모든 사람에게 필요한 모든 것을 제공해야 한다고 굳게 믿었다. 단순히 DVD를 대여하는 수준으로는 만족할 수 없었다. 영화 애호가들의 궁극적인 정착지가 되기를 원했다. 그래서 리뷰를 추가하고, 영화표를 팔고, 광고까지 유치했다. 우리의 전략은 당시 닷컴 기업이 늘 외치던 "일단 규모를 키우자!"였다. 나는 고객 수만 확보하면 수익 문제는 나중에 어떻게든 해결될 거라며, 투자자들 앞에서 자신만만하게 장담했던 기억이 난다. 만약 2000년에 일어난 인터넷 버블 붕괴 사태가 이 거창한 비전을 강제로 꺾어 버리고 돈 버는 일에 집중하도록 몰아붙이지 않았다면, 오늘날의 넷플릭스는 존재하지 않았을 것이라 확신한다. 때로는 인생에서 저지른 가장 큰 실수가, 그 시련을 이겨 내고 난 뒤에야 비로소 가장 위대한 스승이 되어 주기도 한다.

바로 여기서 킴 퍼럴의 책이 다른 책들과 다른 특별한 이유가 있다. 이 책은 주요 성공 사례만을 모은 사례집도 아니고, 사업 육성을 위한 이론서도 아니다. 이 책은 모든 기업가가 맞닥뜨리는 난관, 막다른 길, 그리고 쓰라린 좌절 들을 숨김없이 파헤친 기록이다. 이 모든 시련 속에서도 끝내 살아남아, 그 역경들을 성공의 디딤돌로 바꿔 낸 사람이 전하는 진솔한 이야기다.

이 책을 읽으면서 나도 모르게 고개를 끄덕이고, 익숙한 시나리오에 안쓰러워했으며, 때로는 내가 저지른 비슷한 실수에 크게 웃음이 나기도 했다. 무엇보다, 넷플릭스를 시작할 때 이 지혜를 빌릴 수 있었더라면 얼마나 좋았을까 하는 생각이 들었다. 얼마나 많은 밤샘을, 얼마나 많은 값비싼 실수를 피할 수 있었을까? 모든 기업가가 직접 실수를 겪으며 배우는 것도 중요하지만, 다른 사람의 경험에서 미리 지혜를 얻는 것 또한 커다란 가치가 있다.

킴 퍼럴은 내가 깨닫는 데 수년이 걸린 사실을 꿰뚫고 있다. 즉 실수를 저지르는 일은 괜찮은 정도가 아니라 필수 그 자체이다. 그러나 그녀가 지적하듯이 성공의 진정한 열쇠는 같은 실수를 두 번 반복하지 않는 것이다. 그녀는 이 책을 통해 단순히 자신의 실책을 공유하는 데 그치지 않는다. 실수가 발생한 이유를 파악하는 틀을 제공하고, 실수를 피하는 방법까지 제시한다. 마치 이미 지뢰밭을 건너온 사람이 그려 준 지도와 같다.

한창 성장 중인 회사를 운영하고 있든, 이제 막 창업을 고민하고 있든, 이 책은 반드시 읽어야 할 필독서이다. 킴 퍼럴의 경험을 통해 실패를 성장의 발판으로 삼는 법, 좌절 속에서도 회복탄력성을 지키는 법, 그리고 최악의 실수를 성장의 기회로 바꾸는 법을 배울 수 있을 것이다.

나는 오랫동안 킴 퍼럴을 알고 지냈으며, 열정적인 젊은 기업가였던 그녀가 스타트업 생태계에서 가장 존경받는 인물 중 한 명으로 거듭하는 과정을 곁에서 지켜보았다. 〈앙트러프러너(Entrepreneur)〉 잡지의 TV 프로그램인 〈엘리베이터 피치(Elevator Pitch)〉에서 함께 투자자로 활동하는 동안 나는 그녀가 예리한 사업적 통찰력은 물론, 자신의 실패담까지 숨김없이 나누는 솔직한 용기로 창업자들과 소통하는 모습을 직접 확인했다.

사실 이 책을 추천하면서도 내심 시샘이 난다. 동료 투자자로서 나는 창업자들이 그녀의 지혜와 경험에 얼마나 깊이 매료되는지 이미 잘 알고 있다. 이 책이 출간되고 나면 유망한 기업가들이 내 투자보다 그녀의 투자를 받고 싶어 안달할까 봐 벌써부터 걱정된다.

킴 퍼럴이 출간한 책은 단순한 비즈니스 서적이 아니다. 이것은 기업가의 여정을 함께하는 안내서다. 성공한 모든 기업 뒤에는 연이은 실수와 그 과정에서 얻은 교훈, 그리고 힘들게 얻은 지혜가 있다는 사실을 다시금 일깨워 준다. 그녀는 자신의 통찰력 넘치는 이야기를 솔직하게 공유함으로써, 수많은 기업가가 더 큰 자신감과 확신을 가지고 자신의 길을 헤쳐 나갈 수 있도록 돕는 길잡이를 안내해 주었다.

하지만 이 책은 실수를 피하는 요령을 가르쳐 주지 않는다. 오히려 마음껏 실수하고, 그 경험에서 배우며, 실수를 성공의 재료로 삼아도 좋다고 용기를 북돋아 주는 응원군과 같다. 수십 년간 기업가이자 투자자로 활동해 오면서, 나는 이토록 실질적인 지혜와 용기를 주는 통찰력이 완벽하게 어우러진 책을 만나 보지 못했다. 킴 퍼럴은 자신의 실패를 자신 있게 앞으로 나아갈 수 있는 발판으로 바꾸어 놓았고, 이는 세상의 모든 예비 창업가와 현직 창업가에게 커다란 선물이 될 것이다.

이제 페이지를 넘겨 보자. 킴 퍼럴이 당신의 실수를 기업가로서 가질 수 있는 가장 강력한 자산으로 어떻게 탈바꿈시키는지를 직접 확인해 볼 차례다. 백만장자가 된 미래의 당신이 분명 고마워할 것이다.

그럼 나는 이제 〈엘리베이터 피치〉의 다음 시즌을 준비하며, 이토록 매력적인 투자자가 된 저자와 어떻게 경쟁해야 할지 고민하러 가 봐야겠다.

— 마크 랜돌프(Marc Randolph), 넷플릭스 공동 창업자

아무도 말해 주지 않는 진실

내 회사를 인수하겠다는 제안서가 마호가니 테이블 너머로 슬며시 올라왔다. 제안서에 적혀 있는 금액은 무려 2억 3,500만 달러였다. 기업가들이 평생을 바쳐 좇는 꿈같은 금액의 거래였다. 샌프란시스코에서 싱가포르까지 전 세계 기술 매체의 헤드라인을 도배할 만한, 실리콘 밸리에서 터진 전설적인 잭팟이었다. 그러나 이 성공이 빈틈없는 전략이나 완벽한 실행력 덕분이 아니라는 사실을 아는 사람은 방 안에서 나뿐이었다. 모든 것은 굴욕스럽고 뼈아픈 실수를 수없이 저지르며 쌓아 올린 결과물이었다.

회사를 설립하고 매각해 온 지난 20년 동안 100개가 넘는 스타트업에 투자하고 수천 명의 직원을 관리하면서 상상할 수 있는 온갖 실수를 저지른 끝에, 나는 역설적인 사실 하나를 발견했다. 당신이 저지를 수 있는 가장 큰 실수는 바로 실수를 성장의 밑거름이 아니라 파멸의 지름길이 되도록 내버려 두는 일이라는 것이다.

나는 정말이지 온갖 실수를 저질렀다. 지키지 못할 약속을 했고, 기대에 미치지 못했으며, 판단을 그르쳤고, 다른 사람을 너무 쉽게 믿었고, 너무 오래 고민했으며, 너무 일찍 포기했다. 5달러짜리 실수를 저지르기도 했고 5백만 달러짜리 실수를 저지르기도 했다. 사람을 잘못 고용했고, 내 직감을 무시했으며, 스스로를 의심했고, 쓸데없는 지출을 너무 많이 했고, 자금을 너무 적게 모았으며, 행동해야 할 때 주저했고, 기다려야 할 때 나섰다. 관계를 무너뜨리는 실수도 했고, 막대한 재산을 쌓게 해 준 실수도 저질렀다. 하지만 여기서 내가 배운 교훈이 있다. 당신의 성공을 가로막는 것은 실수가 아니라, 실수를 저지른 후 앞으로 나아가지 못하는 망설임이라는 사실이다.

어린 시절부터 우리는 어떻게든 실수를 피해야 한다고 배웠다. 성공하면 상을 받고 실패하면 벌을 받았기에, 모든 일을 완벽하게 해내는 것이 인생의 목표가 되었다. 이렇게 학습된 행동은 성인이 되었을 때 무의식적으로 우리를 옥죈다. 잘못될까 봐 두려워 도전을 주저하고, 안전한 영역에만 머물며 꿈을 접어 둔다. 그 결과는 어떠한가? 실현되지 못한 잠재력, 중도에 포기한 프로젝트, 그리고 진정한 성장이 일어나는 혼란스러운 과정을 숨긴 채 오직 완벽함만을 찬양하는 문화가 남았다.

실수는 금기시된다. 나는 이사회에서 경영진들이 자신의 평판에 흠이 갈까 두려워 잘못을 인정하지 않고 조심스럽게 숨기는 모습을 보았다. 교실에서도 마찬가지로 완벽한 점수만이 바람직한 목표로 여겨지며, 실수로부터 건설적으로 배우는 과정은 설 자리가 없다. 심지어 친구들 사이에서도 비난받거나 오해를 살까 봐 자신의 실수를 입 밖으로 내지 않고 조용히 덮어 두는 현실을 목도했다.

하지만 우리가 실수에 관해 잘못된 관점을 취하고 있었다면 어떨까? 실수가 두려워해야 할 대상이 아니라 성공의 토대라면? 실수를 피하는 행위가 실제로 성공을 가로막는 원인이라면 어떻겠는가?

대부분의 비즈니스 서적은 실수를 피하는 방법을 알려 주지만 이 책은 그렇지 않다.

이 책은 그동안 알려지지 않았던 진실을 밝힌다. 즉 성공은 최악의 순간들과 최선의 결정들 사이의 혼란스러운 과정에서 비로소 완성된다. 또한 불가능한 선택에 직면하고, 잘 알고 있다고 믿었던 모든 상식이 뒤집힐 때, 그 이면에서 실제로 어떤 일들이 일어나는지를 생생하게 들려준다.

수백만 달러를 벌기까지의 여정은 절대 순탄하지 않았다. 나는 새벽 3시에 주방 식탁에 앉아 머리를 감싸 쥐고서, 기업가라는 선택이 내 삶에서 가장 큰 실수는 아닌지 고민하기도 했다. 통장 잔액이 거의 바닥나는 순간을 지켜보았다. 가족처럼 여겼던 직원들을 해고해야 했고, 회복할 수 없을 것 같았던 최악의 순간들도 겪었다. 하지만 그 순간들이 막다른 길은 아니었다. 오히려 내가 벌게 될 백만 달러의 튼튼한 토대가 되어 주었다.

나는 이 책을 공허한 이론이나 허풍이 아닌, 산더미 같은 실수 위에 경력을 쌓아 올린 사람이 실전에서 검증한 전략들을 가감 없이 생생하게 담은 지침서로 만들고자 했다. 이 책을 통해 바닥을 치는 경험을 강력한 추진력으로 바꾸는 법과 자신의 직감을 언제 따르고 언제 무시해야 하는지를 배우게 될 것이다. 또한, 해로운 관계로부터 에너지를 지키는 법과 최고의 팀을 구성하는 지혜도 함께 얻을 수 있을 것이다.

내 인생의 고비마다 겪었던 이야기들을 통해, 지금의 나를 만들고 겸손을 일깨워 줬으며, 귀중한 교훈을 안겨 준 값진 실수들을 하나씩 살펴본다. 여기에 다른 사람들을 지켜보며 배운 실수담도 함께 조명했다. 각 장을 '스스로 되돌아보기'와 '핵심 포인트'로 마무리하여 당신이 자신감과 확신을 가지고 자신만의 여정을 헤쳐 나가는 데 도움이 되도록 구성했다. 10개의 장에 10가지 실수와 10가지 교훈을 담았다.

이 책을 당신의 성공을 위협하는 장애물과 보이지 않는 위험 사이를 항해하도록 이끄는 등대라고 생각하라. 두려움, 의심, 스트레스, 그리고 스스로 설정한 한계 같은 수많은 내면의 과제들은 우리가 헤쳐 가야 할 커다란 장애물이다. 사실 우리는 그저 자기 자신이라는 장애물을 지혜롭게 피해 가기만 하면 된다.

《미스테이크 밀리어네어》는 내면의 한계에서 벗어나 자신만의 길을 개척할 준비가 된, 꿈꾸는 모든 이들을 위한 책이다. 내가 공유한 경험들 속에서 자신만의 여정을 항해하는 데 필요한 영감, 용기, 그리고 통찰을 발견하길 바란다. 당신은 대학을 갓 졸업하고 첫 스타트업을 꿈꾸는 사회 초년생일 수도 있고, 더 나은 커리어를 찾는 직장인이나 자신의 열정을 사업으로 키우고 싶은 전업주부, 혹은 성장의 고통을 겪고 있는 기업가일 수도 있다. 당신이 이제 막 첫걸음을 내딛고 있든, 경력 변화를 꾀하고 있든, 백만 달러를 벌겠다는 꿈을 추구하고 있든, 나는 오직 당신만을 위해 이 책을 썼다.

수백만 달러를 버는 사람과 그렇지 못한 사람의 차이는 실수를 피하는 데 있지 않다. 이들의 차이는 올바른 실수를 저지르고 그로부터 배워서 상상조차 못 했던 거대한 성공을 일궈 내는 데 있다.

내가 저지른 모든 실수와 그 속에서 얻은 교훈은 당신이 성공으로 가는 길을 조금 더 빠르게 찾도록 돕는 이정표가 되어 줄 것이다.

자, 이제 당신의 실수를 백만 달러의 가치로 바꿀 준비가 되었는가?

차례

실수

1

MISTAKES
THAT MADE ME
A MILLIONAIRE

100퍼센트 준비될 때까지 기다리기

머릿속에서 '아직 아니야'라고 속삭이는 목소리가 들리는가? 더 많이 준비하고, 더 다양하게 경험하고, 더 출중한 실력을 갖출 때까지 기다리라고 말하는 목소리 말이다. 이것은 거짓말이다. 나는 이 실수를 뼈저리게 배웠다. 100퍼센트 준비되었다는 느낌이 들 때까지 기다리는 행위는 당신의 안전을 보장하기는커녕 오히려 발목을 잡는다.

때는 2000년 여름이었다. 나는 로스앤젤레스의 화창한 거리를 검은색 미쓰비시 컨버터블로 달리며, 유투(U2)의 〈뷰티풀 데이(Beautiful Day)〉를 부르면서 평생 내가 꿈꾸던 직장으로 향하고 있었다. 나는 당시 가장 잘나갔던 인터넷 스타트업인 '엑스드라이브(Xdrive)'에서 1년 넘게 근무하고 있었다. 이 회사는 드롭박스(Dropbox)의 전신 격인 인터넷 파일 저장 회사였는데, 성장 속도가 하늘을 찔렀다.

수백 명의 직원과 1억 달러가 넘는 자금을 확보한 엑스드라이브는 당시 인터넷 붐을 전형적으로 보여 주는 기업이었다. 수십억 달러의 투자금이 업계에 쏟아졌고, 야후 같은 회사들이 연달아 상장했다. 덕분에 스타트업 창업자들은 하루아침에 백만장자가 되었으며, 거의 모든 직원이 부자가 될 꿈을 품고 스톡옵션을 지니고 있었다. 말리부의 페퍼다인 대학교를 갓 졸업한 나는 말 그대로 '꿈의 직장'을 얻었다고 생각했다.

회사의 활력 넘치는 에너지와 열정, 그리고 높은 업무 집중도까지 모든 것이 좋았고, 똑똑하고 의욕 넘치는 젊은 사람들과 함께 일하는 것도 즐거웠다. 우리 모두 재미와 창의성, 그리고 성공의 문화를 함께 만들어 갔으며, 나는 마케팅 분석가에서 마케팅 관리자를 거쳐 내가 직접 설립에 참여했던 신규 온라인 광고 영업 및 마케팅 부서의 부장 자리까지 올라갔다. 엑스드라이브는 브랜드 가치를 창출하는 데 투자를 아끼지 않았다. 사옥은 샌타모니카에서도 화려하기로 이름난 워터 가든 빌딩에 자리 잡았고, 바로 옆에는 MTV 같은 핫한 엔터테인먼트 회사들이 즐비했다.

나는 밤이나 주말이나 동료들과 함께 회사에 있었다. 다른 곳보다 회사가 더 편했기 때문에 그다지 희생한다는 생각도 들지 않았다. 맡은 업무에 모든 열정과 에너지를 쏟아부었다. 고객을 천만 명 이상 확보했고, 창출한 광고 수익만 해도 900만 달러가 넘었다. 엑스드라이브의 미래에 확신이 있었기에 친한 친구도 몇 명 영입하며 우리 모두 백만장자가 될 거라고 약속하기도 했다.

그러다 2001년 봄이 되면서 회사 분위기가 변하기 시작했다. 처음에는 전사적인 채용 동결에 관한 소문이 돌았다. 곧이어 출장이 갑작스레 중단되더니 비공개 임원 회의가 잦아졌다. 나는 이러한 조치들이 단순히 시장 침체에 대응하기 위한 예방책일 뿐이고, 우리 회사는 파산하는 다른 실리콘 밸리 인터넷 회사들과는 근본적으로 다르다고 굳게 믿었다. 회사는 충분한 현금 유입이 있었고, 내가 이끄는 부서도 수백만 달러의 수익을 올리고 있었다. 하지만 만약 내가 회사의 재무제표를 볼 수 있었다면, 우리 부서가 아무리 수익을 많이 창출해도 회사 전체의 막대한 손실을 메꾸기에는 역부족이라는 사실을 깨달았을 것이다. 고객 채택률은 극도로 낮았고, 운영 비용은 하늘을 찌를 듯이 높았다. 우리는 파산으로 곤두박질치고 있었다.

어느 화요일 아침, 사무실 의자에 앉자마자 동료 스티브가 내 어깨를 톡톡 치며 말했다. "사장님께서 잠깐 보자셔."

사장실로 가는 내내 심장이 쿵쾅거렸다. 사장님과 눈이 마주친 순간, 나는 직감했다.

"킴, 미안하지만 자네를 해고하는 것으로 결정됐네."

해고 통보는 너무 고통스러웠다. 하지만 정말 최악의 일은 그 뒤에 이어졌다.

"마지막으로 하나만 더 해 줬으면 하네. 부서원들을 해고하게. 모두 책상 정리하라고 해. 오늘이 마지막 출근일이야."

나 자신도 충격에서 헤어 나오기 전에, 이제 내 팀원들에게도 똑같이 처참한 소식을 전해야 했다. 가장 가까운 친구들도 포함된 12명의 팀원이 나와 똑같이 명치를 한 대 얻어맞은 듯한 충격을 받았다. 나는 그들을 한 명씩 만나 최대한 배려하는 마음으로 해고 소식을 전했지만, 이런 종류의 충격은 완화하기 어려웠다. 모든 과정이 감정적으로 너무나 버거웠다.

정말이지 평범하게 시작했던 하루의 끝에서 나는 마지막 퇴근을 했다. 집으로 돌아와 이불 속을 파고들었고, 울음을 터뜨렸다. 침대에서 일어나 뭔가를 하려고 할 때마다 내 마음은 두려움과 의심에 휩싸여 생각하길 멈췄다.

'어쩜 이렇게 급격하게 상황이 바뀔 수 있지? 앞으로 어떻게 해야 할까?'

두 질문 모두 답을 찾을 수 없었다. 생각을 하면 할수록 혼란의 도가니에 빠졌고, 꼼짝없이 앞으로 나아갈 수 없는 지경에 이르렀다. 불과 몇 시간 만에 직장과 수입, 그리고 목적을 잃었다. 그저 세상에서 도망치고 싶었다.

나는 커튼을 치고 담요를 덮은 채 웅크리고 누워 있었다. 시트콤 〈사인필드(Seinfeld)〉 재방송을 보거나 벤앤제리스 아이스크림을 한 통 더 가져오려고 잠옷 차림에 슬리퍼를 끌고 부엌으로 갈 때가 아니면 침대에서 울거나 천장을 멍하니 쳐다보기만 했다. 내 인생에서 가장 힘든 시기였다.

자기 연민에 빠져 있을 무렵, 내 머릿속은 한 가지 불만으로 가득 차 있었다. 다른 사람의 비전을 실현하는 데 영혼을 갈아넣었지만 결국 모든 것이 무너져 버렸다는 불만이었다. 나는 같은 생각을 계속 되뇌었다. '재무제표를 조금 더 일찍 봤더라면, 지출을 통제할 권한이 조금 더 많이 있었더라면, 내 직감을 믿었더라면.'

그러다 문득 깨달았다. 재무 상태를 완전히 파악하고 싶다면,

그리고 최종적인 결정권을 원한다면 답은 하나뿐이었다. 다른 사람들의 꿈을 위해 일하는 것을 멈춰야 할 때가 온 것이다. 이제 내 꿈을 만들어 갈 시간이었다.

나는 기회를 포착할 수 있을 만큼 오랫동안 IT업계에 몸담아 왔다. 어쩌면, 정말 어쩌면 광고주와 광고 지면을 팔려는 콘텐츠 회사를 연결하는 나만의 인터넷 광고 회사를 시작할 수 있을지도 모른다는 생각이 들었다.

나중에 알게 되었지만, 무언가가 막 끝났다는 것은 새로운 장이 열린다는 뜻이었다. 다시 말해, 기회가 왔다는 의미였다. 하지만 대학교를 졸업한 지 2년밖에 안 된 나는 아직 이 사실을 깨닫지 못했다. 나의 가장 큰 적은 '만약'이라는 함정에 빠져 허우적거리고 있는 나 자신이었다. '만약 실패하면 어쩌지? 만약 파산하거나 빚더미에 앉으면 어쩌지? 만약 나한테 거뜬히 해낼 능력이 없으면 어쩌지?'라는 생각에서 벗어날 수 없었다.

며칠 후, 모든 것을 과도하게 생각하고 있는 내 모습을 본 룸메이트들이 결국 나를 데리고 저녁 식사를 하러 나갔다. 꽤 닳은 플란넬 잠옷을 오랜만에 벗고 샤워를 한 뒤, 적어도 남들 보기가 부끄럽지 않을 만한 모습으로 단장했다. 식당에 가서 테이블에 앉자마자 친구들이 더 이상 외면할 수 없는 무서운 질문을 던졌다. "좋아, 킴. 이제 충분해. 그래서 앞으로 어떻게 할 거야?"

"내 회사를 차려 볼까 해." 나는 조심스럽게 대답했다. "좋은 생각 같긴 한데, 정말로 창업할 준비가 된 거야? 너 지금 돈도 없고 경험도 없잖아. 그런 게 창업하는 데 얼마나 중요한데."

그날 저녁 식사를 마치고 나오면서 트리샤의 말이 머릿속에서 계속 맴돌았다. 나도 내가 충분히 준비되지 않았다고 느꼈고, 친구들도 분명 그렇게 생각했다. 기업가의 길로 뛰어드는 것은 마치 눈을 가린 채 절벽에서 떨어지는 것처럼 두려웠다. 그래서 무엇보다 안전을 생각해서 성공에 필요한 기술을 배울 수 있는 직업을 얻어야겠다고 결심했다. 지금 준비가 덜 됐다면 미래를 대비해 준비를 갖추면 될 일이었다.

몇 달 동안 나는 끊임없이 면접을 보았다. 마케팅, 회계, 또는 경영 지원 분야에서 적절한 자리를 얻는다면 훗날 내 회사를 경영하는 데 필요한 경험을 쌓을 수 있을 거라고 생각했다. 심지어 MBA에 가면 도움이 될까 싶어 입학 원서를 여러 군데 제출하기도 했다. 나는 이른바 생산적인 미루기의 기술을 연마하는 중이었다. 스스로는 잘해 나가고 있다고 착각하게 만들지만, 실상은 제자리에 멈춰 서 있는 것에 불과한 교묘한 눈속임이었다.

나는 취업 준비를 한다고 착각하고 있었지만, 사실 내 진짜 목표인 기업가라는 꿈에서 도망치고 있었다.

열광하는 척했던 수많은 직업, 창업 준비에 도움이 될 만한 완벽한 직장을 찾으려 겪은 수많은 면접 들을 돌이켜 보면 웃음이 나올 지경이다. 이 쳇바퀴 속에 머무르는 기간이 길어질수록 오히려 안정감을 느꼈다. 하지만 내가 저지른 진짜 실수는 단순히 시간 낭비가 아니었다. 바로 바쁨을 발전으로 착각했던 것이다.

나는 중대한 갈림길에 서 있었고, 내게 주어진 길을 선택할 여유가 점점 줄어들고 있었다. 통장 잔액은 빠르게 줄어들었고, 월세를 내는 날은 다가오고 오는 상황이라 그저 가만히 있을 수 없었다. 타개책을 세워야 했다. 그래서 내 특기인 분석을 시작했다.

자신이 얼마나 준비되었는지 계산해 본 적 있는가? 터무니없는 말로 들리겠지만, 나는 이 작업을 수행했다. 위기를 느낀 전형적인 A형답게 나는 본능적으로 스프레드시트를 열고 '준비도 점수'라는 것을 만들어 계산했다.

우선 '준비 완료' 열을 만들어 내 강점들을 나열하고, 내가 생각하는 준비도를 백분율로 표시했다. 다음으로 '준비 미흡' 열을 추가해 내 약점들을 정리했다.

'준비 완료' 열에는 이렇게 적었다.

- 온라인 광고 부서를 처음부터 설립 (20%)

- 성공적인 팀 관리 경험 (10%)

- 디지털 광고의 잠재력이 거대하다는 확신 (20%)

- 열정과 용기 (15%)

합계: 65% 준비됨

하지만 '준비 미흡' 열은 참혹했다.

- 겨우 23세라는 어린 나이 (-20%)

- 회사를 어떻게 시작해야 할지 전혀 모름 (-42%)

- 아직도 술을 주문할 때 신분증 검사를 받음 (-5%)

- 통장 계좌에 찍힌 0달러 (-30%)

합계: 97% 준비되지 않음

숫자를 보면 괴롭게도 한 가지만큼은 분명했다. 나는 준비가 되어 있지 않았다. 이 스프레드시트를 참고한다면, 적어도 서류상으로는 창업할 자격이 없었다. 나는 스스로가 내 잠재력을 무시하는 논리를 만들어 내고 있었다는 사실을 깨닫지 못했다. 수치를 이용하여 망설임을 합리화하고, 도전은 가능성이 없다고 이해하면서 현실에 안주하기 위한 완벽한 핑계를 만들어 냈다.

당시에는 이 모든 게 굉장히 합리적으로 보였다. 나는 내가 현명하게 행동한다고 생각했다. 안전한 선택이 가장 현명한 선택처럼 느껴졌다. 좀 더 확실해질 때까지 기다리는 게 사려 깊은 행동으로 보였다. 하지만 기다린다고 더 준비되지 않았다. 오히려 더 작아지고, 더 두렵고, 더 정체될 뿐이었다.

무엇이 변했는지 정확히 꼬집어 말할 순 없지만, 며칠이 지나자 내 아이디어가 점점 해 볼 만한 일처럼 느껴졌다. 점차 내 계산에 의문이 들기 시작했다. '어쩌면 잘못된 계산이었을까? 준비되기 전에 일단 시작하는 게 오히려 최선의 결정일 수도 있지 않을까?'라는 생각이 들었다.

처음엔 이게 단순히 무모한 생각인지, 아니면 직감이 등을 넌지시 떠미는 건지 알 수 없었다. 하지만 내 회사를 만든다는 생각에 가슴이 두근거리는 걸 보며 확신을 얻었다. 그동안 면접을 보러 다니며 느꼈던 감정과는 비교도 할 수 없을 만큼 강렬한 설렘이었다. 나는 다른 사람들의 걱정은 뒤로하고 직감을 따르기 시작했다. 내 직감과 자신을 향한 믿음에 의지하기로 한 것이다.

창업할 준비가 100퍼센트 된 건 아니었지만, 만약 내가 틀렸다면 이 실수를 겸허히 받아들일 준비는 되어 있었다.

다른 사람들이 보기에 이건 무모한 도박이었다. 다들 내가 아직 준비되지 않았다고 생각했고, 어쩌면 그들이 맞았을지도 모른다. 하지만 그들은 모르고 나는 확신했던 사실이 하나 있었다. 나는 이미 시작할 만큼 충분히 준비되어 있었다.

게다가 더는 잃을 것도 없었다. 이미 백수였으니 상황이 더 나빠질 수도 없었다. 다만 사소한 문제가 하나 있었다. 나는 빈털터리였다.

어떻게 자금을 조달할 것인가? 한 번도 돈을 빌려 본 적 없어서 어디서부터 시작해야 할지 전혀 감이 오지 않았다. 게다가 실리콘 밸리 전역에 걸쳐 닷컴 붕괴가 일어나는 상황에서 불확실한 사업에 투자하라고 설득하는 것은 불가능해 보였다. 그래서 나는 늘 나를 믿어 준 단 한 사람, 할머니를 찾아갔다.

할머니마저 내 아이디어를 미덥지 않게 여기실까 봐 걱정했지만, 적어도 내 말을 끝까지 들어주실 분이라고는 알고 있었다. 나는 할머니를 찾아가 내가 세우려는 인터넷 광고 회사에 1만 달러를 투자할 생각이 있는지 여쭤 봤다. 할머니는 한참 동안 고개를 계속 끄덕이시더니, 인자하게 미소를 띠고 물으셨다. "그런데 인터넷이라는 게 도대체 뭐냐?"

"무한한 가능성의 공간이에요." 내가 대답했다.

나는 인터넷이 세상을 연결하고 사람들이 대부분의 시간을 보내는 공간이 될 것이며, 나중에는 모든 경제활동의 중심지로 변모할 것이라고 설명했다. 할머니는 내 말을 전부 이해하진 못했지만, 나와 내 비전을 믿고 선뜻 수표를 써 주었다. 내가 무슨 일이 있어도 갚아야 할 소중한 빚이었다.

나는 할머니의 돈을 받자마자 바로 굴리기 시작했다. 마치 완벽한 전략이라도 있는 것처럼 행동했지만, 사실은 내가 뭘 하는지 하나도 모르는 상태였다.

첫 번째 단계: 대형 매장에서 제일 저렴한 컴퓨터를 산다.

두 번째 단계: 하와이 오아후행 편도 항공권을 예약한다.

대학 시절부터 사귀었던 남자 친구 존이 여름 동안 거기에 잠시 머물게 해 줬다. 그는 여동생과 룸메이트까지 셋이서 방 두 칸짜리 아파트에서 지냈다. 비좁긴 했지만 월세가 없는 데다가, 할머니의 투자금을 사업 비용으로 쓰려고 아껴 두는 상황이었으니 감지덕지했다. 여름이 지나면 월세는 어떻게 마련할까? 그

건 미래의 내가 해결할 문제였다.

창업에 관해 아무도 말해 주지 않는 사실은 당신의 첫 사무실이 남의 부엌 한편일 수도 있다는 것이다. 전화선 접속 인터넷이 연결되려면 9분이 걸리고, "찌지직 삑" 하는 소리가 어울려 내는 온갖 화음이 울려 퍼진다. 그렇지만 너무 신나고 기뻐서 아무것도 신경 쓰이지 않았다.

하와이에 온 지 이튿날이 되어 나는 사업자 등록을 했다. 그때 비로소 깨달았다. 만약 차량 관리국이 끔찍하다고 생각하는 사람이 있다면, 그 사람은 열대지방에서 사업자 등록증을 받아 보지 않았을 것이라고 말이다. 섬을 가로질러 호놀룰루 시내에 있는 사업자 등록을 하는 곳까지 차를 몰고 간 뒤, 32도나 되는 땡볕 아래에서 6시간 동안 줄을 서서 기다렸다.

다음 날 아침, 존의 차를 타고 은행으로 가서 사업용 계좌를 개설하고 할머니의 수표를 입금했다. 그때까지만 해도 기분이 꽤 좋았는데, 은행 지점장이 다가와 존에게 미소 지으며 첫 사업을 축하할 겸 골프나 한 게임 치는 게 어떠냐고 묻는 순간 찬물이 끼얹어졌다. 계좌를 개설하러 온 젊은 여자가 진짜 사업가일 리 없다는 편견이 뻔히 보였기 때문이다. 존은 나를 가리키며 "사실 사업을 시작하는 사람은 이 친구예요"라고 바로잡아 주었다. 앞으로도 쭉 당하게 될 과소평가의 시작이었다. 그렇지만 상관없었다. 내게는 골프보다 더 중요한 일들이 있었다.

나에게 사업자 등록증과 사업용 계좌가 생겼다. 인터넷도 연결돼 있었다. 이제 남은 일은 할머니의 믿음과 나의 믿음이 잘못되지 않았다고 증명하는 것뿐이었다.

시작하는 곳이 부엌 한구석이든, 차고 한쪽 책상이든, 우편물이 쌓인 식탁이든 상관없다. 중요한 건 바로 시작하는 것이다. 성공은 완벽한 환경을 갖췄다고 해서 찾아오지 않는다. 성공은 준비가 아직 부족함에도 첫걸음을 내딛는 사람에게 다가간다.

그러나 용기 내서 행동하는 사람이 있는 반면, 그렇지 못한 사람도 많다. 이들은 기다리고 망설인다. 스스로 안 될 이유를 찾고 포기한다. 시간이 흐르면서 망설임은 결국 아무것도 하지 않는 상태로 굳어진다. 이러한 현상을 나 자신과 타인에게서 직접 목격했는데, 나는 이를 '행동을 가로막는 네 가지 P'라고 부른다. 잠재력을 소리 없이 죽이는 네 가지 살인자인 셈이다.

행동을 가로막는 네 가지 P

혼자서 시작해야 한다는 생각 자체가 무섭게 느껴질 수도 있다. 혹은 모든 걸 완벽하게 계획한 뒤에야 첫발을 내디뎌야 한다고 믿으며 생각의 늪에 빠져 있을 수도 있다. 이 두 상황 중 하나라도 공감이 간다면 안심하라. 당신은 혼자가 아니다. 새로운 사업을 구상하든, 이직을 고민하든, 혹은 열정을 좇아 첫걸음을 내딛든, 수많은 이들이 당신과 똑같은 불확실성을 느끼며 그 자리에서 있다.

아무것도 하지 않는 것은 성급한 결정을 내리는 것만큼이나 인생의 경로를 형성하는 데 큰 영향을 미친다. 이는 대개 실수에 대한 두려움, 익숙한 영역이 주는 안락함, 미지에 대한 불확실성, 부정적인 외부 의견에 압도당하는 기분과 같은 다양한 요인에서 비롯된다. 그럼 지금부터 행동을 가로막는 네 가지 P를 하나씩 파헤쳐 보자.

첫 번째 P. 완벽주의(Perfectionism)

완벽주의의 속삭임은 존의 부엌 식탁에 앉아 새 회사를 설립하던 그 순간에 들려왔다. 잠재 고객과 파트너에게 공개하기 전에, 완벽한 회사명과 이에 걸맞은 완벽한 공식 홈페이지가 필요하다는 생각이 들었다. 나는 사명에 집착했다. 몇 시간이고 며칠이고 계속 고민하며 이름을 찾았고, 공책에 수많은 이름을 썼다가 지우기를 반복했다. 나는 매일 "이건 어때?"라고 존에게 외쳐댔고, 존은 물론 나 자신까지 미쳐 버리게 만들었다.

찢긴 종이와 낙서 조각이 이미 프린터 용지와 다이어트 콜라 캔으로 뒤덮인 부엌 식탁에 널브러져 있었다. 완벽을 추구하다가 스스로 장벽을 만들어 버렸다. 시야가 좁아져 단점 외에는 아무것도 볼 수 없게 되었고, '완벽하게 만들어야 한다는 강박'에 사로잡혔다. 이전 직장에서 해고당한 수치심이 여전히 마음속에 남아 있었던 것 같다. 나는 이 사업에 너무나 큰 자존심을 걸고 있었다. 나 자신은 물론이고 주변의 모든 사람에게 이 일을 해낼 수 있다고 증명하고 싶은 마음에서 비롯된 자존심이었다.

결국 모든 것을 완벽하게 만들려고 시간을 낭비할수록 회사 설립은 더 지연됐다. 사소한 부분에 대한 지나친 집착이 아킬레스건이 되어 버렸다. 할머니가 빌려주신 돈이 빠르게 줄어들자, 회사 이름과 웹사이트가 완벽하지 않더라도 일단 앞으로 나아가야만 했다. 처음에는 '올 어바웃 스페셜 오퍼스(All About Special Offers)'라는 회사명으로 시작했는데, 솔직히 마음에 쏙 드는 이름은 아니었다. 하지만 여기서 출발해서 1년 뒤에 '프론트라인 다이렉트(Frontline Direct)'로 사명을 변경했다. 놀랍게도 원래 이름을 기억하는 사람이 아무도 없었다.

완벽주의는 기묘한 괴물이다. 앞으로 나아가기 전에 모든 세부 사항이 완벽해야 한다고 믿는 사람의 발목을 붙잡는다. 모든 단계를 꼼꼼히 계획하고, 모든 위험 요소를 예상하며, 길모퉁이 하나하나까지 미리 그려 보라고 요구한다. 하지만 십중팔구 인생에는 예기치 못한 변수들이 끼어들고, 현실은 우리가 세운 완벽한 계획을 무너뜨린다.

높은 기준을 세우고 대비하는 것과 비현실적인 기준을 세우고 완벽을 추구하는 것 사이에는 큰 차이가 있다. 전자는 탁월함을 추구하는 과정에서 일어날 모든 가능성에 열려 있는 유연하고 민첩한 사고방식이지만, 후자는 완벽함을 추구하는 과정에서 일어날 모든 일을 통제하려는 경직된 사고방식이다.

아이러니하게도 완벽을 추구할수록 목표를 달성할 가능성은 낮아진다. 완벽주의를 분석한 수많은 연구에서 공통으로 도출된 결론은 '완벽주의는 행동이 아니라 자기 자신을 바라보는 사고방식'이라는 점이다.[1]

브레네 브라운은 《나는 불완전한 나를 사랑한다》에서 이렇게 말했다. "완벽주의란 우리가 완벽하게 살고, 완벽하게 보이고, 완벽하게 행동한다면 비난과 판단 그리고 수치심의 고통을 최소화하거나 피할 수 있다는 믿음이다. 이것은 일종의 방패다. 우리를 보호해 줄 것이라고 생각하며, 힘겹게 끌고 다니는 20톤짜리 방패지만, 사실은 우리가 자유롭게 비상하는 것을 가로막는 방해물일 뿐이다."

새로운 일을 100퍼센트 완벽히 준비할 수 있다는 생각은 착각이다. 직접 경험하기 전에는 알 수 없는 것들이 너무나 많기 때문이다. 실수를 하거나 계획이 틀어져도 그것에서 배우고 성장하면 된다. 성공한 사람은 모두 시행착오를 통해 다듬어진다. 시작하기에 완벽한 시기란 없다. 중요한 건 '이 정도면 충분하다'는 확신이 들 때 바로 뛰어드는 것이다!

어느 날 저녁 존이 옆방에서 뉴스를 보고 있을 때, 해병대 장군이 예측 불가능한 힘든 상황에서 어떻게 결정을 신속히 내리는지에 관해 인터뷰하는 부분을 우연히 듣게 됐다. 흥미가 생겨서 노트북에서 잠시 밀어 두고 뉴스를 보러 갔다. 장군은 해병대가 젊은 장교들을 위해 '70퍼센트 원칙'이라는 지침을 만들었다고 언급했다. 이는 정보가 불완전해도 행동을 취하는 것이 중요하다고 강조하는 전략이다. 간단히 말해 성공에 필요한 요소가 70퍼센트 갖춰졌다면 행동하고, 필요한 정보가 70퍼센트 확보됐다면 결정을 내리며, 필요한 자원이 70퍼센트 준비됐다면 계획을 실행하라는 의미이다.

전투 현장에서 우유부단함은 생사를 가를 수 있다. 일상생활에서는 위험이 그만큼 치명적이지 않지만, 동일한 원칙이 적용된다. 즉 결단력 있는 행동은 필요한 추진력을 불어넣는다. 특히 100퍼센트 준비될 때까지 기다리느라 정체되어 있을 때 더욱 그렇다.

뉴스를 본 후, 70퍼센트 원칙은 나의 좌우명이 되었다. 새로운 서비스를 개시할 때 70퍼센트 준비가 되면 출시하고, 나머지는 고객 피드백을 참고해서 다듬었다. 마케팅 캠페인도 과도하게 분석하기보다 70퍼센트 정도 완성되면 시작하고, 실시간 참여도를 바탕으로 섬세하게 조정했다. 웹사이트를 구축할 때도 70퍼센트 완성된 상태로 공개한 뒤, 운영해 나가면서 구성을 다듬었다. 이런 사고방식을 취한 덕분에 불완전함을 받아들이고 분석과 실행 사이의 균형을 찾을 수 있었다.

탁월한 리더들은 정보가 100퍼센트 완전하게 갖춰지지 않은 상황에서 결정을 내리는 데 능숙하다. 그들은 기꺼이 실행에 옮기고, 계획을 세우되 계획 단계에 집착하지 않으며, 불확실성이 있어도 전진한다.

나는 모든 준비를 끝마칠 때까지 기다리지 않고, 완전한 정보가 없는 상태에서 계산된 결정을 내리는 법을 익혔다. 실수할 가능성을 받아들였고, 결과적으로 그러한 태도는 완벽을 좇다 결정하지 못하는 우유부단함의 늪에 빠지는 것보다 훨씬 더 큰 힘이 되었다. 그리고 이런 사고방식을 받아들인 덕분에 예상치 못한 자유를 얻었다. 나중에 언제든 100퍼센트를 향해 나아갈 수 있으니, 70퍼센트 완성된 상태에서 시작해도 전혀 문제가 없다는 사실을 깨닫고 엄청난 해방감을 느꼈다. 첫걸음을 내딛는 것이 무엇보다 중요하다. 그 이후엔 모든 것이 저절로 굴러갈 것이다.

두 번째 P. 미루기(Procrastination)

나는 주로 해야 할 일에 압도될 때 심하게 미루는 버릇이 있다. 이를테면 저녁 식사 초대에 응답하는 걸 미루거나, 비행기 항공권을 마지막까지 기다렸다가 예약하거나, 납세 기한 하루 전까지 세금 납부를 미루거나, 우편물을 쌓아 두었다가 한꺼번에 열어 보곤 한다.

우리는 모두 어느 정도 일을 미루는 경향이 있고, 운이 좋다면 아무런 피해를 보지 않는다. 하지만 습관적으로 일을 미루는 것은 문제가 된다. 결국에는 성급히 행동하게 되기 마련이고, 이는 실수와 차질을 빚고 기회를 날려 종국에는 꿈을 포기해야 하는 결과로 이어질 수 있다.

미루는 습관은 하기 싫거나 부담스럽게 느끼는 일을 회피하려는 마음에서 나오는 일반적인 반응이다. 본격적으로 부딪치기에는 아직 준비되지 않았다고 느끼는 과제나 도전에 직면했을 때 스스로를 보호하기 위한 일종의 방어 기제이다. 일단 주의를 돌리고 에너지를 다른 곳에 쏟기로 선택하는 것이다. 가장 시급한 문제를 회피하면서도 무언가를 하고 있다는 느낌을 받기 위해서다.

나의 경우, 변명을 대면서 일을 미루었다. "일정이 비면 그때부터 운동을 시작해야지" "내가 얼마나 열심히 일하는지 상사가 알아주면 그때 연봉 인상을 요청해야지"라고 생각하곤 했다. 미루는 습관의 문제는 그것에 빠져들수록 더 강해진다는 점이다. 결국, 미루는 습관은 생산성의 가장 큰 적이 될 수밖에 없다. 그래서 나는 수년에 걸쳐 결단력 있고 효과적인 행동을 취하는 데 도움이 되는 세 가지 핵심 전략을 개발했다.

1) 우선순위 정하기

매일 저녁, 다음 날 반드시 완료해야 할 가장 중요한 작업을 정하고 메모지나 휴대폰 알림 목록에 적는다. 아침에 일어나자마자 활력이 넘치고 집중력이 최고조에 달한 상태에서 방해 요소가 생기기 전에 이 작업을 먼저 처리해 보자. 아침형 인간이 아니라면 자신에게 가장 적합한 시간에 처리해도 되지만, 이 작업을 최우선으로 삼아야 한다. 어떤 시간에 하든, 성취감이 미루는 습관의 고리를 끊어 내게 하는 것이 핵심이다.

2) 방해 요소 제거하기

산만함은 생산성의 주요 장애물이므로 적극적으로 제거해야 한다. 예를 들어, 일정 시간 동안 휴대폰 알림을 끄거나 무음으로 설정하면(나는 두 시간 간격으로 설정한다) 문자나 소셜 미디어에 방해받지 않을 수 있다. 나는 조용한 방에 들어가서 일을 하거나 집중 작업 시간을 따로 두기도 한다. 집이나 사무실에 있는 모든 사람에게 방해하지 말라고 부탁하면 집중과 효율성을 높이는 환경을 조성하는 데 도움이 된다.

3) 작업 세분화하기

작업의 규모가 너무 크면 부담스러울 수 있다. 그럴 때 작업을 더 작고 관리하기 쉬운 단위로 나누면 전체 분량에 압도되지 않고 진도를 나갈 수 있다. 처음 책을 쓸 때 어마어마한 작업량에 질려 버린 적이 있다. 그래서 내가 해야 할 작업을 완결해야 할 원고 전체가 아니라 매달 하나씩 끝내야 할 챕터로 바라보기 시작했다. 이렇게 하자 책이 더 이상 나를 짓누르지 않게 되었다. 한번 생각해 보라. 자기 앞에 놓인 과제를 어떻게 세분화할 수 있을까? 앞으로 나아가기 위해 가장 먼저 공략해야 할 요소는 무엇일까?

이 세 가지 방법을 활용하면 생산성을 높일 뿐만 아니라, 자주 발생하는 스트레스와 불안감도 줄일 수 있다. 작업의 우선순위를 정하고, 방해 요소를 제거하며, 큰 프로젝트를 해결하기 쉬운 작은 부분으로 나누면 미루는 습관을 극복하는 무기를 가지게 된다.

세 번째 P. 행동 마비(Paralysis)

목표와 꿈을 계획하는 일은 처음에는 설렘을 선사하지만, 이내 압도감으로 다가오기 시작한다. 방금 목표를 세우다가도 이내 행동 마비에 빠져서, 아무것도 하지 않는 것이 사실은 최선이지 않을까 하는 의문에 빠지게 된다. 삶을 바꿀 만한 결정이 불쑥 다가올 때 느껴지는 엄청난 무게감은 아주 작은 첫걸음조차 높은 산을 오를 때처럼 힘겹게 느껴진다.

목표나 과제가 너무 거대해 보여서 어디서부터 손을 대야 할지, 과연 끝까지 해낼 수는 있을지 막막할 때가 종종 있다. 분명한 비전도 있고 무엇을 해야 하는지는 알지만, 도전 과제의 엄청난 규모 자체에 압도당해 꼼짝도 못 하게 된다. 쏟아부어야 할 엄청난 노력이나 그 과정에서 겪게 될 혼란이 걱정되기 때문이다. 만약 당신이 꼼짝달싹 못 하는 이유가 이런 압도감 때문이 아니라면 분명 두려움 때문일 것이다.

두려움에 충분한 먹이를 주면 곧 행동 마비로 이어진다. 비웃음, 재정적 여파, 잘못된 결정, 혹은 타인의 평가 등 특정한 두려움이 현실로 나타날까 봐 너무 걱정한 나머지, 아무것도 못 하는 상태가 되는 것이다. 하지만 많은 사람들은 두려움이 사실과 다르다는 점을 깊이 생각해 보지 않는다. 우리는 무언가에 대해 걱정하고, 합리화하고, 심지어 그럴듯한 이야기까지 만들어 내지만, 과학은 대부분의 두려움이 결코 현실로 나타나지 않는다는 사실을 증명했다.

펜실베이니아 주립 대학교 소속 연구원들이 불안 장애를 앓는 사람들에게 10일 동안 자신이 느낀 두려움을 상세히 기록하도록 요청했다. 그리고 이어진 30일 동안 그 두려움들이 실제로 현실이 되었는지 기록하게 했다. 놀랍게도 두려움 중 91퍼센트는 아예 실현되지 않았다. 게다가 실제로 현실화한 두려움 중 3분의 1은 그들이 걱정했던 것보다 훨씬 더 좋은 결과로 이어졌다.[2]

내가 중요한 결정을 앞두고 처음 행동 마비에 빠졌던 순간은 존과 결혼한 직후 보금자리를 어디로 할지 고민하던 때였다. 우리는 여전히 하와이에 있는 아파트에서 살고 있었는데, 그때 마음에 쏙 드는 집이 매물로 나왔다. 호놀룰루의 아름다운 주거 지역 안에서도 야자수로 둘러싸이고 해안선 바로 앞에 자리한 주택이었다. 나는 아침 햇살을 맞으며 테라스에 앉아 시간을 보내고, 저물녘에는 지나가는 배들을 바라보는 우리 모습을 그려 보았다. 하지만 그때부터 불안감이 고개를 들기 시작했다. '내가 집주인이 될 준비가 되었을까?' '회사가 잘되기 시작했지만, 혹

시라도 불황이 온다면 어쩌지?' '모든 것이 잘못되었을 때 과연 대출금과 생활비를 감당할 수 있을까?'

며칠 후 부동산 중개인에게서 전화가 왔는데, 다른 구매자가 경쟁 입찰을 했다는 소식이었다. 나는 집을 살지 아니면 포기할지 결정해야만 했다. 나는 아버지에게 전화를 걸었고, 아버지는 단 하나의 질문으로 복잡한 감정들을 깔끔하게 정리해 주었다. "이 집을 샀을 때 발생할 수 있는 가장 큰 단점이 뭐라고 생각하니? 살면서 대출금을 갚을 여력이 없어진대도 집을 팔거나 은행에 돌려주면 그만이야."

아버지의 실용적인 조언 덕분에 머릿속이 맑아졌다. 마감 시한이 단 몇 시간밖에 남지 않은 순간에 매수 제안서를 제출했다. 결국 그 집을 차지하여 아름다운 주택에서 수년 동안 살았다. 우리가 집을 팔았을 무렵에는 집값이 두 배로 뛰었다.

아버지의 조언은 발생할 수 있는 최대 단점을 파악하고, 그것을 감당할 수 있는지 판단하여 의사결정을 간소화하는 방법을 보여 주었다. 내려야 할 결정 앞에서 머릿속이 하얘진다면, 스스로에게 다음 세 가지 질문을 던져 보면 도움이 될 것이다.

1. 친구가 나와 같은 상황이라면 나는 어떤 조언을 해 줄까? 다른 사람에게 조언을 건넨다고 생각하면 상황을 더 객관적으로 바라보고 생각을 명확히 정리할 수 있다.

2. 내가 행동했을 때 얻을 수 있는 최고의 결과는 무엇일까? 눈

앞의 기회와 성공했을 때의 모습을 구체적으로 그려 보라. 최고의 결과에 집중하면 자신감이 높아지고 첫걸음을 내딛기 더 쉬워진다.

3. 행동해서 실패하는 것과 아예 하지 않는 것 중, 무엇을 더 후회할까? 후회할지 모른다는 생각은 강력한 동기부여가 된다. 무엇을 더 후회할지 고려하면 불편함을 감수하더라도 실행에 집중할 수 있게 된다.

때로는 우리 눈앞에 너무 많은 선택지, 의견, 정보 등이 놓여 있어서 새로운 일을 미루게 된다. 이는 곧 분석 마비(Analysis paralysis)로 이어진다.

우리는 무엇을 입고 먹을지, 어떻게 말할지, 어디에 투자하고 누구를 고용할지 등 하루에도 수많은 결정을 내린다. 역사상 이처럼 선택지가 많은 적도 없었다. 우리 조상들은 어떻게 생계를 꾸릴지, 어디에 거주할지와 같은 몇 가지 제한된 선택지만 가졌지만 우리는 무한한 기회가 펼쳐진 디지털 기술 시대에 살고 있다. 선택권이 있다는 것은 좋은 일이지만, 선택 과부하가 초래하는 분석 마비도 있다. 연구원들은 상황이 복잡하고 불확실할수록 더욱 압도감을 느낀다는 사실을 발견했다.[3] 플랜 A와 플랜 B를 갖는 것은 현명한 일이지만 플랜 A, B, C, D, E까지 있으면 오히려 혼란에 빠지게 된다. 너무 많은 정보는 실제로 의사결정 능력을 떨어뜨린다.[4]

나는 수많은 사람들이 훌륭한 아이디어와 신중하게 만든 계획을 포기하는 모습을 봐 왔다. 그들은 능력이 없어서가 아니라 행동 마비에 갇혔기 때문에 포기했다. 지나친 생각에 갇혀 압도당하는 느낌을 받거나 두려움에 굴복해 버린 것이다.

나의 친한 친구 헤더는 팟캐스트를 운영할 기막힌 아이디어가 있었지만, 아직 시작조차 하지 못했다. 그녀는 '생각보다 좋지 않으면 어쩌지?'와 '도대체 어디서부터 시작해야 하지?'와 같은 질문에 압도당했다. 또 다른 친구 메리는 훌륭한 어린이책 집필 아이디어를 구상했지만, 혹시라도 일이 잘못될까 온갖 부정적인 상상만 하다가 결국 한 줄도 쓰지 못했다. 헤더와 메리 모두 모든 가능성을 지나치게 분석한 끝에, 자기 발목을 잡고는 실행에 옮기지 못했다. 그들은 시작할 기회조차 갖기 전에 스스로 멈춰 버렸다.

세부 사항에 집착하다 시작도 못 하기보다는 당신을 설레게 하는 것에 집중하라.

하룻밤 사이에 세상을 정복할 수 없고, 앞으로 닥칠 모든 어려움을 예측할 수도 없다. 가장 완벽한 계획조차 빗나갈 수 있다. 그럼에도 당신에게 활력을 주는 비전은 무엇인가? 어떤 결과가 당신을 희망으로 가득 채우는가? 그 기회에서 영감을 받는 이유는 무엇인가? 자신을 가로막는 장애물이 아니라 설렘과 가능성에 집중할 때, 놀라울 정도로 빠르게 행동 마비에서 벗어나 움직이기 시작할 것이다.

나 역시 첫 사업을 시작하려 할 때 두려움이 엄습하고 불안감에 사로잡혔다. 익숙하고 안전한 것을 놓아 주기란 어렵다. 하지만 나는 홀로 해낸다는 생각에 설렜고, 그것이 바로 결정적인 신호탄이 되었다. 두려움에 빠지기보다 내 비전과 나 자신을 더 믿게 되자, 행동 마비에서 벗어나 앞으로 나아갈 용기가 솟아났다. 만약 당신의 아이디어가 두려움과 활력을 동시에 안겨 준다면, 행동에 나서길 권한다.

네 번째 P. 비관주의(Pessimism)

삶을 바라보는 방식은 우리가 성취할 성공 수준을 결정적으로 좌우한다. 태도와 관점이 성공의 핵심이다. 의사결정을 할 때 비관주의는 독과 같다.

비관주의의 원인은 어린 시절의 성장 배경, 부정적인 본보기, 불운한 과거사 등 수없이 많지만 원인이 무엇이든 그 자체로 해롭다. 비관주의는 삶을 부정적인 시각으로 바라보게 하여 꿈을 왜곡하고 찌그러뜨리며, 무엇을 할 수 없는지 속삭인다. 이런 사고방식은 우리가 충분히 훌륭하지 않고 충분히 똑똑하지 않으며, 우리가 하는 모든 일은 절대 잘될 리 없다고 착각하게 만든다.

비관주의는 인간의 선천적인 본성이다. 과학에 따르면 우리 뇌는 부정적으로 사고하도록 프로그램되어 있는데, 이를 부정성 편향(The negativity bias)이라고 한다. 이 편향 때문에 무의식적으로 긍정적 정보보다 부정적 정보에 더 큰 비중을 두게 된다. 부정성 편향이 어떻게 나타나는지 몇 가지 예를 들어 보자.

1. 상사에게 칭찬 일색의 성과 평가를 받았지만, 단 하나의 비판적 의견에 집착하여 자신의 전반적인 업무 역량을 의심한다.
2. 소셜 미디어에서 사랑과 격려가 담긴 긍정적 댓글들을 받았지만, 단 하나의 부정적 댓글에 사로잡혀 기분을 망친다.
3. 당신의 사업이 온라인에서 수많은 만족 후기를 받았음에도, 단 하나의 불만족 후기 때문에 자신의 성공 자체를 불신한다.

위 상황 중 익숙하게 느껴지는 게 있는가? 모든 사람이 당신이나 당신의 작업을 인정하지는 않을 거라고 마음에 새겨 둬라. 당연히 슬플 것이다. 자존심이 조금 상해도 괜찮다. 그렇지만 단 하나의 외부 평가 때문에 자신의 전부가 재단되어서는 안 된다. 그러니 균형 잡힌 시각을 유지하고, 단 하나의 댓글이나 리뷰, 피드백에 집착하지 마라. 우리 마음은 부정성 편향이 작동하여 자연스럽게 비판, 냉소, 결함 쪽으로 기울어진다. 하지만 이러한 경향을 인지하고 마음이 어떻게 작동하는지 이해한다면, 이에 굴하지 않고 자기 생각을 통제할 수 있는 능력을 얻을 수 있다.

생각은 단지 생각일 뿐이다. 우리가 의미를 부여하지 않은 한 덧없이 흘러가며 아무런 영향을 끼치지 않는다. 생각은 우리를 정의하지도, 우리의 현실을 구성하지도 않는다. 그러나 우리는 부정적인 생각에 집착하여 잘 짜인 공포 이야기를 키워 나간다. 훨씬 건강한 태도는 생각을 하늘의 구름처럼 대하는 것이다. 구름이 흘러가는 것을 바라보듯, 생각을 마음의 날씨로 여겨라.

부정적인 피드백, 좌절, 실패에 직면했을 때 긍정적 태도를 유지하는 것이 얼마나 어려운지 나는 몸소 잘 알고 있다. 거절당하고, 비판받고, 비웃음을 산 적도 있다. 하지만 실수와 실패를 겪었다고 해서 나 자신이 패배자는 아니라는 것을 배웠다. 성공이란 일이 잘 풀리지 않을 때조차 자기 자신을 믿어야만 얻을 수 있다.

물론 말처럼 쉽지는 않다. 일이 잘 풀리지 않을 때 긍정적 태도를 유지하기란 불가능하게 느껴질 수 있다. 하지만 여러 리더, 경영진, 기업가 들을 코칭하면서 긍정적 태도는 충분히 익힐 수 있다는 사실을 알게 되었다.

부정적인 생각은 반사적으로 떠오르지만, 그 생각을 알아차리고 무시하거나 흘려보내는 법을 배울 수 있다. 당신에게는 긍정적인 마음가짐으로 바꿀 힘이 있으며, 이를 통해 새로운 사고방식을 갖도록 효과적으로 마음을 재조정할 수 있다.

어떤 과제나 프로젝트에 애를 먹고 있을 때 가장 먼저 드는 생각은 '이건 절대 해결하지 못해. 그냥 포기하자'일지도 모른다. 바로 이 순간, 긍정적인 믿음으로 맞서야 한다. '난 할 수 있어. 나에게는 문제를 해결할 능력이 있어'라고 스스로에게 확신을 주어라. 최대 1분 동안 긍정적 생각에 집중하고, 과제를 성공적으로 완수하는 자신의 모습을 상상하라. 시간이 지나면 신경 가소성이라 불리는[5] 뇌가 스스로 적응하고 재구성하는 능력이 사고방식을 완전히 바꿔 놓을 것이다.

항상 스스로 '이 생각이 유용하거나 도움이 되는가? 아니면 부정적이고 두려운 마음에서 나온 생각인가?'라고 되물어라. 당신에게 이로운 실용적인 생각과 당신을 가로막는 부정적인 생각 사이에는 하늘과 땅 차이가 있다. 당신은 어디에 주의를 집중할지 선택할 수 있다. 연습을 거듭하면 마음에 끌려가는 것이 아니라 마음을 끌어갈 수 있게 된다.

삶의 여정 그 어디에 있든, 가장 중요한 것은 일단 시작하는 것이다. 작은 걸음부터 떼어라. 그리고 멈추지 말고 계속 나아가라.

시간이 너무 많이 흘러 버렸다고 생각하는 사람이 있다면, 결코 늦을 때란 없다는 사실을 명심하라! 기회에는 나이 제한이 없다. 다음 기업가들의 사례를 살펴보자.

- 베라 왕은 40세에 상징적인 패션 브랜드를 론칭했다.
- 크리스티앙 디오르는 42세에 자신의 의상실을 열었다.
- 샘 월튼은 44세에 월마트 1호점을 냈다.
- 버나드 마커스는 49세에 홈디포를 공동 창업했다.
- 아리아나 허핑턴은 55세에 허핑턴 포스트를 공동 창립했다.
- 커넬 샌더스는 62세가 되어서야 켄터키프라이드치킨의 프랜

차이즈 사업에 본격적으로 착수했다.

나의 창업 여정 역시 20대에 첫 벤처기업에서 시작해 40대에 아홉 번째 회사를 세우기까지 수십 년에 걸쳐 이어지고 있다. 나의 아버지도 있다. 72세의 연세에 탄소중립 주택 분야에 뛰어들어 새로운 회사를 시작했다. 창업에 나이란 없다!

성공은 시작해야 비로소 따라온다

위대함을 성취하고 싶다면 설령 100퍼센트 준비되지 않았더라도 일단 첫걸음을 내디뎌야 한다. 발전과 성공은 오직 시작할 용기를 낸 사람에게만 찾아온다. 동기부여 전문가 지그 지글러(Zig Ziglar)가 한 말처럼, "시작하기 위해 위대해질 필요는 없지만, 위대해지려면 시작해야 한다."

내 커리어와 그동안 창업하고 매각한 기업들을 돌이켜 보면, 완벽히 준비됐다고 느끼기 전에 늘 시작부터 하곤 했다. 2021년, 나는 20년간 테크 기업가로 활동하다가 완전히 생소한 분야에서 두 개의 신규 사업을 론칭하기로 했다. 유해 성분을 배제한 클린 뷰티 기업인 케이 스킨(Cay Skin)과 스트레스 완화 효과가 있는 아답토젠(강황이나 버섯 인삼 등 스트레스 완화나 면역력 강화에 도움을 주는 식재료-옮긴이) 차 브랜드인 주니(JUNI)였다. 이 사업들에 관해서는 책의 뒷부분에서 더 살펴볼 것이다. 준비가 되어 있었냐고? 전혀 아니었다. 하지만 나는 70퍼센트 원칙을 적용했고, 일단 시작하면 나머지는 진행하면서 충분히 해결할 수 있다는 자신감이 있었다. 무엇을 시작하든 일단 부딪치며 배우는 것이 핵심이다. 모든 것을 미리 완벽하게 알기보다는 상황에 맞춰 적응하고, 배우며, 성장하려는 자세가 중요하다.

두려움을 무릅쓰고서라도 첫걸음을 내딛는 것이 얼마나 중요한지는 몇 번을 말해도 부족하다. 성공의 문을 열려면 처음부터 모든 게 완벽할 수 없다는 사실부터 받아들여야 한다. 답을 다 모른 채로도 먼저 시작할 용기를 내야 한다.

하와이로 이사할 때 모든 답을 알고 있진 않았지만, 나는 일단 뛰어들고 보았다. 부엌 식탁 위에서 보잘것없는 스타트업으로 시작했던 프론트라인 다이렉트는 상상보다 훨씬 더 큰 기업으로 성장했다. 내 꿈은 단순했다. 바로 백만 달러를 버는 것이었다. 당시로서는 상상조차 하기 힘든 큰 금액이었다.

2008년, 현실은 내 꿈을 훨씬 뛰어넘었다. 프론트라인 다이렉트를 애드코니언 미디어 그룹(Adconion Media Group)에 무려 2,000만 달러에 매각한 것이다. 이는 내가 스스로 그었던 모든 한계를 완전히 무너뜨린 사건이었다.

계좌로 거액의 대금이 입금된 날, 나는 업계 콘퍼런스 참석차 라스베이거스에 있었다. 입금 소식을 듣고 여전히 믿기지 않는 기분으로 곧장 현금 자동 입출금기로 향했다. 입출금 기계는 잔액을 보여 주는 대신 "잔액이 표시 한도를 초과했습니다"라고 적힌 명세서 한 장을 출력했다. 나는 그 종이를 한참 동안 멍하니 바라보았다.

그것은 돈 이상의 의미였다. 그때까지 감수했던 모든 위험과 잠 못 이루던 밤, 그리고 실패를 두려워했던 모든 순간이 충분히 가치 있었다는 사실을 인정받는 기분이었다. 100퍼센트 준비되지 않았더라도 일단 시작하는 것이 인생을 바꾸는 성공으로 이어질 수 있다는 확실한 증거였다.

라스베이거스에서 팀원들과 샴페인을 터뜨리며 축하하는 동안에도, 이 순간을 가장 함께하고 싶은 사람이 떠올랐다. 나는 집으로 가는 대신 플로리다주 네이플스행 비행기에 몸을 실었다. 할머니를 만나기 위해서였다. 예고도 없이 문 앞에 나타난 손녀를 보고 할머니가 지은 표정은 무엇과도 바꿀 수 없는 보물 같았다. "킴? 여긴 어쩐 일이니? 별일 없는 거지?"

나는 미소 지으며 대답했다. "할머니, 엄청난 소식이 있어서 왔어."

우리는 거실에 마주 앉았다. 5년 전, 불안에 떨며 말도 안 되는 인터넷 사업 아이디어를 늘어놓았던 작지만 포근한 공간이었다. 다만 이번에는 돈을 빌려달라는 게 아니었다. 빌린 돈을 갚으러 온 것이었다. 그것도 이자까지 듬뿍 쳐서 말이다.

나는 할머니에게 말없이 수표를 한 장 건넸다.

"이게 대체 뭐니?" 할머니가 물었다.

"할머니가 투자하신 것에 대한 보답이에요." 내가 대답했다.

할머니는 도무지 믿기지 않는다는 얼굴로 손에 든 수표를 한참 동안 내려다보았다.

나는 할머니가 빌려준 1만 달러가 어떻게 2,000만 달러라는 매각 대금으로 돌아왔는지 설명했다. 나의 성공도, 자신감도, 첫발을 내디딜 수 있었던 용기도 할머니의 믿음이 없었다면 결코 불가능했을 것이다. 내 커리어를 통틀어 할머니께 빌린 돈을 몇 배로 갚았던 그때보다 더 자랑스러웠던 순간은 없었다.

할머니가 세상을 떠나기 전, 나는 할머니와 멋진 여행을 함께 다니며 감사한 마음을 전할 수 있었고, 소중한 추억을 많이 쌓았다. 그중에서도 이탈리아에 가서 새빨간 페라리를 타고 드라이브를 즐겼을 때가 가장 기억에 남는다. 할머니는 그때를 떠올리며 "인생 성공했네!"라고 말씀하시곤 했다.

할머니는 다른 사람들이 주저할 때도 나를 믿어 주고, 내 가능성을 발견해 준 유일한 분이었다. 할머니의 믿음과 투자가 없었다면, 내 꿈은 그저 꿈으로만 남았을 것이다.

실수로부터 배운 첫 번째 교훈

준비되었다는 느낌이 들 때까지 기다렸다면,
나는 아직도 기다리고만 있었을 것이다.
마음은 우리의 잠재력을 가두는 감옥을 만들어 낸다.
그러니 완벽히 준비되기 전에 일단 시작하라.

1장 요약

<u>**스스로 되돌아보기**</u> 100퍼센트 준비됐다는 기분이 들 때까지 시작을 미루고 있는 일은 무엇인가? 앞으로 나아가기 위해 오늘 당장 내디딜 수 있는 아주 작은 한 걸음은 무엇일까?

핵심 메커니즘

- **준비되기 전에 시작하라** '완벽'을 기다리다 기회를 놓칠 수 있다. '적당히' 준비되었으면 일단 뛰어들어라!

- **행동을 가로막는 네 가지 P를 극복하라** 완벽주의, 미루기, 행동 마비, 비관주의가 자신을 붙잡고 있음을 인지하라. 이러한 장애물을 알아차리고 아주 작은 걸음부터 내디디며 극복해 나가라.

- **70퍼센트 원칙을 적용하라** 필요한 자원이나 정보가 70퍼센트 정도 갖춰졌다면 실행에 옮기기에 충분하다.

- **시행착오를 기꺼이 받아들여라** 성공한 사람은 모두 시행착오를 거친다. 부딪치며 배우라. 두려운 일보다는 나를 설레게 하는 일에 집중하라.

- **결단력과 속도가 중요하다** 완벽하지 않더라도 신속하게 내린 결정이 때를 놓친 완벽한 결정보다 더 강력한 힘을 발휘할 때가 많다. 방향은 진행하면서 언제든 수정하면 된다.

- **성공은 시작에서 나온다** 조금씩 앞으로 내디디며 멈추지 말고 나아가라. 발전과 성장은 오직 시작할 용기가 있는 사람에게만 찾아온다.

<u>**밀리어네어 마인드셋**</u> 모든 난관은 성장의 기회다. 앞으로 내딛는 모든 발걸음이 곧 진전이다. 나는 유연하고 기민하며, 탁월함을 추구하는 과정에서 마주할 모든 가능성에 마음을 열어 둔다. 시작하기 위해 100퍼센트 준비될 필요는 없다. 나는 나 자신을 믿으며, 시작할 용기가 있다.

MISTAKES
THAT MADE ME
A MILLIONAIRE

실수

2

모든 것을
혼자 감당하기

사람들은 자신의 차고에서 홀로 거대 제국을 세운 외로운 천재 이야
기에 열광한다. 차고 신화는 사람을 홀릴 만큼 매력적이지만 사실과
는 거리가 멀다. 나 또한 모든 걸 혼자 감당해야 한다는 착각에 빠지
는 실수를 범했다. 이 실수로 하마터면 모든 걸 잃을 뻔했다.

2004년 8월 12일, 나는 새로 시작한 스타트업에서 큰 성과가 될 뻔했던 거래를 망쳐 버렸고, 5만 달러를 날렸다. 전적으로 내 잘못이었다.

그날 아침, 남편 존은 부엌 식탁에 쓰러져 있는 나를 발견했다. 온몸은 식은땀에 흠뻑 젖어 있었고, 유령처럼 창백해진 얼굴은 노트북에 처박혀 뺨에 키보드 자국이 선명히 남아 있었다. 입을 뗄 기력조차 없었던 나를 대신해 뺨을 타고 흘러내리는 눈물만이 모든 것을 말해 주고 있었다. 하루 16시간씩 근무하느라 정신은 거의 나갈 지경이었고, 설상가상으로 체온도 40도 가까이 치솟았다.

나는 밤을 또 지새웠다. 점점 늘어나는 지출을 메우기 위해 막대한 수익이 절실했고, 기회를 가져다줄 고객 제안서 마감이 오전 8시였다. 제안서를 반드시 완성해야 했기에 온몸을 짓누르는 피로를 이겨 내고 계속 밀어붙였다. 존이 나를 발견하기 전까지. 남은 에너지가 단 한 방울도 남지 않을 때까지 말이다.

존이 나를 침대에 눕혔을 때, 내 몸은 찌는 듯한 더위에서도 오한으로 떨고 있었고 머리는 깨질 듯이 욱신거렸다. 한계에 다다른 사람의 모습이었다. 지난 6개월 동안 면역력이 바닥나면서 인후염과 비염으로 병원을 세 번이나 찾았지만, 매번 똑같은 처방을 받았다. 바로 휴식이었다. 하지만 나는 매번 의사의 조언을 무시했고, 전과 다름없는 강도로 다시 일에 매달렸다.

새로 시작한 디지털 마케팅 스타트업인 프론트라인 다이렉트의 업무량은 급증했고, 나는 그 속도를 따라잡기 위해 밤낮없이 일했다. 늦게 자고 일찍 일어나는 하루가 반복됐고, 갈수록 쉴 틈은 사라졌다. 모든 일을 혼자서 처리하며 스스로를 더 몰아붙였다. 잠재 고객에게 사업을 제안하고, 마케팅 계획을 수립하고, 재정을 관리하는 것도 모자라 고객 서비스 문제까지 전부 혼자 처리했다. 어떻게 해서든 이 사업을 성공시키고야 말겠다는 일념뿐이었다.

나의 열정과 에너지, 추진력을 단 하나의 목표에 쏟아부었다. 하지만 끝없는 업무와 성과 압박에 몸과 마음이 고갈되었고, 이내 감당하기 힘든 한계로 몰렸다.

"이런 식으로는 계속할 수 없어. 몸이 먼저 망가질 거야." 존이 말했다.

그는 나만 눈치채지 못하고 있던 사실을 지적했다. 내 몸은 변화를 원했다. 처음에는 은근히 신호를 보내더니, 나중에는 열병 같은 분노를 터뜨리며 요구했다. 단순한 휴식이 아니라 더 근본적인 변화를 갈구했다. 하지만 정말 중요한 문제는 그게 아니었다. 진짜 문제는 만성적인 '외로운 늑대 증후군(Lone wolf syndrome)'이라는 걸 서서히 깨달았다. 혼자 일할 때 더 효율적이고 더 나은 결과를 낼 수 있다는 확신이 내 머릿속을 지배했다. 나는 아무도 없어도 됐다. 도움 따위 필요하지 않았다. 나는 내 운명을 직접 설계하는 건축가였고, 홀로 모든 것을 해낼 능력이 있다고 믿었다. 창업가라면 원래 그래야 하는 거 아닌가?

키보드에 얼굴을 처박고 쓰러진 채로 발견되는 것은 흔하지 않을뿐더러, 정신이 번쩍 드는 경험이다.

눈물이 마르고 침대에서 꼬박 하루를 보내고 나서야, 험난한 창업의 길을 먼저 헤쳐 나간 누군가의 조언이 절실하다는 걸 느꼈다. 자존심을 잠시 접고 전화를 돌려 보기로 했다. 하지만 첫 번째 사람의 번호를 누르려는 순간, 손가락이 선뜻 움직이지 않았다. 도움을 청하는 건 곧 내가 약하다는 의미 같았다. 조언을 구하는 게 가장 현명하고 논리적인 행동임을 알면서도 혼자 힘으로 해내려는 고집스러운 자존심이 내 앞길을 막아섰다. 나는 결국 전화기를 내려놓았다.

존은 이런 나를 이해하지 못했다. "그냥 도움을 좀 구하면 안 돼?"

딱 잘라 설명할 수는 없었지만, 곰곰이 생각해 보니 이 외로운 늑대 같은 성향의 뿌리는 어린 시절까지 거슬러 올라갔다.

쌍둥이로 자란다는 건 쌍둥이 자매인 트레이시와 끊임없이 경쟁해야 한다는 뜻이었다. 언니는 언제나 나보다 한 발짝 앞서 나갔다. 나보다 더 똑똑했고, 더 빨랐으며, 더 강했다. 우리 앞에 놓인 모든 도전, 놀이, 학업 성취는 하나의 경주나 다름없었고 1등은 항상 언니 차지였다.

중학교 1학년 때 우리는 같은 축구팀에서 뛰었다. 시즌 결승 전이 열리던 날, 관중석은 친구와 가족들로 발 디딜 틈이 없었 다. 팀의 공격수이자 스타였던 트레이시는 골을 넣을 때마다 경 기장이 떠나갈 듯한 박수와 환호를 받았다. 반면, 골키퍼였던 나 는 공이 내 쪽으로 날아올 때마다 숨죽인 관중들이 보내는 긴장 어린 시선을 받아야 했다.

경기가 동점 상황이었던 순간을 지금도 생생히 기억한다. 경 기 종료 시각이 다가오자 상대 팀은 골대를 향해 무섭게 돌진했 고, 공격수가 슈팅을 날렸다. 나는 본능적으로 몸을 날렸지만, 공 은 마치 슬로우 모션처럼 내 옆을 스쳐 지나갔다. 공이 골대 안 쪽을 강타했다. 관중들이 일제히 내뱉은 탄식 섞인 "아아아아!" 하는 소리를 결코 잊지 못할 것이다.

몇 초 뒤, 종료 호루라기가 울렸다. 우리는 졌다.

동료들은 망연자실했고, 그들의 실망감이 나를 무겁게 짓눌 렀다. 모든 게 내 탓이라는 죄책감을 안고 경기장을 걸어 나왔 다. 나는 모두를 실망시켰다. 관중들, 팀 동료들, 코치님, 언니, 그 리고 나 자신까지.

나는 이 시즌을 끝으로 축구를 그만뒀다. 팀의 일원이라는 압박감을 더는 견디고 싶지 않았다. 대신 테니스, 수영, 달리기 같은 개인 종목으로 눈을 돌렸다. 그러면 설령 실패하더라도 실망하는 사람은 나 자신뿐이었다. 나는 제법 실력 있는 테니스 선수로 성장했다. 동네 코트에 나가 오로지 내 힘으로 실력을 쌓아가는 과정이 마음에 들었다. 피나는 노력 끝에 작은 대회에서 몇 차례 우승했고, 내 책장에 전시된 트로피들은 노력이 결실을 본다는 증표가 되었다. 우승 트로피를 거머쥘 때마다 자신감도 커졌다. 그리고 어느새 '혼자서도 할 수 있다'라는 말이 내 삶의 주문이 되었다.

혼자 운동하던 사람이 1인 기업가가 되는 과정은 그리 어렵지 않게 짐작할 수 있을 것이다. 12살에 겪은 뼈아픈 축구 경기 한 판과 몇 번의 테니스 시합 우승이 나를 기업가의 길로 이끌었다고 말하는 건 아니지만, 누구에게도 의존하지 않고 혼자서 일하는 게 더 낫다는 신념을 형성하는 데는 분명 결정적인 역할을 했다.

그로부터 10년 뒤 호놀룰루에서의 밤, 거의 쓰러지기 일보 직전까지 내몰린 까닭은 의심할 여지 없이 지독한 자립심 때문이었다. 도움을 거부하는 그 고집 때문에 나는 부엌 식탁에서 벗어날 수 없었고, 약병과 크래커 부스러기, 반쯤 비워진 오렌지 주스 잔에 둘러싸인 채 중요한 제안서를 마무리하려고 스스로를 몰아붙였다.

며칠 뒤, 몸을 추스른 나에게 전화 한 통이 걸려 왔다. 그리고 그토록 꿈에 그리던 말을 들었다. "제안서가 정말 마음에 듭니다. 저희와 함께 일하시죠."

나는 곧장 탄탄한 마케팅 기획을 어떻게 실행에 옮길지 구상하기 시작했다. 프로젝트의 세부 사항을 하나하나 따져 보며 모든 비용 항목을 분류하고 예산을 정밀하게 조정했다. 숫자를 두 번, 세 번 거듭 확인하던 중 무언가를 발견한 나는 그 자리에서 얼어붙고 말았다.

계획서에 명확하게 기록된, 너무나도 명백한 계산 착오였다. 극심한 피로 때문에 집중력이 흐려진 나머지 엄청난 비용을 놓친 것이었다. 그 결과, 거래를 할수록 손해를 보는 구조로 만들어 버렸다. 최종 결산액을 확인하는 순간 심장이 쿵 내려앉았다. 이 계약 하나로 첫해에만 5만 달러의 손실이 날 판이었다. 이제 막 걸음마를 뗀 회사에서 5만 달러는 입이 떡 벌어질 만큼 어마어마한 금액이었다. 꿈만 같은 소식을 접한 지 불과 한 시간 만에 값진 승리는 재정적, 정서적 손실로 돌변했다. 탓할 사람도 없이 오로지 내 잘못이었다.

며칠 전 부엌 식탁에서 쓰러졌던 순간이 인생의 바닥인 줄 알았는데 오산이었다. 이 상황이야말로 최악의 악몽이었다. 나는 믿기지 않은 현실 앞에 두 손으로 머리를 감싸 쥐었다. '어쩌다 이런 엄청난 실수를 저지른 걸까?' '재정적 수렁에서 어떻게 빠져나가야 할까?' '내 스타트업이 이 손실에서 살아남을 수 있을까?' 온갖 생각들이 줄지어 이어졌다.

고객사에 전화를 걸기 위해 수화기를 들자, 그동안 숨겨 온 치부를 전부 드러내야 한다는 생각에 속이 뒤틀렸다. 하지만 피할 방법이 없었다. 내 실수를 온전히 감당해야만 했다.

나는 먼저 계산 착오가 어떻게 발생했는지 상세히 설명했다.

"결과적으로 제가 견적을 5만 달러나 적게 책정했습니다." 나는 실수를 인정하며 말했다.

"뭐라고요?" CEO가 목소리를 높였다.

"모든 책임은 제가 지겠습니다! 전적으로 제 책임입니다. 이 상황을 해결할 방안을 제안드리자면…."

"해결이라고요?" 그가 말을 끊었다. "이건 단순히 숫자 몇 개를 고친다고 해결될 문제가 아닙니다. 당신은 우리를 곤경으로 몰아넣었어요. 잃어버린 신뢰를 무슨 수로 회복하겠다는 겁니까?"

나는 대답할 말을 찾지 못했다. 그들 역시 내 말을 기다려 주지 않았다. "이건 용납할 수 없는 일입니다. 더는 함께할 수 없겠군요. 파트너십은 여기서 끝입니다."

허무할 정도로 그렇게 끝나 버렸다. 협상도, 두 번째 기회도 없었다.

내 자만심에서 비롯한 실수로 돈 이상의 대가를 치렀다. 고객사의 신뢰와 존중은 물론, 미래의 모든 기회까지 모두 날려 버렸다. 단순히 실수한 게 아니라 완전히 망쳐 버린 셈이었다.

하지만 그런 위기의 순간을 겪지 않았더라면, 내 자만심이 묻어 버린 진실을 결코 보지 못했을 것이다. 나는 결코 혼자 해 낼 수 없다는 사실 말이다. 내 고집이 수렁으로 빠뜨렸고, 이제 나는 누군가의 도움이 절실히 필요했다.

이번에는 망설이지 않았다. 우리 가족과 친한 사이이자 내가 알고 지내는 사람 중 가장 성공한 인물인 제리에게 전화를 걸었다. 그는 수많은 회사를 설립하고 매각해 본 노련한 CEO였다.

"킴? 정말 오랜만이야. 잘 지내?" 그가 물었다.

참으로 오랜만에 들어 보는 안부였다. 나는 스스로에게 그런 질문을 던질 여유조차 없었다. 어느새 나는 그에게 모든 걸 털어 놓고 있었다. 마치 고해성사라도 하듯 그간의 일들을 낱낱이 쏟아 냈다. 그는 한 번도 내 말을 끊지 않았다. 그저 묵묵히 내 이야기를 들어주었다.

마침내 내 이야기가 끝나자, 제리는 어쩐지 즐거운 듯한 목소리로 입을 열었다. "킴, 딱 한 가지만 묻자. 왜 이 모든 걸 혼자서 다 해내려는 거야?"

나는 뭐라고 대답해야 할지 몰랐다. 적막이 귀가 먹먹해질 정도로 무겁게 내려앉았다.

"킴, 듣고 있어?"

"그래야 한다고 생각했어요. 그게 유일한 방법인 줄 알았어요." 나는 힘겹게 입술을 뗐다.

"그건 내가 살면서 들어 본 말 중 가장 바보 같은 소리야."

진실의 폭탄이 투하되자 잠시 침묵이 흘렀고, 이내 우리는 웃음을 터뜨렸다. 웃음 덕분에 복잡했던 머릿속이 맑아지며 정신이 번쩍 들었다. "도움을 구하는 건 나약함의 상징이라고 생각했거든요."

"오히려 정반대야. 그건 강하다는 증거지." 제리가 단호하게 말했다.

"그럼 제가 오늘 전화한 것도 강함의 증거인가요?"

"물론이지. 모든 걸 혼자 짊어지려 하면 절대 회사를 키울 수 없어."

내게 꼭 필요한 말이었다. 이미 이 길을 경험하고 수백만 달러의 자산으로 가치를 증명한 선배의 조언이었기에 무게감이 남달랐다. 그 누구도 홀로 회사를 성장시킬 수는 없다. 그의 간결한 조언은 내 사고방식은 물론, 일을 대하는 태도를 완전히 바꿔 놓았다. 이제 내가 무엇을 해야 하는지 분명해졌다. 성공할 가능성이 조금이라도 있으면, 어떻게든 팀을 꾸려야 했다.

처음엔 외로운 늑대처럼 살던 사고방식에서 벗어나기가 무척 낯설고 어색했다. 평생 누구에게도 묻지 않고 혼자서만 답을 찾아왔던 터라, 오래된 내면의 패턴을 하나씩 풀어내고 새로운 습관을 익히는 과정을 거쳐야 했다. 예전과는 다르게 생각하고 행동하기 위해 끊임없이 다짐하고 연습했다. 그렇지만 제리가 전해 준 지혜 덕분에, 내 삶의 주문은 '혼자서도 할 수 있다'에서

'혼자 성공하는 사람은 아무도 없다'로 바뀌었다.

먼저 나는 팀을 구성하는 데 온 힘을 다했다. 그저 그런 팀이 아니라 최강의 드림팀을 만들고자 했다. 내 강점을 극대화하고 약점을 메워 줄 팀 말이다. 나는 우리 팀원들을 위해 부엌 식탁을 싹 정리하고 앉을 공간을 마련해 주었다!

내가 가장 먼저 뽑은 사람이 재무 책임자라는 사실에 다들 고개를 끄덕일 것이다. 내 옆자리에 데이브의 자리를 마련했다. 엑스드라이브에서 함께 일했던 그는 누구보다도 재무 감각이 뛰어나고 날카로웠다. 게다가 정직하고 성실했으며 함께 있으면 즐거운 사람이기도 했다.

다음으로 프린터를 바닥에 내려놓고 기술 총괄 책임자인 스티브가 앉을 자리를 마련했다. 그는 복잡한 문제를 해결하거나 단순 반복적인 업무를 자동화할 때면 언제나 믿고 맡길 수 있는 인재였다. 마지막으로 커피 메이커를 가스레인지 옆으로 옮기고 영업 총괄인 아맨다를 위한 자리를 마련했다. 대학 시절부터 친했던 그녀는 파트너십 구축과 매출 증대에 탁월한 능력을 갖추고 있었다.

드디어 팀이 자리를 잡자, 상황이 완전히 달라졌다. 세상의 모든 짐을 나 홀로 짊어지지 않아도 됐다. 목표를 전부 달성하고 중요한 업무를 모두 처리하기 위해 혼자서 아등바등하지 않아도 되었고, 일인 다역을 하며 서로 다른 요구를 모두 혼자서 감당할 필요도 없어졌다. 내가 미처 닿지 못하는 곳까지 손을 뻗어 주고, 내 부족한 역량을 채워 줄 전문 인재들을 믿고 일을 맡기면 됐다.

외로운 늑대는 마침내 자신의 무리를 찾았다.

도움을 거부하게 만드는 네 가지 두려움

훗날 내가 왜 그토록 도움을 구하기가 망설여졌는지 깊이 파헤쳐 보니, 내 안에 웅크리고 있던 네 가지 두려움을 발견했다. 나는 이를 '도움을 거부하게 만드는 네 가지 두려움'이라 부른다.

1) 판단받는다는 두려움

2) 민폐가 될지 모른다는 두려움

3) 취약함을 드러내는 두려움

4) 거절당한다는 두려움

이 중 공감되는 항목이 있는가? 두려움이나 불편함 때문에 도움을 구하려다 만 적이 있는가? 혹은 도움받는 것 자체를 아예 고려해 보지 않아서 묻지 않았던 것은 아닌가?

지난 수년간 나는 나 자신은 물론, 수많은 이들이 이 네 가지 두려움에 묶여 꼼짝달싹하지 못하는 모습을 계속 지켜봐 왔다. 두려움 때문이든, 강한 의지 때문이든, 혹은 잘못된 신념 때문이든, 우리는 모두 어느 시점에 외로운 늑대 정신과 치열하게 씨름하게 된다. 이러한 두려움의 실체를 하나씩 파헤치기 시작할 때 비로소 잠시 멈춰 서서 큰 그림을 보고, 우리의 의도와 방식이 진정으로 자기 자신을 위한 길인지 제대로 살펴볼 수 있다.

도움을 거부하게 만드는 네 가지 두려움을 이해하고 해결하는 데 시간을 투자한다면, 두려움이 당신을 옭아매던 힘을 무력화할 수 있다. 그 속박에서 벗어나면 더 큰 성공과 성취로 향하는 기회를 잡게 될 것이다. 이런 마음가짐으로 각 두려움을 자세히 들여다보자.

판단받는다는 두려움

한번 상상해 보자. 100명의 청중 앞에서 연설을 맡게 되었는데 한 번도 그렇게 큰 무대에 서 본 적이 없다. 그 많은 사람과 어떻게 소통해야 할지 막막하다. 온몸의 세포가 당장이라도 도움을 청하라고 아우성친다. 하지만 도움을 요청하면 누군가에게 당신이 그 연설을 할 자격이 없거나, 심지어는 그 일을 해낼 실력조차 없다는 증거로 비칠까 봐 두렵다.

우리가 느끼는 가장 흔한 두려움은 바로 타인에게 판단받는다는 두려움이다. 자신의 행동과 말, 세상에 내보이는 모습은 물론이고 무지를 인정하는 행위도 누군가에게 평가받지 않을까 전전긍긍하게 된다.

나 역시 그런 기분을 수없이 느꼈다. 도움을 찾는 것이 마치 실패를 인정하는 꼴이라도 되는 양, 내가 무능하고 나약해 보이지 않을까 걱정했다. 하지만 아무리 능력이 출중한 사람이더라도 인생의 어느 시점에는 반드시 누군가의 도움과 지도를 구했다. 교훈을 배우고 조언을 받아들이려고 애쓴 덕분에 진정한 경험을 쌓은 것이다. 결국 성공은 "어떻게 하는지 잘 모르겠어요. 혹시 알려 주실 수 있나요?"라고 말하는 용기 위에 쌓아 올려진다.

내 경험에 비춰 보면, 훌륭한 사람은 결코 당신을 함부로 판단하지 않는다. 오히려 대부분은 가능한 한 최고의 결과를 내놓으려 노력하는 당신을 존중할 것이다. 제리가 말했듯이, 도움을 구하는 것은 당신이 강하다는 증거다. 나는 여기서 한 걸음 더 나아가, 탁월한 성과를 내겠다는 강한 의지라고 말하고 싶다.

판단에 대한 두려움이 생긴 원인을 살펴보면 보통 어린 시절까지 거슬러 올라가기도 한다.[6] 나는 초등학교 3학년 때 은유와 직유가 무엇이 다른지 묻기 위해 손을 들었다가 반 친구들 앞에서 망신을 당했던 순간이 아직도 생생하게 기억난다. 당시 선생님은 내게 상처 주는 말을 내뱉으며 교실을 가로질러 내 책상 앞까지 성큼성큼 다가왔다. "킴, 수업 시간에 딴짓했어? 선생님이 이거 수십 번도 더 설명했잖아!" 너무 창피했다. 이 일은 내가 도움을 요청하는 일에 거부감을 느끼도록 사고방식을 형성한 경험이 되었다.

어린 시절의 사소한 순간들을 대수롭지 않은 듯 무심히 넘겨 버리곤 하지만, 부모나 교사 혹은 친구들이 툭 던진 한마디를 계기로 두려움이 싹트는 경우가 많다. 이것이 우리가 성인이 되어서도 판단받는다는 두려움에서 쉽게 자유로워지지 못하는 이유다.

최근 나는 성공을 가로막는 가장 흔한 장애물을 알아내기 위해 설문 조사를 실시했다. 미국 성인 1,000명을 대상으로 더 큰 성공을 거두는 데 어떤 요소가 가장 걸림돌이 된다고 생각하는지 물었다. 가장 많이 받은 응답은 "도와달라고 말하는 걸 안 좋아해요. 사람들이 저를 무능하다고 볼 거 같거든요"였다.

판단받는다는 두려움은 정말 강력한 감정이다. 하지만 그런 감정이 들 때마다, 당신이 도움을 구하는 모습에 상대방이 존경의 눈길을 보낼 가능성도 크다는 사실을 기억하라. 물론 어떻게 도움을 구하는지도 중요하지만, 심사숙고하고 진정성 있는 태도로 다가간다면 사람들은 당신의 용기와 배우려는 자세에 박수를 보낼 것이다. 그러니 판단에 대한 두려움이 당신을 옭아매도록 내버려두지 마라. 그것은 당신의 미래에 참견할 자격이 없는, 과거의 잔재일 뿐이라고 여겨라. 두려움을 딛고 일어서라. 담대해져라. 그리고 도움을 청해라! 그 결과가 얼마나 놀라운지 곧 깨닫게 될 것이라고 확신한다.

민폐가 될지 모른다는 두려움

누군가가 도움의 손길을 내밀었을 때 괜찮다고 거절했지만,

속으로는 도움을 간절히 바랐던 적이 얼마나 많았는가?

우리는 모두 타인에게 폐를 끼칠까 봐 걱정하는 마음을 안고 산다. 하지만 연구 결과에 따르면 우리는 타인이 기꺼이 돕고자 하는 의지는 과소평가하고, 그들이 느낄 불편함은 실제보다 훨씬 크게 과대평가한다.[7]

대학교 원서를 쓸 무렵, 나는 노스캐롤라이나주에 있는 듀크대학교에 온 마음을 빼앗겼다. 어딜 가든 듀크대의 상징인 파란색 스웨트셔츠를 입고 다녔고, 블루 데빌스 농구팀을 열렬히 응원했으며, 만나는 사람마다 듀크대가 내 꿈의 학교라고 떠들고 다녔다. 듀크대 졸업생이자 그곳에서의 생활을 무척 아끼던 친척에게 큰 영감을 받았기 때문이다. 그가 추천서를 써 준다면 합격에 큰 힘이 될 게 분명했다. 하지만 나는 부탁을 할지 말지 몇 주 동안 머리를 싸매고 고민했다. 심지어는 부탁하면 안 되는 이유를 만들어 내고 스스로 합리화하기까지 했다. '바쁜 분이니까 추천서를 쓸 여유도 없을 거야. 부탁하면 내가 실력이 부족한 사람으로 보일 거고, 무엇보다 민폐를 끼치고 싶지도 않아.'

무엇보다 내 부탁이 그에게 민폐가 될지도 모른다는 생각이 내 머릿속을 지배했다. 부모님은 전혀 그렇지 않다며 나를 설득하려 했지만, 내 고집은 꺾이지 않았다. 혹시나 거절당하면 느끼게 될 부끄러움과 창피함이 너무 컸다. 그렇지만 마음 한편에서는 듀크대에 가고 싶어 견딜 수가 없었다.

추천서를 부탁하지 않은 건 치명적인 실수였다. 결국 나는 듀크대에 원서를 넣었지만 떨어졌다. 다행히 페퍼다인 대학교 말리부 캠퍼스에 합격하긴 했지만, '만약 그때 듀크 대학교에 들어갔다면 어떻게 됐을까?'라는 생각이 늘 머릿속에서 떠나지 않았다.

수년 후 가족 모임에서 만난 그에게 부끄러워서 차마 도와달라는 말을 못 했다고 농담 섞인 말을 건넸다. 그는 웃지 않았다. "킴, 네가 부탁하지 않았다니 정말 안타깝구나. 흔쾌히 추천서를 써 줬을 텐데 말이야." 그리고 그는 내가 평생 가슴에 담아 둘 명언을 남겼다.

"불편함이 주는 통증은 금세 지나가지만, 후회가 주는 고통은 평생 간단다."

그때의 나를 되돌아보았다. 상대방이 어떻게 반응할지 두려워하며 혼자 상상한 시나리오 때문에 스스로 기회를 날려 버렸다는 사실을 깨달았다. 나는 실패가 두려워 시도조차 하지 않았던 것이다. 그날 나눈 대화에서 값을 매길 수 없는 교훈을 얻었다. 성공하려면 도움을 구하는 용기가 반드시 있어야 하고, 대개의 경우 사람들은 진심으로 도움을 주고 싶어 한다는 사실이다.

개인적으로 나는 누군가의 삶에 긍정적인 영향을 줄 수 있기에 사람들을 돕는 일에 커다란 기쁨을 느낀다. 추천서를 써 주거나, 인맥을 연결해 주거나, 이제 막 시작한 사업가에게 조언을 건네는 일과 같은 행위는 나를 기분 좋게 만든다.

그러니 다음번에 누군가에게 도움이나 소개 혹은 부탁을 할지 말지 망설여질 때, 상대방에게 폐가 될까 봐 걱정이 앞선다면 스스로 미지의 기회가 열리는 문턱에 서 있음을 떠올려라. 불편해도 물어보는 용기를 내지 않으면 이 길이 어디로 향할지 결코 알 수 없다. 헛수고로 끝날 수도 있고, 상대가 도움을 주지 못할 수도 있다. 하지만 중요한 점은 이 문이 열릴지 확인하기 위해 직접 두드려 봤고, '만약'이라는 후회가 끼어들 자리를 남기지 않았다는 것이다.

취약함을 드러내는 두려움

처음 회사를 운영했을 당시, 나는 자주 갈피를 잡지 못하고 중압감에 시달렸다. 실패에 대한 두려움과 만약 실패하면 친구들과 가족들이 나를 어떻게 생각할지에 대한 걱정이 끊이지 않았다. 불안감을 감추느라 스트레스와 외로움만 계속 커졌다. 하지만 나는 이 불안감을 땔감으로 삼아 밤낮없이 일하며 실패에 붙잡히지 않도록 필사적으로 앞질러 달아났다. 겉으로 봤을 때, 내가 무엇과 경주하고 있는지 아는 사람은 아무도 없었다.

결국 번아웃이 왔다. 건강을 해쳤을 뿐만 아니라 회사 성장까지 가로막았다. 취약함을 드러내는 데서 오는 두려움은 나를 고립시켰다. 겉으로는 완벽하고 전문적인 모습을 보여 주면서 내면의 혼란을 철저히 감추는 게 더 낫다고 확신했기 때문이다. 이런 생각은 타고나지 않았거나 전문적이지 않은 분야는 곧 약점이고, 약점은 나쁜 것이라는 잘못된 인식에서 비롯됐다. 물론 누구나 약점은 있다. 그것보다 중요한 사실은, 자신의 약점을 인정할 때 비로소 핵심적인 성장이 가능하다는 것이다. 내 식탁에 앉아 있는 소중한 인재들처럼 말이다! 누군가에게 마음을 열고 내 취약함을 드러내길 두려워한 마음이 결국 상황이 더 악화시키기만 했다.

마침내 나는 취약함을 드러내는 능력이 인간다움의 근본적인 부분이라는 사실을 깨달았다. 다른 사람들과 취약함을 공유하는 일에는 큰 힘이 있다. 내가 먼저 마음을 열면 상대방도 안전하다고 느껴 자신의 약점을 기꺼이 공유하기 때문이다. 특히 리더가 보여 주는 약한 모습은 조직 내에 신뢰를 싹틔우고 더 긴밀한 협력과 단단한 팀을 만드는 밑거름이 된다.[8]

약점을 드러내는 자질은 제대로 인정받지 못하는 역량 중 하나이다. 약한 모습을 드러낼 수 있으면 진정성 있는 사람으로 보일 것이다. 자신의 감정을 가감 없이 표현할 줄 아는 사람 말이다. 만약 당신의 누군가와 함께 가고자 한다면 당신이 누구인지, 현재 무엇을 겪고 있는지 솔직하게 털어놓아라. 모두에게 이로운 투명한 관계를 만들어 줄 것이다.

거절당한다는 두려움

내가 겪은 시장 환경 중 가장 험난했던 2013년, 당시 나는 애드코니언 다이렉트(Adconion Direct)의 CEO였다. 투자자들이 투자에 선뜻 나서지 않아 자금 시장이 경색되어 외부 투자 없이는 사업 확장이 불가능한 상황이었다. CEO로서 나는 가혹한 현실을 마주해야 했다. 새로운 자금을 수혈하지 못하면 사업이 동력을 잃고 멈춰 설 위기였다. 통장에는 겨우 9개월치 현금이 남아 있었기에 투자자 확보가 시급했지만, 그저 투자자만 찾으면 그만인 상황이 아니었다. 우리 회사를 세계 무대로 확장해 줄 전략적 동반자가 필요했다.

시간을 돌려 2014년, 나는 싱가포르 텔레커뮤니케이션스(Singapore Telecommunications)의 디지털 부문인 아모비(Amobee)에서 인수 제안을 받았다. 내 이목을 끈 것은 그들의 압도적인 시장 지배력과 우리 기술을 아시아로 도입하겠다는 원대한 비전만이 아니었다. 아직 협상 중인 이 거래에서 마음 한구석을 깊이 파고든 또 다른 면이 있었다. 바로 CEO를 비롯하여 대부분의 경영진이 여성이라는 점이었다. 내 커리어를 통틀어 처음으로 회의실 안에 있는 유일한 여성 임원이 아니어도 되는 순간이 온 것이다.

싱텔과의 협상은 예상보다 몇 달이나 더 지체되었고, 그사이 현금준비금은 위험할 정도로 바닥을 드러내고 있었다. 직원들 급여를 지불할 여력조차 없었으니, 애드코니언의 미래는 아슬아슬한 상태에 놓여 있었다. 당장 투자를 받지 못하면 인수가 마무리되기도 전에 모든 걸 잃을 판이었다. 어떻게든 애드코니언의 숨통을 붙여 놓기 위해 급히 자금을 마련해야 했다.

수많은 투자자와 친구, 친척 들의 이름이 머릿속을 스쳐 지나갔지만, 가장 가까운 사람들에게 거절당할 수도 있다는 생각이 들자 너무 참담했다. 특히 돈을 빌려달라는 부탁은 회사의 현금 흐름에 문제가 있다는 걸 밝히는 꼴이라 더욱 입이 떨어지지 않았다. 애드코니언이 아닌 나를 믿고 투자해 달라고 부탁해야 하는 상황이었다. 누구에게 어떻게 말할지, 애초에 말을 꺼내는 게 맞긴 한 건지 고민하며 가능한 한 뒤로 미루기만 했다. 하지만 너무나 절박했고, 그 절박함이 내 안의 어떤 스위치를 눌렀다. '최악의 일이라고 해 봤자 뭐겠어? 거절당하는 것뿐이잖아.'

마치 배우처럼 대사를 몇 번이고 되뇐 뒤에야, 나는 용기를 내어 전화를 돌리기 시작했다. 우선 나 자신도 브리지 론을 통해 수백만 달러의 사비를 투자할 것이라는 사실을 말머리에서부터 확실히 못 박았다. "제가 투자하지 않는 곳에는 투자해 달라고 절대 부탁하지 않습니다. 이만한 조건에서는 6개월도 안 되어 투자금을 두 배로 불릴 수 있을 겁니다."

자신감 넘치는 권유였다. 나 스스로도 만족스러웠다. 하지만 돌아온 건 예외 없는 거절의 대답뿐이었다. 다들 "기분 나쁘게 듣진 마세요"라고 말했지만, 어떻게 그럴 수 있겠는가? 아무도 나를 믿어 주지 않는 것만 같았다. 인수 거래가 성사될지 장담할 수 없으니 투자가 너무 위험해 보인다는 게 공통된 의견이었다. 몇몇은 사비를 털어 넣는 내 결정이 실수일지 모른다며 걱정 섞인 눈초리를 보냈다. 솔직히 말하면, 한데 모여 쏘아붙이는 회의적인 시선에 가슴이 쓰라렸다. 거절은 상처를 남긴다. 아무리 자신만만한 사람이라도 말이다.

나는 초반에 받은 거절에 꺾이지 않기로 마음을 굳게 먹었다. 다시 명단을 작성해서 전화를 계속 돌렸다. 결국 이 기회의 가치를 알아보고 거래가 성사되는 데 필요한 자금을 대 줄 투자자 몇 명을 찾아냈다. 나는 의심의 눈초리를 뒤로하고, 나를 믿어 준 투자자들과 나 자신을 위해서라도 반드시 거래를 성공적으로 마무리하겠다고 다짐했다. 그래서 어떻게 됐냐고? 보란 듯이 121일 만에 거래를 체결했다.

아모비가 애드코니언 다이렉트를 2억 3,500만 달러에 인수했다.

내 경력상 최대 규모의 매각이었고, 금액이 너무 커서 와닿지 않을 정도였다.

불과 6년 전 프론트라인을 2,000만 달러에 매각했을 때만 해도 뛸 듯이 기쁘고 너무 행복했다. 그런데 그보다 무려 10배가 넘는 계약서에 서명을 했다! 지금 생각해도 소름이 돋는다.

이 거래는 사업적으로나 개인적으로나 인생의 전환점이 되었다. 계약이 체결되자, 인수 과정에서 내게 깊은 영감을 준 싱텔의 여성 임원들과 드디어 어깨를 나란히 하고 일할 기회가 찾아왔다.

그간 회의들에 참석하며 느꼈던 경외심과 호기심, 그리고 순수한 열정이 아직도 생생하다. 상장회사의 노련한 임원들에게 배울 기회는 흔치 않다. 하와이의 부엌 식탁에서 사업을 시작한 내가 머물던 환경과는 전혀 다른 세상이었다. 그동안 나는 여성 임원들과 일할 기회가 거의 없었고, 어쩌다 기회가 생겨도 보통은 단 한 명뿐이었다. 하지만 이곳에서 남초 산업을 앞장서 이끌 뿐만 아니라, 화려하게 성공까지 한 네 명의 여성들과 함께 일하게 됐다. 이들의 조언은 값진 선물이었다. 장기 성장과 예측 가능한 수입을 우선시하는 그들의 사업 방식은 당해 수입 목표를 달성하는 데만 급급했던 나의 스타트업 사고방식과는 차원이 달랐다.

자신의 역량을 펼치면서 동시에 성장까지 할 수 있는 환경에 있기란 쉽지 않다. 이 여성들은 그야말로 새로운 길을 개척해 나갔고, 그들 곁에 있기만 해도 어디까지 성장할 수 있는지 깨달을 수 있었다. 나는 이 놀라운 여성들에게서 배운 리더십, 회복 탄력성, 비전을 여전히 마음에 깊이 새기고 어려운 순간을 마주할 때마다 늘 떠올려 본다.

몇 년 뒤, 내 제안을 거절했던 친구들이 그때 투자하지 않은 게 큰 실수였고 너무 아쉽다며 고개를 숙이고 인정했다. 하지만 그들이 거절한 덕분에 돈으로도 살 수 없는 귀한 교훈을 하나 얻었다. 거절 그 자체나 거절당한다는 두려움은 꿈을 포기할 이유가 되지 않는다는 것이다. 거절은 그저 다른 장소, 다른 사람, 혹은 다른 무언가로 향하도록 가리키는 이정표일 뿐이다. 단언컨대, 당신은 살면서 수많은 거절을 경험할 것이다. 하지만 시간이 흐르고 지난날을 되돌아보면, 그 거절이 성공에 얼마나 결정적인 역할을 했는지 깨닫는 날이 올 것이다.

그러므로 도움을 요청했지만 거절당할까 봐 걱정된다면, 거절이 삶의 자연스러운 일부라는 점을 떠올려라. '아니요'라는 대답을 들을수록 그토록 간절한 '예'에 가까워지고 있음을 깨닫고 거절을 기꺼이 받아들일 때, 더 힘차게 앞으로 나아갈 동력이 생길 것이다.

내 안의 외로운 늑대와 작별하기

도움을 거부하게 만드는 네 가지 두려움을 들여다보면, 각각이 모두 외로운 늑대 증후군을 부채질하곤 한다. 어린 시절 만들어진 내 안의 늑대는 성인이 되어서도 계속 나를 괴롭혔다.

사업에 뛰어든 지 얼마 되지 않았을 때, 나는 목표를 향해 달려가는 과정에서 누군가의 도움을 받으면 나의 성취가 퇴색되고 나도 능력 없는 사람으로 비칠 거라고 착각했다. 오직 혼자만의 힘으로 정상에 올라선 1인 기업가의 낭만적인 신화를 들으면서 이런 생각이 더욱 확고해졌다. 도움이란 약하거나 다쳤을 때, 혹은 일을 스스로 해내지 못할 때 잠시 기대는 목발이나 지지대처럼 보였다. 하지만 진실은 그와 정반대다. 도움은 잠시 기대는 목발이 아니라 폭발적인 추진체다.

나는 도움을 구하는 법을 익히면서 내 성공이 비약적으로 커졌다고 당당하게 말할 수 있다. 덕분에 자원을 효과적으로 활용하고, 내 강점을 극대화하며, 모든 자산을 더 효율적으로 운용할 수 있었다. 여기에는 대단한 비결이 있는 게 아니다. 그저 도움을 구하는 일을 부끄럽게 여기는 사회적 분위기를 걷어 내기만 하면 된다. 혼자서 정상에 다다를 수 있는 사람은 없다. 성공한 사람들은 모두 주변의 도움을 받으며 정상에 올라섰다.

이 사실을 좀 더 일찍 알았다면 진작에 도움을 요청해서 지금보다 더 멀리, 더 빠르게 성장했을 것이다. 나는 액셀과 브레이크를 동시에 밟으면서 고생을 사서 하고 있었다. 이제 모든 걸 혼자 감당하려는 건 혼자서 공연을 올리려는 것만큼이나 터무니없는 짓임을 깨달았다. 모든 배역을 연기하는 것부터 무대 준비, 대본 작성, 티켓 판매, 오케스트라 지휘, 거기다 공연이 끝난 뒤 바닥 청소까지 전부 혼자 한다고 생각해 보라.

대부분의 경우 배우와 제작진이 모두 갖춰졌을 때 더 큰 힘을 발휘하고 역량을 마음껏 펼칠 수 있다. 가정생활도 마찬가지다. 나 혼자서는 도저히 일과 가정을 양립할 수 없었을 것이다. 아이들 넷을 키우며 이 모든 일을 해낼 수 있는 것은 남편과 가족, 그리고 친구들의 지지와 도움이 있기 때문이다.

그래도 도움을 구하는 게 여전히 어렵게 느껴진다면, 도움을 다른 관점으로 바라보자. 당신의 노력을 극대화하기 위해 자원으로 모으고 활용하는 과정이라고 생각하는 거다. 그렇게 하면 당신은 업무 완성도를 높이는 전략적 단계를 밟으면서 기회는 물론, 발전과 성장의 여지도 더 넓어지는 셈이 된다. 도움을 구하는 일을 긍정적으로 바라볼 수 있다면, 그것은 강력한 무기를 지닌 것과 같다. 그런 의미에서 당신에게 도움이 될 만한 몇 가지 조언을 준비했다.

주도적으로 도움을 구하는 법

도움을 구할 때는 연락한 이유를 구체적으로 밝히고 왜 상대방의 도움이 필요한지 명확하게 설명해야 한다. 그래야 당신이 얼마나 사려 깊은 사람인지, 상대방의 시간과 조언을 얼마나 존중하는지를 보여 줄 수 있다. 다음은 이메일 예시다.

존경하는 [이름] 님께,

[해당 분야]에서 쌓아 오신 풍부한 경험에 깊은 경의를 표하며, 성공에 이르기까지 걸어오신 여정을 직접 배우고 싶습니다. 저는 현재 [프로젝트 이름]을 진행하고 있는데, 이 과정에서 나눠 주실 가르침은 제게 무엇보다 귀중한 자산이 될 것입니다. 바쁘시겠지만, 귀한 시간을 내어 주신다면 기꺼이 당신의 스케줄에 맞추겠습니다. 편하신 시간대를 알려 주시면 감사하겠

습니다.

감사를 담아,

[이름] 올림

만약 상대방에게 답장이 오지 않더라도 단념하지 마라. 나역시 사람들의 연락에 곧장 회신하지 못할 때가 많은데, 결코 돕고 싶지 않아서가 아니다. 중요한 계약을 처리하느라 눈코 뜰 새 없이 바쁘다 보면 간혹 이메일이 누락되는 경우가 있다. 그래서 나는 재차 확인 연락을 주는 이들에게 늘 고마움을 느낀다. 그러니 답장을 받지 못했다면, 며칠 뒤에 다시 이메일을 보내거나 문자나 전화를 해 보자. 상대가 가까운 곳에 있다면 잠시 들르는 것도 좋은 방법이다.

이메일을 고작 한 번 보내고 포기하는 사람들이 많은데, 나는 첫 이메일을 발송한 뒤 확인 메일을 보내고 다시 한번 확인 메일을 보내는 이른바 '트리플 탭(Triple tap)' 전략을 사용한다. 세 번 시도했는데도 아무런 답장을 받지 못하면, 더 흔쾌히 도와줄 다른 사람을 미련 없이 찾아보자.

특정 인물에게 도움을 받는 게 얼마나 중요하고 가치 있는 일인지 늘 자문해 보라. 왜 하필 그 사람이 떠올랐는지도 깊이 따져 봐야 한다. 만약 그의 도움이 결정적인 전환점이 될 거라는 확신이 든다면 무슨 수를 써서라도 직접 만나라. 아마 인생에서 가장 비싼 점심을 먹게 되겠지만, 그 결과는 무엇과도 바꿀 수 없는 결실이 될 것이다. 나도 이 방법을 즐겨 쓴다. 상대방에게 "마침 그 주에 당신이 계신 지역에 머물 예정입니다. 저는 일정이 자유로우니 잠시 만나 뵙고 싶어요"라고 연락한다. 이처럼 상대방이 만나기 편하도록 배려하면 긍정적인 말을 들을 확률이 훨씬 높아진다.

사실, 내가 예비 리더들에게 자주 해 주는 조언 중 하나는 바로 '성공으로 가는 길을 요청하라'이다.

도움을 요청하라.

조언을 요청하라.

구매를 요청하라.

멘토를 요청하라.

묻지 않으면 얻는 것도 없다.

담대해져라. 용기를 내라. 당신이 원하는 것을 당당히 요구해라.

12세의 스티브 잡스(Steve Jobs)가 그랬던 것처럼 말이다. 그는 전화번호부를 뒤적여 휼렛패커드(Hewlett Packard)의 공동 창업자 번호를 찾아 무작정 전화를 걸었다.[9] 당시 고주파 측정기를 조립하고 있던 고등학생 잡스는 빌 휼렛에게 남는 부품이 좀 있을 거라고 생각했다. 휼렛은 잡스에게 부품을 보내 줬을 뿐만 아니라 여름 동안 조립 라인에서 일할 기회까지 제안했다. "저는 그냥 물었을 뿐이에요. 대부분의 사람은 결코 묻지 않아요. 이것이 바로 그저 꿈을 꾸는 사람과 그 꿈을 이루는 사람을 가르는 지점입니다. 일단 움직여야 합니다." 훗날 잡스는 이날을 이렇게 회고했다.

요구하기 시작하면서 내 인생은 비약적으로 변했다. 밤늦게까지 혼자 씨름하던 생활에서 매일 팀원들과 협력하는 생활로 옮겨 갔다. 그때부터 나는 도움을 구하는 일을 전혀 두려워하지 않게 되었다. 스스럼없이 손을 들거나 전화를 걸어 팀원에게 조력을 구하고, 동료 기업가와 머리를 맞대며 문제를 해결하고, 친구와 대화하면서 아이디어를 주고받는 과정이 얼마나 값진지 깨달았기 때문이다. 게다가 이 과정에서 만난 친구, 동료, 멘토는 내 여정에 없어서는 안 될 든든한 버팀목이 되어 주었다. 성공은 모든 정답을 알아야 얻는 게 아니라, 언제 도움을 요청해야 하는지 아는 데서 온다.

실수로부터 배운 두 번째 교훈

협력을 기꺼이 받아들이고,

조언을 구하며, 도움을 요청하라.

단언컨대, 홀로 성공한 사람은 아무도 없다.

스스로 되돌아보기 도움을 구하려는 당신의 발목을 잡는 두려움은 무엇인가? 당신에게 부족한 역량 중 타인의 도움으로 채울 수 있는 것은 무엇인가? 모든 일을 혼자 감당하지 않아도 된다면 어떤 일을 해낼 수 있을지 상상해 보자.

핵심 메커니즘

- **외로운 늑대 사고방식은 위험한 함정이다** 최고의 성공을 이룬 이들은 모두 협력과 지지를 받으며 목표를 성취했다. 외로운 늑대 사고방식을 몰아내라. 홀로 모든 걸 해내려 한다면 당신의 잠재력을 결코 완전히 끌어내지 못할 것이다.

- **네 가지 두려움이 도움을 요청하는 데 걸림돌이 된다** 판단받는다는 두려움, 민폐가 될지 모른다는 두려움, 취약함을 드러내는 두려움, 거절당한다는 두려움. 이 네 가지 두려움은 흔히 일어나지만, 실재하는 장벽이 아니라 내면의 허상일 뿐이다.

- **도움 요청은 약점이 아니라 강점이다** 사람들은 다른 이들이 도와주려는 의지를 계속 과소평가한다. 묻고, 재확인하고, 한 번 더 재확인하는 트리플 탭 전략을 사용하라.

- **약한 모습을 보이는 리더십을 발휘하라** 자신의 취약점을 보이고 인정하는 모습을 보이면 신뢰와 협력, 탄탄한 팀워크가 싹튼다. 꾸며 내지 마라. 인간다운 모습을 보여라. 동료들과 팀원들이 당신을 진심으로 따를 것이다.

- **강력한 인맥을 형성하라** 멘토, 친구, 동료로 구성된 끈끈한 인맥은 신의 한 수가 된다. 당신이 지닌 잠재력을 최대한 발휘하도록 자극하고 응원해 줄 사람들로 주변을 채워라.

실수 3

MISTAKES
THAT MADE ME
A MILLIONAIRE

실패가 두려워 아무 행동도 하지 않기

백만장자가 되는 법에 대해 아무도 말해 주지 않는 사실이 있다. 백만장자가 되는 가장 큰 걸림돌은 어려운 시장 상황도, 치열한 경쟁도, 심지어 자금 부족도 아니다. 바로 당신의 꿈과 두려움 사이에서 일어나는 내면의 전쟁이다. 당신이 저지를 수 있는 최악의 실수는 실패 그 자체가 아니다. 실패를 두려워한 나머지 아무런 위험도 감수하지 않는 것이야말로 진짜 실수다.

내 포크에 찍혀 있던 미트볼이 굴러떨어질 뻔했다. "네? 뭐라고요? 오늘 겪은 일 중 최악의 일을 말해 보라고요?" 나는 당혹스러운 표정으로 식탁 맞은편에 앉은 아버지를 바라보았다.

평범한 집이라면 스파게티를 먹으며 학교 숙제나 스포츠, 아니면 곧 다가올 생일 파티 같은 이야기를 나눌 것이다. 흔히 애들이 나누는 그런 이야기들 말이다. 하지만 우리 집 저녁 식사 시간에 오가는 대화는 달랐다. 어렸을 때부터 부모님은 실패에 관해 이야기하기 시작하셨고, 나중에는 매일 밤 누가 제일 엉망인 하루를 보냈는지 겨루는 일종의 의식이 되었다.

아버지는 우리 남매가 그 주제를 회피하도록 내버려두지 않았다. "어서 말해 보렴. 오늘 겪은 일 중에 어떤 게 최악이었니? 키미, 네가 먼저 말해 볼래?" 아버지는 미소 지으며 말씀하셨다.

나는 한숨을 살짝 내쉬었다. 너무 민망했지만, 아버지가 정한 이 규칙을 따르지 않고서는 식탁에서 일어날 수 없다는 걸 잘 알고 있었다. "음, 수학 선생님이 깜짝 시험을 내셨는데 무슨 소린지 하나도 모르겠더라고요."

우리가 한 명씩 돌아가며 오늘 있었던 최악의 순간을 털어놓으면, 부모님은 고개를 끄덕이시며 다정하게 귀를 기울이셨다. 보통 사람들은 실패를 언급하는 것조차 꺼리지만, 우리 가족에게는 식탁 위에 놓인 소금을 건네듯 실패를 나누는 것이 자연스러운 풍경이었다. 어느덧 스포츠 경기의 하이라이트 장면 대신 그날의 실패담을 나누는 게 우리 가족만의 의식이 되었다. 학교 버스를 코앞에서 놓친 일부터 숙제를 깜빡한 일, 짝사랑하는 애가 무도회에서 내 친구에게 파트너를 신청한 일, 심지어 선생님을 실수로 엄마라고 부른 일까지, 그 어떤 이야기도 금기시되지 않았다. 아버지의 철학은 간단했다. "최선을 다해도 실패할 수 있어. 그런데 그게 뭐 대수니? 최선을 다하고, 마음껏 실수하렴. 실패했다고 네가 패배자가 되는 건 아니야." 아버지는 강조하듯 포크를 휘저으며 늘 이 말을 달고 살았다.

아버지는 아무 이유 없이 실패를 설교하신 게 아니었다. 실패를 몸소 겪으며 사셨기 때문이다.

아버지의 첫 사업은 사람들이 도구를 빌려 자기 자동차를 직접 수리하는 셀프서비스 자동차 수리점이었는데, 자기 손으로 차를 고치고 싶어 하는 사람이 아무도 없었던 탓에 완전히 실패했다. 어린 시절 내 방에 누워 있으면 부모님의 날카로운 속삭임이 들려오곤 했다. 대출금을 어떻게 갚을 거냐며 아버지를 몰아세우던 어머니의 목소리가 아직도 생생히 기억난다. 하지만 아버지는 늘 하시던 그 말씀을 꺼냈다. "걱정 마, 방법이 있을 거야." 마치 그 말을 주문처럼 반복하다 보면 정말 기적이 일어날 것처럼 말이다.

다음으로 아버지의 원대한 아이디어는 지붕 타일을 만드는 기계를 제작하는 것이었다. 아이디어는 완벽해 보였지만, 주택 시장이 바닥을 치고 건설 현장이 얼어붙자 이 역시 제대로 시작도 못 해보고 실패로 끝났다. 이제 부모님이 다투는 소리가 온 집 안에 울려 퍼졌다. 아버지는 실패를 마치 두더지 잡기 게임처럼 대했다. 사업 하나가 망하면, 다른 사업이 툭 튀어나왔다. 스테이크 하우스를 개업했다가 인터넷 카페를 열더니, 동네에서 술집을 운영했다. 시도하는 것마다 모조리 망하고 나서 아버지가 다음으로 선택한 건 코인 세탁소였다. 하지만 얼마 가지 않아 코인 세탁소마저 휘청거렸다. 아버지는 건조기 옆에 샌드위치 키오스크를 설치하는 기발한 해결책을 내놓았지만, 그것만으로는 역부족이었다. 아버지는 실패에 쓰러지는 법이 없었다. 오히려 더 불타올랐다. 툴툴 털고 일어나 다음 꿈을 좇았다. 아버지는 나에게 윙크하시며 "걱정하지 말렴, 키미. 언젠가 행운의 여신이 미소 짓는 날이 올 거야"라고 말씀하시곤 했다.

아버지를 정말 믿고 싶었지만 우리 남매들은 실패가 거듭될 때마다 집안에 감도는 긴장감을 느낄 수 있었다. 나는 침대에 누워 생각했다. '식탁에 앉아 실패를 나누는 이 의식이 사실 삶의 교훈을 배우기 위한 게 아니라 늘어만 가는 아버지의 실패를 정당화하기 위한 수단이 아니었을까?' 어린아이의 시선에 비친 의식은 그저 가족 간의 불화와 불안을 키우기만 했다.

우리 남매들은 자라면서 문제가 발생하기 전에 미리 알아차리는 육감인 이른바 '실패 감지력'을 얻었다. 아버지의 사업이 실패할 때마다 집안에 깔리는 무거운 분위기를 느낄 수 있었다. 한겨울에 난방이 끊어진 날이면 상황이 심각하다는 걸 직감했다. 하지만 아버지에게 전기 요금 미납은 큰 문제가 아니었다. 그저 우리에게 옷을 더 껴입고 따뜻하게 있으면 된다고 하셨다. 대출금을 갚지 못하는 상황이 와도 아버지는 태연했고, 실제로 위태로운 순간이 셀 수도 없이 많았다. '실패하지 않으면 성공으로 갈 수 없다'라는 아버지의 철학은 터틀넥에 외투까지 걸치고 침대에 누워 있는 우리에게는 별로 위안이 되지 않았다.

하지만 여기서 어린 내가 미트볼을 떨어뜨릴 법한 반전이 일어난다. 내가 대학교에 진학할 무렵, 아버지가 드디어 잭팟을 터뜨린 것이다. 부동산 시장이 붕괴한 뒤 헐값에 나온 매물을 사들여 수리하고 보유하는 방식으로 수백만 달러를 벌어들였다. 내가 성인이 됐을 때 아버지는 100채가 넘는 임대주택을 소유했다. 아버지는 수많은 실패를 내딛고, 마침내 어마어마한 재산을 쌓았다. 이는 성공을 이루는 데 시간이 필요하며, 아버지의 경우에는 수십 년이 걸렸을 뿐이라는 명백한 사실을 내게 가르쳐 주었다.

실패할 준비가 되어 있지 않다면, 백만장자가 될 준비도 되어 있지 않은 것이다.

성공에는 몇 번을 쓰러지든 다시 일어나려는 의지와 회복 탄력성이 필요하다. 하지만 이 사실을 안다고 해서 두려움이 줄어들거나 사라지지 않는다. 5등급 허리케인이 해안을 향해 무서운 속도로 돌진하고 있다는 기상 예보를 듣는다고 해서 폭풍의 공포가 줄어들지 않는 것과 마찬가지다. 단단히 대비할 수는 있어도, 막상 허리케인이 덮쳤을 때 아무런 피해가 없는 건 아니다. 아버지는 우리가 실패에 내성을 갖도록 최선을 다하셨지만, 막상 생애 첫 진짜 실패를 정면으로 마주했을 때 나는 무방비 상태나 다름없었다.

2010년, 첫 회사를 매각하고 드디어 나는 새로운 기회에 투자할 자금을 손에 넣었다. 그전까지는 투자를 해 본 경험이 전혀 없었다. 처음으로 제대로 투자할 만큼 돈을 충분히 번 이 순간은 내 삶에서 중요한 전환점이었다. 그러나 나는 타고난 투자자라는 자만에 빠져 있었다.

당시에는 온라인 구독 모델이 호황을 누리고 있었다. 스타트업들이 우후죽순 들어서서 보석부터 화장품, 와인, 꽃, 패션에 이르기까지 온갖 서비스를 매월 구독하는 멤버십을 출시했다. 킴 카다시안이 공동 창업한 슈대즐(ShoeDazzle)은 수백만 명의 소비자가 구독형 쇼핑에 열광하는 트렌드의 최전선에 서 있었다. 아마존 또한 2009년 자포스(Zappos)를 12억 달러에 인수하며, 온라인 신발 시장에 막대한 잠재력이 있다는 확신을 시장에 심어주었다. 이에 나도 새로운 트렌드에 편승하기로 결심하고 노련한 기업가 두 친구와 함께 새 회사를 설립했다.

우리는 슈프리베(Shoe Privée)를 세웠고, 매달 패션 전문가가 엄선한 최신 유행 신발 한 켤레를 단돈 39.95달러에 보내 주는 월 구독형 서비스를 선보였다. 누가 봐도 이 사업은 확실한 흥행 보증수표 같았다. 여자들은 신발에 열광하고, 가격은 파격적인데다, 쇼핑하러 집 밖에 나가지 않아도 됐다. 게다가 우리들은 모두 잔뼈가 굵은 연쇄 창업가들이었다. 실패할 구멍이 어디 있겠는가?

하지만 모든 것이 어긋났다.

균열은 빠르게 생기기 시작했다. 처음 몇 달은 고객들의 반응이 뜨거웠지만, 오래지 않아 냉혹한 현실에 부딪쳤다. 일 년에 새 신발을 무려 12켤레나 사고 싶어 하는 사람은 없었다. 어느 날 사무실에 들어가 보니 신발 상자들이 불안정하게 쌓여 있던 게 기억난다. 고객 수요를 얼마나 잘못 예측했는지 적나라하게 보여 주는 모습이었다.

곧이어 재정적 부담이 따라왔다. 이처럼 경쟁적인 시장에서는 고객을 확보하는 비용이 너무 높았다. 마케팅에 비용을 너무 많이 지출한 탓에, 고객당 매출액은 마케팅 비용을 메우지도 못했다. 설상가상으로 재고가 축적되고 있던 터라 배송 주기를 분기별로 바꾸었지만, 오히려 월 판매액 감소와 영업 손실 가속화로 이어졌다. 우리는 필사적으로 사업 모델을 수정해 나가며 대응했다. 주력 상품을 남성화로 바꾸고 신발 가격대를 조정하다가 나중에는 구독료도 없애 버렸지만, 어떤 대책도 통하지 않았다.

불과 몇 년 만에 우리는 사업을 완전히 접을 수밖에 없었다.

내가 투자했던 수십만 달러를 전부 날려 버렸다.

너무나 처참했다. 슈프리베의 실패는 단순히 목돈을 날린 것을 넘어 나 자신이 패배자로 느껴지게 만들었다. 그때부터 두려움에 휩싸이기 시작했다. 두려움은 사람을 옥죄어 버린다. 내 마음에 물밀듯이 밀려와 자기 패배적 사고에 가두고서는 아무것도 할 수 없는 상태로 몰아넣어 자신감을 갉아먹는다. 나는 공포에 질려 마비되고 말았다. 이 행동 마비는 처음엔 사소해 보이는 곳에서 나타났다. 예전 동료에게 내 전문 분야인 새로운 디지털 광고 스타트업에 투자해 보지 않겠냐는 제안을 받았을 때, 나는 망설였다. 나는 계속 생각해 보겠다며 차일피일 답변을 미루다가, 결국 내가 빠진 채 투자 기회가 마감됐다. 그 이후에는 진심으로 존경하는 한 투자자에게서 내가 훤히 꿰고 있는 분야인 최첨단 광고 기술 스타트업에 투자할 것을 권유받았지만, 나는 정중히 사양했다. 좋은 기회가 아니었기 때문이 아니라, 원석을 고르는 내 안목을 더 이상 믿을 수 없었기 때문이었다.

나는 감정의 늪에 빠진 것처럼 마비 증세에 속수무책으로 당했다. 발버둥 칠수록 더 깊이 빠져들어 움직일 수 없었다. 나는 또 잘못된 선택을 할까 봐 두려워 아무것도 못한 채, 코앞에서 수많은 거래가 성사되는 것을 가만히 지켜보기만 했다. 두려움은 복잡하고 미묘한 나침반이다. 안전한 방향으로 가리키기는 하지만, 결코 위대함으로 향하진 않는다. 내가 저지른 실수는 두려움의 목소리에 귀를 기울인 것이 아니었다. 두려움을 유일한 이성의 목소리라고 맹신한 것이 진짜 실수였다.

몇 년 뒤, 추수감사절을 맞아 부모님 댁 식탁에 다시 앉았다. 어린 시절 살던 집에 발을 들이면, 신기하게도 다시 아이가 된 듯한 기분이 든다. 저녁 식사 풍경은 예전과 다름없었지만, 이제 나는 학교에서 저지른 사소한 실수를 털어놓으며 긴장하던 꼬마가 아니었다. 나는 사업을 일구고 말아먹기도 하는, 성공의 달콤함과 실패의 쓴맛을 맛본 어른이었다.

저녁 식사 도중 으깬 감자를 주고받다가, 나는 투자를 고민하다 그만둔 새 벤처기업 이야기를 슬쩍 꺼냈다. "도저히 엄두가 안 나더라고요. 아직 슈프리베가 계속 마음에 걸려요. 저 자신을 온전히 믿지 못하겠어요"라며 고백했다.

아버지는 포크를 놓으시고는 말씀하셨다. "키미, 실패할까 봐 무서워서 위험을 회피하면 안 돼."

아버지의 말씀에 명치를 한 대 얻어맞은 것 같은 기분이 들었다. 아버지가 수십 년 동안 식탁에서 우리에게 심어 주고자 했던 바로 그 교훈이었다. 실패를 수없이 거듭해도 포기하지 않고 밀고 나가 결국 잭팟을 터뜨리게 해 준 그 철학 말이다. 그런데 정작 나는 실패에 갇혀 허우적대고 있었다.

그 순간 내 안의 무언가가 켜졌다. 너무 오랜 시간 두려움에 사로잡혀 마비된 채 살고 있었다. 더 이상 두려움이 내 인생을 좌우하게 둘 수 없었다. 아버지가 세상 그 누구보다 잘 아는 게 하나 있다면, 진정한 실패는 도전을 멈추는 것뿐이라는 사실이다.

실패가 행동 마비로 이어지게 두어서는 안 된다. 내면의 장벽을 뛰어넘고, 무언가를 창조하고 세상에 내놓으며, 넘어지더라도 다시 일어서는 끈기 없이 성공한 사람은 아무도 없다. 성공한 사람은 두려움에 선택을 맡기지 않는다. 핵심은 두려움을 외면하거나 무시하는 것이 아니라, 으스스하고 짙은 안갯속을 뚫고 나가듯 두려움을 헤쳐 나가는 것이다.

나는 성공을 갈망하는 야심가들에게 항상 이렇게 말한다. "버펄로가 되십시오!" 보통 이 말을 하면 의아한 표정으로 쳐다보지만, 내 설명을 끝까지 들어 보라.

폭풍이 몰려오면 대부분의 동물은 본능적으로 도망치며 위험에서 멀어지려 애쓴다. 하지만 버펄로는 다르다. 이들은 폭풍을 향해 곧장 돌진한다. 그렇게 함으로써 도망칠 때보다 훨씬 더 빠르게 폭풍권을 벗어날 수 있다. 이는 도전에 정면으로 맞설 때 더 나은 결과를 얻을 수 있다는 회복 탄력성을 잘 보여 주는 비유다.

새벽 3시 알람

실패에 대한 공포는 새벽 3시면 어김없이 나를 깨운다.

회사가 부도 위기에 처하는 악몽이 반복된다. 심장이 요동치고 식은땀이 흐르며 속이 뒤틀리는 기분으로 잠에서 깬다.

무슨 일이 벌어지고 있는지 정확히 안다. 내 깊은 내면에는 여전히 슈프리베 같은 실패가 반복되지 않을까 하는 두려움이 도사리고 있다. 두려움을 넘어섰다고 해서 그것이 영원히 사라진다는 뜻은 아니다. 두려움은 언제나 수면 아래에 모습을 감추고 있다. 그리고 대개 비이성적이다. 하지만 과거와 달리 이제는 두려움에 발목 잡히지 않는다. 나는 두려움을 안고 앞으로 나아간다.

두려움은 실제 위협과 상상 속 위협을 구분하지 못하는 생존 본능이다. 우리 뇌는 이 둘을 똑같이 본다. 뇌 속 작은 아몬드 모양의 편도체는 감정을 조절하고 공포 반응을 일으키는 역할을 하는데, 현존하는 위험(숲속의 사자)과 스스로 만들어 낸 공포(회사의 파산 가능성)를 변별하지 못한다. 편도체는 일종의 감정 화재 경보기와 같다. 가상의 재난 시나리오가 펼쳐질 때도 마치 실제 상황처럼 요란하게 경고음을 울려 댄다. 임박한 위험에서 우리를 보호하도록 프로그램되어 있어서 두 상황을 구분하지 않고 똑같이 위험하다는 신호를 보내는 것이다. 이는 대부분의 사람이 위험을 감수하지 않고 안전한 선택을 하는 이유이기도 하다.

안전이 곧 생존을 의미하기 때문이다.

하지만 백만장자의 마인드셋을 갖추려면 본능적인 반응을 이겨 내야 한다. 진정한 성공은 불확실성과 함께 춤추는 것과 같다. 안전지대에 머물기만 하면 높은 곳에 도달할 수 없다. 크게 성공하고 싶다면 위험을 기꺼이 감수해야 한다.

보통 우리가 미지의 세계로 뛰어들기 바로 직전, 실패에 대한 두려움은 '만약'이라는 가면을 쓰고 몰래 스며든다. 그리곤 가끔은 아무것도 하지 않는 선택이 좋지 않을까 하는 의심의 씨앗을 뿌린다. 그게 더 안전하게 느껴지기 때문이다. 판돈이 올라갈수록 두려움의 목소리도 커진다.

만약 잘 안 풀리면 어쩌지?

만약 패배자로 보이면 어쩌지?

만약 내 능력이 부족하면 어쩌지?

만약 사람들이 나를 판단하면 어쩌지?

만약 이 결정을 후회하게 되면 어쩌지?

이는 모두 상상이 만들어 낸 허상일 뿐이다. 상상 속 비웃음이고, 상상 속 수치심이다. 이것이 바로 두려움의 힘이다. 아니, 정확히 말하자면 생각의 힘이다.

선구적인 비행사 어밀리아 에어하트(Amelia Earhart)는 이런 명언을 남겼다. "가장 어려운 일은 바로 행동하겠다고 결심하는 것입니다. 당신의 두려움을 종이호랑이라고 생각해 보세요. 결심한 일이라면 뭐든 다 해낼 수 있죠. 스스로 삶을 바꾸고 통제하기 위해 행동할 수도 있어요. 그 과정과 노력 자체가 보상이 될 겁니다.”

두려움이 종이호랑이에 불과하다는 말은 공포가 빚어내는 환상을 꿰뚫어 보게 하는 훌륭한 조언이다. 두려움을 극복하기란 처음에 겁먹었던 것만큼 어렵지 않다. 직접 행동에 나서는 순간, 얼마나 허망하게 환상이 무너지는지 깨닫게 될 것이다.

물론 두려움 자체가 나쁜 건 아니다. 보호 본능 외에도 두려움은 나름대로 수행하는 역할이 있다. 위험 요소를 상기시켜 주고, 잠시 멈춰 서서 계획을 재점검할 기회를 주기도 한다. 하지만 두려움이 전진하지 않는 유일한 이유가 되어서는 안 된다. 행동과 실천을 멈춘 채 다음과 같은 익숙한 변명을 늘어놓기만 한다면 두려움은 문제가 되기만 할 뿐이다. ‘지금 시기가 좋지 않아. 조금 더 생각해 봐야겠어. 100퍼센트 준비가 될 때까지 기다리는 게 좋을 거 같아.’

그렇다면 스스로 만든 굴레에서 어떻게 벗어날 수 있을까? 두려움에 의한 마비에서 풀려날 실질적인 방안은 무엇일까? 나는 매번 큰 효과를 보았던 3단계 공식을 사용한다. 바로 파악, 인정, 돌파다.

1단계: 두려움 파악하기

두려움 때문에 악순환에 빠지는 대신, 한 걸음 뒤로 물러나서 상황을 객관적으로 관찰해 보라. 왜 이렇게 두려울까? 그 뒤에 숨겨진 이야기는 무엇인가?

원인을 파악하게 되면 공포가 자리 잡았던 곳에 분석적 사고가 들어선다. 논리와 지식은 두려움이 피하고 싶어 하는 친구들이다. 이는 어두컴컴한 침실에 무서운 그림자가 드리웠을 때 환하게 전등을 켜는 것과 같다. 분석적 사고가 방 안에 들어서는 순간, 구석에 웅크린 괴물 따위는 없다는 사실을 깨닫게 된다.

실패에 대한 두려움은 내 삶에서 여러 번 고개를 내밀곤 했다. 해고당한 후 살던 집에서 쫓겨날까 봐 전전긍긍했을 때나, 첫 사업을 시작하며 결정을 의심하던 순간, 그리고 슈프리베가 망한 후 다시 투자하기가 겁났을 때 등 두려움이 수없이 찾아왔다.

실패할 가능성은 언제, 어디서나 존재한다. 아버지가 몇 번이고 계속해서 모든 걸 내걸고 도전하는 모습을 봐 왔고, 나 자신도 결코 근처에도 가지 않겠다고 다짐했던 그 불확실성에 발을 들이고 있었다. 하지만 지난 경험을 돌이켜 봤을 때, 두려움의 뿌리가 어디인지 아는 것만으로도 내 직감과 비전을 더 신뢰할 수 있었다.

의식적인 두려움이든 무의식에 각인된 두려움이든, 무엇이 당신의 성장을 방해하는지 파악하는 과정은 큰 도움이 된다. 그러니 펜과 종이를 꺼내 들고 실패의 두려움을 향해 객관적 호기심을 가져 보라. 아래에 예시 질문 몇 가지를 소개했다. 내가 첫 사업을 시작하기 전에 스스로 묻고 답했던 내용이다.

- 무엇을 두려워하는가? 내 첫 사업의 실패.
- 왜 그렇게 느끼는가? 사업을 시작하는 게 처음인 데다 할머니에게 돈을 빌리기도 했고, 아직 불확실한 점이 너무 많다.
- 이 경험에서 무엇이 떠오르는가? 어린 시절 아버지가 새로운 사업에 열정적으로 뛰어들었지만, 몇 년 뒤 실패하시던 모습.
- 두려움을 바탕으로 스스로에게 어떤 암시를 걸고 있는가? 실패가 내 DNA에 박혀 있다는 것, 나는 절대 성공할 수 없으리라는 생각.

이러한 관찰을 글로 옮기는 과정에서 우리는 공포를 해체하고, 그것을 정면으로 마주할 강인함을 기르는 주도적인 첫발을 내딛게 된다.

2단계: 두려움 인정하기

상황을 파악했다면 이제 두려움 자체를 인정하고 받아들이며 삶의 일부로 수용할 차례다. 두려움에 구체적인 이름을 붙이는 순간, 막연하고 모호했던 불안이 실체가 있는 무언가로 변한다. 댄 시겔(Dan Siegel) 박사의 '이름 붙여 길들이기(Naming it to tame it)' 전략은 두려움에 이름표를 붙여 기세에 압도되지 않도록 하는 아주 간단한 방법이다.

예를 들어, '실패할 것 같아' '내 능력이 부족해' 혹은 '사람들이 비웃을 거야'라는 생각이 들 수 있다. 이 생각들을 '실패할지 모른다는 공포' '자격 미달에 대한 두려움' '비웃음을 당할지도 모른다는 불안'이라고 명확히 정의하라. 이렇게 이름을 붙였다면 스스로에게 물어보라. 이 생각이 정말 사실인가?

다시 말해, 당신이 두려워하는 일이 사실이라거나 실제로 일어나고 있다는 객관적인 증거가 있는가를 물어보라. 만약 등산하다가 실제로 곰을 맞닥뜨린 상황에서 '곰이 나를 해칠지도 몰라'라는 공포가 든다면, 그것은 사실이니 생존 본능에 따라 움직여야 한다. 하지만 아직 시작조차 하지 않은 상태에서 '내 능력이 부족해'라는 두려움이 엄습한다면, 그것은 거짓일 가능성이 매우 크다.

그러므로 두려움이 엄습할 때 잠시 시간을 들여 이 생각이 사실인지 물어보면 객관적인 사고를 견지할 수 있다. 이름 붙여 길들이기 전략이 유용한 이유는 가상의 시나리오에 반대 소송을 거는 것과 같기 때문이다. 의도적으로 논리적 사고를 발휘하여 최악의 시나리오를 자극하는 감정적 반응을 기각시킨다.

심리학자들이 밝혀냈듯이, 단순히 두려움을 인지하기만 해도 다루기 훨씬 수월해진다는 사실은 매우 타당하다. 브라운 대학교 정신의학 및 인간행동학과 조교수 크리스티 달림플(Kristy Dalrymple)은 이렇게 말한다. "두려움을 무시하거나 다른 일로 관심을 돌려 억누르려 할수록 역설적으로 공포가 더 강렬해질 뿐이다.”[10]

뉴욕 파셀라 연구센터 공동 소장 리언 호프먼(Leon Hoffman)도 이 힘든 감정과 마주하는 데 이점이 있다고 주장한다. “두려움을 드러내는 사람은 약하다고 치부되곤 한다. 하지만 공포를 인정할 수 있다는 것은 그만큼 강하다는 증거이다.”[11]

당신이 왜 두려움에 빠져 있는지, 왜 악몽을 꾸고 말도 안 되는 상상을 지어내며 과거에 사로잡혀 있는지를 이성적으로 따져 보는 법을 배우면, 공포감은 서서히 줄어든다. 나는 이 방법을 사용해서 비행공포증을 극복했다. 비행기 문이 닫힐 때면 하얗게 질릴 정도로 손잡이를 꽉 움켜쥔 채 소름 끼치는 공포를 느꼈지만, 눈을 감고 모든 감각을 오롯이 받아들였다. 그리고 전 세계 수백 개의 공항에서 매일 수천 개의 비행기가 이륙한다는 사실, 통계적으로 비행기 사고보다 자동차 사고로 사망할 확률이 더 높다는 사실을 이성적으로 되새겼다. 여전히 두렵긴 했지만, 두려움에 발걸음을 멈추는 법은 없었다.

그러므로 당신이 느끼는 두려움에 이름을 붙이고, 그것이 왜 비합리적인지 곰곰이 생각하는 습관을 들여라. 이는 아버지가 우리에게 하루 중 최악의 일을 물어봤던 것과 비슷하다. 두려움이라는 감정에 편안해짐으로써 나를 휘두르던 공포의 힘을 빼는 것이다.

3단계: 두려움 돌파하기

자, 이제 버펄로가 될 차례다. 두려움은 단순한 감정이 아니라 결정의 갈림길이기 때문이다.

공포의 소용돌이에 무작정 뛰어들기는 쉽지 않지만, 당신은 자신이 생각하는 것보다 훨씬 용감하고 유능한 사람이다. 마지막으로 두려웠지만 어떻게든 밀고 나갔던 때가 언제였는지 떠올려 보라. 그 일이 사소할 수도 있고 중요할 수도 있다. 이 질문에 고민해 본 사람은 대부분 이미 과거에 두려움을 딛고 이겨 낸 경험이 있다는 사실을 깨달을 것이다. 만약 당신도 그렇다면, 그때 얻은 교훈을 현재 당신 앞에 놓인 과제를 돌파하는 데 어떻게 활용할 수 있겠는가?

나도 두려움을 능숙하게 돌파하는 법을 배우기까지 오랜 시간이 걸렸다. 두려움이 여전히 불쑥 튀어나와 나를 흔들어 놓지만 더 이상 두려움에 갇혀 있지 않기로 했다. 다른 모든 기술과 마찬가지로 이 역시 훈련이 필요하다. 직접 경험해 본 사람으로서 단언컨대, 두려움 속에서도 행동에 옮기는 순간 말할 수 없는 자유를 느끼게 될 것이다!

두려움을 딛고 도약을 시작하려면 주변의 비판에 대비해야 한다. 사람들은 위험을 들먹이면서 무모하게 굴지 말라 충고하고, 당신에게 그럴 능력도 없다고 말하길 좋아한다. 그 어떤 비판도 꿈을 향한 행보를 가로막게 두지 마라. 아무런 위험도 감수하지 않은 채 관전석에서 이래라저래라 참견하는 것은 누구나 할 수 있다. 나는 시어도어 루스벨트가 파리에서 남긴 명연설 '경기장 안의 투사'에 나오는 구절을 참 좋아한다. 어떤 비난에도 굴하지 않고 행동하는 용기를 가진 이들을 찬양하는 내용이다.[12]

"중요한 것은 비판하는 사람이 아닙니다. 강자가 어떻게 비틀거리는지, 실천하는 자가 어디서 더 잘할 수 있었는지를 지적하는 사람도 아닙니다. 진정한 영광은 실제로 경기장 안에 있는 자의 몫입니다. 얼굴이 먼지와 땀과 피로 얼룩져 있을지언정, 그들은 용감하게 분투합니다. 비록 거듭 실수하고 기대에 못 미칠지라도, 결점과 한계가 없는 노력이란 존재하지 않음을 알기에 멈추지 않습니다. 그들은 위대한 열정과 헌신을 알고, 훌륭한 대의에 몸을 맡기며, 마지막에는 성취의 기쁨을 맛볼 것입니다. 설령 실패한다 하더라도 기꺼이 대담하게 도전하다 쓰러지는 것입니다. 그리하여 승리도 패배도 모르는 이 차갑고 겁 많은 영혼들과 결코 자리를 함께하지 않을 것입니다."

공포에 맞서기 위해서는 내면의 깊은 힘이 필요하다. 그게 아니라면, 똑같이 반복되는 삶의 지루함을 참지 못하는 거부감이 있어야 한다. 로스앤젤레스 국제공항에서 우연히 만난 한 우버 기사의 이야기를 들어 보자.

우버 기사로 활동하는 아이작은 15년간 IT업계에 종사하며 동부 해안 지역의 여러 회사를 다녔지만, 아내와 자녀 두 명을 책임지는 35세 가장이 되어서도 언젠가 자신의 사업을 운영하고 싶다는 꿈과 보스턴의 혹독한 겨울에서 벗어나고 싶다는 생각을 떨쳐버릴 수 없었다. 가족을 실망시킬까 봐 두려운 나머지 그는 안정적이지만 단조로운 직장 생활에 꼼짝없이 매여 있었다. 끝내 용기를 내어 일을 그만두고 가족들과 함께 캘리포니아로 이사했다. 그는 낮에는 건설 회사를 세우겠다는 꿈을 이루기 위해 노력하고, 밤에는 안정적인 수입을 얻기 위해 부업으로 우버 기사로 활동하고 있었다.

나는 그의 용기에 감명받았다. "무엇을 계기로 뛰어들게 되었나요?"

"하던 일을 계속해야 한다고 생각하니까 참을 수 없겠더라고요. 싫어하는 일을 억지로 하느라 망가지는 정신 건강을 생각하면, 오히려 꿈을 좇아 도전하는 위험은 그렇게 크지 않아 보였어요."

"정말 대범하시네요!"

"지금이 그 어느 때보다 더 두렵죠. 하지만 1년치 생활비를 모아 뒀으니, 문제를 해결할 1년이라는 활주로가 있는 셈입니다. 아내와 마주 앉아서 어떻게 이 상황을 헤쳐 나갈지 진지하게 대화했거든요."

그는 두려움을 느끼면서도 행동에 옮겼다. 아무것도 하지 않는 선택이 더 위험하다는 사실을 깨달았기 때문이다. 1년 뒤 눈을 떴을 때 여전히 같은 자리에 머물러 있다면, 그것이야말로 삶이 공허해지는 지름길처럼 느껴졌을 것이다.

가만히 서 있는 것은 앞으로 나아가는 것보다 훨씬 더 치명적인 위험이다.

스스로에게 물어보라. "1년 뒤에도 지금과 똑같은 위치에 있다면 어떤 기분이 들까?"

아이작은 전략적으로 일을 그만두기 전에 충분한 자금을 모았다. 하지만 무엇보다 중요한 점은 그가 행동을 취했다는 것이다. 전에도 말했지만, 한 번 더 말하겠다. 첫걸음을 내딛는 것을 두려워하지 마라. 목표에서 눈을 떼지 말고 움직여라. 필요하다면 비상 계획과 플랜 B를 마련하고, 언제 방향을 전환할지 판단하라. 하지만 훗날 인생을 돌아봤을 때, 기꺼이 감수했던 도전들이 아니라 그렇게 하지 못한 후회만 가득하다면 얼마나 비참한 일이겠는가.

어려운 결정에 직면했을 때, 두려움 앞에서 멈춰서겠는가 아니면 버펄로가 되어 돌진하겠는가? 두려움이 아니라 비전이 이끄는 길을 걸어라. 폭풍을 정면으로 마주하며 당신이 그렸던 삶을 살아라.

실패를 통해 성공을 다시 바라보다

실패는 학교에서 가르쳐 주지 않지만, 반드시 배워야 한다. 만약 실패가 정규 과목이었다면 우리 아버지는 '일어날 수 있는 최악의 일은 무엇인가'의 사고방식을 전파하며 세계적인 학자가 되었을 것이다.

우리는 대부분 어렸을 때부터 성공에만 집중하며 자라 왔다. 그러니 실패에 잘 대처하지 못하는 게 당연하지 않은가? 하지만 나는 사회가 실패를 포용하고, 그 막연한 공포를 걷어 내며 수치심이라는 껍질을 벗겨 내길 바란다. 성공을 성취하려면 반드시 실패의 위험을 감수해야 한다는 사실을 인정해야 한다. 위험을 기꺼이 받아들일 때, 비로소 실수할 가능성에도 마음을 열게 된다.

경력을 쌓아 오면서 나 역시 실패를 꽤나 많이 맛봤다. 실패라는 분야에 학위가 있다면 학사와 석사는 물론 박사 학위도 몇 개 땄을 것이다. 이 학위들을 어떻게 할 것 같은가? 나는 모든 학위들을 액자에 넣고 자랑스럽게 걸어 둘 것이다. 모든 실패와 시련, 심지어 당시에는 재앙처럼 느껴졌던 사건들조차 결국 더 발전하는 계기가 되었기 때문이다. 나는 실패를 통해 배우고 성장했다. 더 현명해졌다. 지금도 일이 틀어지면 어디서 잘못되었고 다음번엔 어떻게 하는 게 좋을지 분석하곤 한다. 진정으로 실패에서 배울 준비가 되어 있다면, 그 과정은 당신의 성과와 생산성을 분명 높여줄 것이다.

일론 머스크(Elon Musk)만큼 실패를 담대하게 받아들이는 인물도 드물다. 특히 그는 스페이스엑스(SpaceX) 초창기 시절, 좌절을 끊임없이 맛봐야 했다. 로켓이 연달아 폭발하자 많은 사람들은 그의 노력이 물거품으로 돌아갈 것으로 예상했다. 하지만 머스크는 계속해서 로켓을 발사하고, 시험하고, 배웠다. 그는 실패를 혁신과 성장의 필수 요소로 받아들였다.

"실패해도 괜찮습니다. 만약 실패하고 있지 않다면, 제대로 혁신하고 있지 않다는 뜻입니다." 그는 어느 인터뷰에서 이 유명한 말을 남겼다. 실패를 두려워하지 않는 머스크의 개방적 태도는 위대한 혁신이 실패를 극복해서가 아니라, 실패를 한 덕분에 생긴다는 사실을 일깨워 준다.

공포가 '만약'이라는 의구심을 지펴서 당신을 안전한 곳으로 내모는 것처럼, 열정과 목적의식은 앞으로 나아가려는 의지에 연료를 공급해 준다. 그러니 처음에 새출발을 하기로 한 계기를 늘 마음에 새겨라. 초심은 어떠한 감정적 동요에도 맞설 수 있는 견고한 닻이 되어 줄 것이다. 비전이 선명할수록 어떠한 시련에도 목표에만 집중할 수 있다. 마치 북극성처럼 당신의 꿈으로 인도하는 길잡이 별이 되어 줄 것이다.

그 누구보다도 코비 브라이언트(Kobe Bryant)는 실패에 통달한 모습을 전형적으로 보여 준다. 그의 유명한 '독사 정신(Mamba mentality)'은 백만장자의 마인드셋의 운동선수 버전이다. 나는 여러 심리학자가 그의 선수 생활 중 가장 결정적 순간으로 1997년 NBA 서부 콘퍼런스 준결승전을 꼽는 것을 자주 보았다. 당시 18세였던 코비는 떠오르는 스타였다. 전국에 생중계된 플레이오프 시리즈 5차전 결정전에서, 레이커스와 유타 재즈는 89 대 89로 팽팽하게 맞선 채 연장전 종료를 앞두고 있었다. 코비는 완벽한 득점 기회를 네 번이나 잡았지만, 네 번 모두 허공을 가르는 에어볼을 날리고 말았다. 공이 빗나갈 때마다 비명이 터져 나왔고, 이 치명적인 실수는 플레이오프 사상 최악의 실패 중 하나로 기록되었다.

경기가 끝난 후 코비는 코트 사이드에 앉아 두 손으로 머리를 감싸 쥐었다. 나중에 취재기자가 그때 무슨 기분이 들었냐고 묻자, 코비는 이해할 수 없다는 듯 반문했다. "기분이요? 이게 기분과 무슨 상관이 있나요? 저는 왜 네 번이나 공을 못 넣었는지 생각하고 있었어요." 실패의 감정은 그에게 아무런 영향을 미치지 않았다. 그의 유일한 관심사는 다음 경기를 위해 실패의 원인을 분석하고 배우는 것뿐이었다.

마이클 조던(Michael Jordan) 또한 탁월함을 추구하는 삶의 전형을 보여 준다. 그는 슛이 빗나갈 때마다 이를 승리에 가까워지는 과정으로 여겼다. 다큐멘터리 〈더 라스트 댄스(The Last Dance)〉에서 그는 실패에서 무엇을 배웠는지 이야기한다. "저는 선수 생활을 하면서 9,000번 이상의 슛을 놓쳤습니다. 300번 가까운 경기에서 패배했죠. 승패를 결정짓는 마지막 순간에 공을 받았지만 넣지 못한 적도 26번이나 됩니다. 저는 계속 실패했습니다. 그것이 바로 제가 성공한 이유입니다."

당신이 어떤 꿈이나 목표를 추구하든 그에 걸맞은 수준의 절제력과 의지, 배우려는 열망을 갖춰야 한다. 내 경험에 비추어 보면, 실패와 성공은 직접적인 상관관계가 있다. 성공한 사람들과 나눈 대화에서도 실패가 그들의 성장과 성공에 필수 요소였다는 사실을 알 수 있었다.

세상에 위험하지 않은 삶이란 없다. 그렇다고 두려워할 것도 없다. 위험은 기꺼이 품어야 할 대상이다. 실패가 문 앞에 찾아왔다면 따뜻이 맞이하라. 실패는 당신을 기회와 성장의 길로 안내할 것이며, 그 여정 속에서 당신은 자신이 얼마나 유연하게 적응하고, 한 단계 발전하며, 결국 성취해 내는지 깨닫게 될 것이다. 두 명의 위대한 농구 선수가 증명했듯이, 실패는 당신의 적이 아니라 스승이다.

내면의 비판가를 정복하다

당신은 자신에게 어떻게 말을 거는가? 만약 우리가 서로의 생각을 들을 수 있다면, 아마 그 내용에 충격받을 것이다. 왜냐하면 보통 자신을 가장 엄격히 비판하는 사람은 바로 자기 자신이기 때문이다. 자기 대화는 대개 불친절하고, 가혹하며, 비판적이다. 그렇기에 의심으로 가득한 내면의 목소리를 정복하는 것은 두려움을 넘어서기 위해 거쳐야 하는 가장 중요한 단계이다.

만약 우리 모두에게 24시간 내내 일하는 개인 해설가가 있어서 온갖 생각, 감정, 관계, 결정, 가능성에 한마디씩 한다고 해 보자. 이 해설가는 대단히 주관적이고 확고한 의견을 지니고 있어서 모든 실수와 좌절, 실패에 대해 부탁하지도 않은 조언을 늘어놓기 일쑤다. 그리고 이 목소리는 당신의 정체성과 세계관을 형성한다. 이야기의 내용과 영향력은 당신이 부정적인 자기 대화에 매몰되느냐, 아니면 긍정적인 자기 대화를 장려하느냐에 따라 달라진다. 혹은 이렇게 표현할 수도 있다. 내면의 비판가를 초대하느냐, 아니면 내면의 치어리더를 초대하느냐에 따라 달라진다.

실패에 대한 두려움 앞에서 이 목소리는 당신을 무력하게 만들어 마비시킬 수도 있고, 꿈을 위해 위험을 감수할 용기를 줄 수도 있다.

20대 초반, 나는 노드스트롬 백화점에서 남성 정장을 팔았다. 처음 영업직으로 일하는 것이어서 너무 부끄럽고 자신도 없었다. 첫날에 떨리는 손발을 참으며 당당하고 자신감 있어 보이려고 노력했던 게 기억난다(사실은 정반대로 느끼고 있었다). 그때 내 내면의 목소리는 어깨 위에 올라탄 작은 괴물 같았다. 녀석은 끊임없이 의심의 씨앗을 뿌리고 자신감을 짓밟으며 속삭였다. '너는 이 일을 감당할 자격이 없어. 사람들은 네 미숙함을 곧 알아챌 거야. 네겐 실력도 배짱도 없어. 넌 절대 못 해낼 거야.'

내면의 비판가는 언제나 나의 기본값이었다.

이 목소리를 끌 수 있는 힘이 내게 있다는 것을 깨닫기 전까지 말이다.

몇 주 뒤, 몇 명의 손님을 확보하고서 나는 영업에 남다른 소질이 있다는 사실을 알게 됐다. 그리고 자기 대화의 분위기와 내용은 오로지 나 자신에게 달려 있다는 사실도 깨달았다. 나는 내면의 비판가와 내면의 치어리더 중 누구를 삶의 해설자로 선택할 것인가?

어떤 사람들은 실수 하나하나에 내면의 비판가가 평생 시끄럽고 맹렬하게 호통치기도 한다. 실패에 대한 두려움이 생기기라도 하면 확성기를 들고 올 것이다. 내가 앞서 자신에게 어떻게 말을 거는지 물었던 이유가 바로 이것이다. 스스로에게 건네는 말의 방식을 이해하는 게 매우 중요하기 때문이다.

전직 티베트 불교 승려이자 헤드스페이스(Headspace) 명상 앱의 공동 창립자인 앤디 퍼디컴(Andy Puddicombe)은 이렇게 말했다. "자기 대화에 집중해 보면 우리가 자기 자신을 얼마나 엄격하게 대하는지 알 수 있다. '만약 친한 친구에게 그런 식으로 말했다면, 친구가 어떻게 반응했을까?'라는 질문은 당신이 자신에게 얼마나 더 친절해져야 하는지 명확히 일깨워 줄 것이다. 친한 친구를 대하듯이 스스로에게도 이해와 응원을 보내야 한다."

마음속에 자기 대화가 존재한다는 사실을 인지하게 되면 이를 유리하게 활용할 수 있다. 내면의 소리는 끊임없이 재잘대기 마련인데, 그 말들이 우리에게 힘을 주는 긍정적인 내용이 되도록 만드는 게 좋지 않겠는가?

우리에게는 실패의 공포를 믿는 능력만큼 이를 이겨 내는 능력도 있다.

‘나는 부족해’라는 생각은 ‘나는 역량이 충분해’로 바뀔 수 있다.

‘나는 실패할 거야’라는 생각은 ‘나는 크게 성공할 거야’로 바뀔 수 있다.

일상적인 생활 전반에서도 ‘나는 유능해. 나는 뛰어난 사람이야. 나는 할 수 있어’라는 태도를 지닐 수 있다.

스스로에게 건네는 긍정적인 말은 공포를 치유하는 효과적인 해독제다. 그래서 나는 화장실 벽면에 긍정적인 말들을 붙여 놓고 매일 아침저녁으로 읽으며, 내면의 치어리더가 건네는 응원을 온몸으로 흡수한다. 긍정적인 자기 대화는 매일의 습관이다. 하면 할수록 더 좋아진다.

내면의 소리가 당신의 결점을 지적하는 대신 당신을 응원하도록 하는 훈련법이 하나 있다.

당신의 장점 다섯 가지를 나열해 보는 것이다. 예를 들어 창의성, 호기심, 너그러움, 위기 대처 능력 등이 있을 것이다. 잘 생각나지 않으면 친구나 가족에게 당신의 장점이 무엇인지 물어보아라.

다음으로, 당신이 성취하고 싶은 목표의 긍정적인 면 다섯 가지를 써라. 어떤 면에서 변화를 일으키는지, 무엇이 특별한지, 왜 나에게 그 성공을 누릴 자격이 있는지, 결국 잘 풀릴 수밖에 없는 이유는 무엇인지 등을 쓸 수 있을 것이다.

마지막으로, 당신이 인생에서 가장 감사히 여기는 것 다섯 가지를 기록해 보자. 사람, 장소, 반려동물, 예기치 않은 기회 등 어떤 것이든 상관없다.

좋은 것들을 되새기는 습관은 긍정적 마음가짐을 길러 낸다. 나는 이 훈련을 적어도 일주일에 한 번은 꼭 실천하기를 권한다. 스스로에게 긍정적이고 활기차며 낙천적으로 말하는 습관이 몸에 배면, 삶이 달라지는 것이 느껴질 것이다. 더 이상 실패의 두려움이 들어설 자리가 없어진다.

내 안의 목소리를 듣는 법

공포를 경험하는 순간, 당신은 머릿속에서 모든 걸 과도하게 그리기 시작한다. 너무 많은 생각과 감정이 소용돌이칠 때는 머리가 복잡해지고 단칼에 결단하기 어렵다. 먼지가 가라앉듯 혼란이 진정되고 스트레스가 줄어들어 마음이 맑고 고요해질 때, 비로소 온전한 정신으로 생각할 수 있다. 평온한 상태에서는 직관이라는 초능력을 발휘하여 의사결정을 내릴 가능성도 높아진다.

성급한 판단을 옹호하려는 것이 결코 아니다. 중대한 선택은 지적 능력과 경험, 분석적 사고를 모두 동원하여 내려야 마땅하다. 하지만 내면 깊숙한 곳에서 예감이나 넛지, 혹은 본능적 감각으로 다가오는 지침인 직감 역시 이 방정식에 포함되어야 한다. 특히, 인생의 방향을 바꾸는 결단을 내릴 때는 더욱 그렇다.

나는 성공할 확률이 희미할수록 내 직감에 의존했다. 닷컴 버블이 터졌을 때에도 디지털 광고 회사를 설립했고, 팬데믹이 한창일 때 레드 오션인 음료 시장에 차 브랜드를 선보였으며, 암호화폐 시장이 곤두박질칠 때 웹3(Web3) 기업을 창업했다. 나는 매번 실패의 두려움을 딛고 도전했다.

한 연구에 따르면, 불확실한 상황에서 직감은 유용한 조타수가 되어 준다고 한다. 하버드 경영 대학원 경영학 부교수인 로라 후앙(Laura Huang)은 직감이라는 주제를 깊이 파고들었다. 여러 연구를 수행한 끝에 그녀는 직감이 과학적으로 유용하다는 사실을 밝혀냈다.

"여러 연구를 통해 리더가 내려야 할 결정이 위험할수록 직감이 결단을 내리도록 추동하는 역할을 한다는 사실을 확인했다. 정보가 범람하고 위험과 불확실성이 고조되는 상황에서 반드시 정답을 내려야 한다는 압박감은 오히려 우리를 무력하게 만들고, 의사결정을 지연시킬 근거들만 눈에 들어오게 한다. 이때 직감에 대한 신뢰는 리더가 주저 없이 한 발 앞으로 내디딜 수 있는 자유를 선사한다."[13]

이러한 연구는 우리의 본능을 결코 과소평가해서는 안 된다는 사실을 다시 한번 일깨워 준다.

정신은 어떤 상황이든 장단점을 낱낱이 파헤치고 따져 보며,

검토와 심사숙고를 거쳐 정보를 처리하는 뛰어난 분석 도구다. 하지만 그렇다고 해서 직감을 무시해도 된다는 뜻은 아니다. 주변에서 "내 직감을 따랐어야 했는데"라거나 "느낌이 안 좋았는데 그냥 해 버렸어"라고 말하는 걸 얼마나 자주 보았는가? 이는 우리가 무언가를 느낀 직후에 생각하려 드는 습관이 있기 때문에 일어나는 현상이다. 그러다 보니 이성적인 사고 체계가 내면 깊숙한 곳의 느낌을 억누르거나 무시해 버리는 것이다. 로라 후앙이 주장하듯, "직감에 논리와 데이터를 들이대면 결정을 미루거나 오히려 더 나쁜 선택을 내릴 가능성이 높아진다."

직관은 비즈니스 거래나 프로젝트뿐 아니라 데이트나 결혼식 같은 일상에서도 작동한다. 해변이나 강가, 혹은 차 안에서 위험이 닥치기도 전에 미리 경고 신호를 보내기도 한다. 대부분 설명할 수 없는 묘한 기분이나 감각으로 나타나지만, 어떤 이들에게는 명상이나 휴식 중에 들려오는 속삭임, 혹은 머릿속에 스치는 이미지로 다가오기도 한다. 어떤 식으로 찾아오든, 직감은 당신에게 무언가 중요한 메시지를 전하려는 신호이기 때문에 귀 기울여 들을 가치가 있다.

스티브 잡스는 애플에서 의사결정을 내릴 때 직감이 얼마나 중요한 역할을 하는지 강조하곤 했다. 역사에 등장한 수많은 위대한 혁신가와 발명가들이 그러했듯, 그 역시 논리만 앞세우기보다 자신의 직관을 믿었다. 잡스의 태도는 19세 때 떠난 인도 여행에서 형성되었는데, 당시 접한 인도의 영적 문화를 보고 직관을 활용하는 법을 익혔다. 그는 전기 작가 월터 아이작슨(Walter Isaacson)에게 이렇게 말했다. "인도의 시골 사람들은 우리처럼 지성을 사용하지 않습니다. 대신 직감을 사용하죠. 직감은 매우 강력합니다. 제가 보기에는 이성보다 훨씬 더 강력한 힘을 지니고 있죠. 이것은 제 작업 방식에 지대한 영향을 주었습니다."[14]

그러니 실패에 대한 두려움이 유독 강하게 느껴질 때일수록, 직감이 끼어들 자리를 마련해 주어야 한다. 두려움이 되돌아가라거나 다시 생각하라고 압박하며 당신을 마비시키려 할 때가 있을 것이다. 바로 이때가 두려움보다 훨씬 믿음직한 직감을 부를 차례다.

당신은 마음속으로 언제 '안 돼'라고 느끼는지, 또 언제 '진짜 좋아'라고 느끼는지 알고 있다. 여기서 나는 '생각한다'가 아니라 '느낀다'라는 표현을 썼다. 직관적 반응은 머리가 아니라 내면 깊숙한 곳에서 우러나오기 때문이다. 잡스가 말한 것처럼, 머리는 늘 소란스럽지만 그 소란을 잠재우는 법을 배우면 "더 섬세한 목소리들을 들을 공간이 생기고 거기서부터 직감이 피어나기 시작한다."

나는 두 가지 선택지를 마주했을 때, 뱃속이 기분 좋게 간질거리거나 반대로 꽉 뭉치는 기분이 든다. 전자는 가볍고 활기차며 고양되는 기분이 드는데, 이것이 '좋다'는 느낌을 준다. 반면 후자는 무겁고 뻣뻣해지며 불안하고 때론 메슥거리는 기분까지 드는데, 이것은 무언가 '어긋났다'는 신호이다. 사람마다 느끼는 구체적인 감각은 다르겠지만, 계속 연습하다 보면 자신의 직감이 보내는 고유한 신호에 익숙해질 것이다.

직관을 훈련하고 싶다면 마음을 차분히 가라앉힐 장소를 찾아야 한다. 깊고 고요하게 숨을 몇 번 들이마신 뒤, 마주한 상황에 따라 두 가지 선택지를 생각해 보라. 식당이나 영화를 고르는 사소한 결정부터, 입을 옷이나 주말에 놀러 갈 곳을 정하는 일까지 무엇이든 좋다. 두 가지 선택지를 마음속에 떠올리고 각각 어떻게 느껴지는지 보라. 직관적 신호가 즉각 오지 않을 수 있다. 하지만 연습을 거듭할수록 직감은 더욱 예리해질 것이다. 나중에는 실패의 두려움이 당신을 멈춰 세울 때마다 길을 물을 수 있는 든든한 내면의 상담가가 되어 줄 것이다.

시련이 성공을 빚어낸다

시련과 실수, 그리고 고난은 성공을 만들어 내는 필수 재료다. 시련은 피할 수 없는 숙명임을 어렸을 적부터 알려 주신 아버지의 가르침은 옳았다. 나는 여기서 한발 더 나아가, 친구의 아이디어를 빌려 아버지의 질문법을 새롭게 바꾼 저녁 의식을 아이들과 함께하고 있다. 우리 가족은 저녁 식탁에서 '최악의 일'에만 초점을 맞추지 않는다. 대신, 하루를 조금 더 균형 잡힌 시각으로 돌아보도록 독려한다. 인생 상담가 애비 지브(Abbey Ziv)가

고안한 이 새로운 의식은 '고, 경, 감(Pow, Wow, Bow)'이라 불린다. 우리는 매일 다음 세 가지를 공유하며 하루를 마무리한다.

고난(Pow): 그날 있었던 최악의 일

경사(Wow): 그날 있었던 최고의 일

감사(Bow): 그날 가장 감사했던 일

이 의식은 우리가 겪은 고충을 드러내고, 승리를 축하하며, 감사를 표현하게 해 준다. 인생에는 늘 굴곡이 이어지고, 이 여정에 얼마나 잘 적응하느냐가 핵심이라는 사실을 일깨워 준다. 살다 보면 최악의 상황도, 최고의 순간도 맞이한다. 우리가 통제할 수 있는 것은 인생의 굽이굽이마다 어떻게 반응하느냐뿐이다.

이제 나는 사업을 새로 시작할 때마다 험난한 여정을 각오한다. 실수를 예상하고, 막다른 길과 실패마저 기꺼이 받아들인다. 하지만 동시에 승리도 기대한다. 돌파구와 성공이 기다리고 있음을 믿어 의심치 않는다. 이러한 사고의 전환 덕분에 어떠한 난관이 닥쳐도 굴하지 않고 밀고 나아갈 수 있었다.

당신도 그렇게 해 보길 권한다. 발을 헛디딜 때마다, 프로젝트가 궤도를 이탈할 때마다, 혹은 거절의 쓴맛을 맛볼 때마다 끝이 아니라는 사실을 마음에 새겨라. 실패를 성공으로 향하는 필수 관문으로 바라보도록 관점을 완전히 바꾸어라.

마치 버펄로처럼 용감하게 삶의 폭풍으로 돌진할 때, 자신도 몰랐던 내 안의 회복 탄력성을 발견하게 될 것이다. 실패에 대한 두려움이 당신을 붙잡아 두게 하지 마라. '만약 실패하면 어쩌지'라는 끝없는 생각의 늪에 빠지지 마라. 잠재력이 찬란하게 발휘되는 길목에 두려움이 자리 잡게 내버려두지 마라. 결국, 진정한 실패는 시도조차 하지 않는 것이다.

실수로부터 배운 세 번째 교훈

두려움은 나쁜 일이 일어나는 것을

막아 주지 못한다.

오히려 두려움에 항복하는 순간,

위대한 일이 시작될 가능성마저

스스로 가로막는다.

<u>스스로 되돌아보기</u> 실패의 두려움 때문에 목표와 꿈을 추구하기가 망설여지는가? 평소 스스로에게 어떤 식으로 말하는지 생각해 보자. 긍정적인가 아니면 부정적인가? 내면의 목소리가 당신의 결정에 어떻게 영향을 미치는가?

핵심 메커니즘

- **실패를 재정의하라** 실패는 피할 수 없다. 숙명으로 받아들여라. 실패를 배움의 도구로 바라볼 수 있다면 모든 시련은 성공으로 향하는 디딤돌이 된다. 이루지 못한 꿈은 대개 이뤄질 꿈으로 향하는 길잡이가 되어 준다.

- **두려움에 맞서라** 실패의 기술을 익히려면 먼저 두려움을 직면해야 한다. 실패를 이해하고 인정하여 힘을 무력화하라. 시간을 들여 두려움의 실체를 파헤치고 원인을 밝혀낸다면 비로소 자유롭게 행동할 수 있다.

- **버펄로가 되어라** 두려움 속으로 뛰어들어라. 버펄로처럼 폭풍을 향해 돌진하고 어려움과 정면으로 승부하라. 불확실한 상황을 호기심 어린 눈으로 바라볼 때, 고난을 더 빠르게 통과하며 전보다 더 강해진 자신을 발견할 것이다.

- **직감을 믿어라** 두려움을 몰아내고 내면의 안내 시스템을 불러들여라. 두려움은 거짓을 말하지만, 직감은 진실을 말한다. 직감에 귀 기울일수록 두려움에 망설이지 않고 내면의 의지에 따라 행동하게 될 것이다. 당신의 예감이 보내는 메시지를 놓치지 마라.

- **"일어날 수 있는 최악의 일이 뭐야?"** 최악의 상황은 대개 상상만큼 절망적이지 않다. 부정적 자기 대화를 긍정적으로 바꾸어라. 최악의 상황 대신 최고의 상황에 초점을 맞추어라. 당신이 해낼 수밖에 없는 이유를 찾아라.

- **두려워도 행동하라** 두려움 때문에 꿈을 좇는 일을 멈추지 마라. 두려움은 먹이를 줄수록 강해지는 종이호랑이에 불과하다. 성공은 오직 행동을 통해서 얻어진다. 두려움이 당신의 결정을 좌우하게 두면 결국 제자리에 머물게 되지만, 두려워도 나아간다면 성장과 기회, 그리고 장기적 성공을 거두게 될 것이다.

밀리어네어 마인드셋 실패는 삶의 일부일 뿐이다. 나는 끈기 있고 수완이 좋으며, 어려움을 기회로 바꿀 능력이 있다. 모든 실수는 내가 무엇을 고쳐야 하는지 알려 주고, 나를 한 단계 성장시킨다.

실수
4
MISTAKES
THAT MADE ME
A MILLIONAIRE

내 곁에
해로운 관계를
방치하기

해로운 관계는 잘못된 사업 거래보다 더 치명적일 수 있다. 그럼에도 관계를 붙들고 있는 것은 의리가 아니라, 단지 실수일 뿐이다.

아직도 오래전 오리건주의 여름 캠프에서 느낀 향긋한 소나무 향과 상쾌한 바람이 생생하게 느껴진다. 이곳에서 엠마를 만났다. 열두 살이었던 우리는 항상 붙어 다녔다. 2층 침대에서 조심스레 서로의 비밀을 나누고, 영원히 함께하자며 약속을 나누기도 했다. 적어도 그때는 그렇게 생각했다. 해로운 관계의 특징은 처음부터 해로운 모습으로 시작되는 경우가 드물다는 점이다. 때로는 가장 행복한 순간에 시작되기도 한다. 바로 그 점 때문에 얼마나 해로운 관계인지 알아채기가 무척 어렵다.

몇 년 동안 엠마는 변함없이 내 곁에 있었다. 우리는 십 대라는 거친 바다를 함께 항해했고, 남자 친구가 이별을 통보했을 때는 서로 위로해 주었으며, 대학교에 진학하여 떨어지게 되었을 때는 서로의 어깨에 기대어 눈물을 쏟았다. 하지만 물리적 거리도 우리를 떨어뜨리지 못했다. 우리는 매일 몇 시간씩 전화기를 붙들고 일상을 낱낱이 파헤치며 새로운 소식을 나누었고, 마음속 두려움을 쏟아 냈다. 내가 첫 사업을 시작하기로 결심했을 때, 가장 먼저 전화를 건 사람도 엠마였다. "킴, 넌 할 수 있어!"라며 진심 어린 열정을 담아 응원해 주던 목소리가 지금도 들리는 듯하다. 나를 믿는다는 한마디는 당시 내가 가장 듣고 싶었던 말이기도 했다.

하지만 사업을 시작하고 몇 년이 지나자 뭔가가 달라졌다. 처음에는 거의 눈치채지 못했다. 너무 사소해서 거의 놓칠 뻔했다. 여기저기서 툭툭 던지는 의심 섞인 말과 비꼬는 칭찬이 시작되었다. "아, 또 늦게까지 일한다고?"

회사가 급성장하면서 밤늦게까지 일하는 게 전혀 희생이라고 느껴지지 않았지만, 은근히 엠마는 내 과도한 업무 방식이 잘못되었다는 생각이 들게 만들었다. 그때는 그녀가 의도적으로 비꼬아 말한다고 생각하지 않았다. 어린 시절 가장 친한 친구이자, 영혼의 단짝이며, 가족이나 다름없는 엠마였기 때문이다. 하지만 성장에 가속도가 붙는 만큼 엠마가 내뱉는 말도 나를 무겁게 짓눌렀다.

내가 언스트앤영 최우수 기업가상(Ernst&Young Entrepreneur of the Year)을 수상하고 기쁨에 차서 그녀에게 소식을 전했던 적이 있다. 하지만 엠마는 축하는커녕 내가 상을 받았다는 사실에 경악했다. 그 이후로 내가 성공할 때마다 엠마는 거드름을 피우며 "너라면 당연히 그랬겠지"라는 식의 반응을 보였다. 내가 좌절에 빠져 위로를 바랄 때마다 그녀는 내 기분만 더 상하게 한 뒤 "내가 그럴 줄 알았지"라며 쐐기를 박았다. 나는 점차 그녀의 말이 내게 어떤 영향을 주는지 느끼기 시작했다. 한 주의 피로를 날려 주던 통화는 이제 진이 빠지는 일이 되었고, 통화를 끝내고 나면 내가 무능하다고 느껴지기도 했다.

우리의 삶은 매우 다른 방향으로 흘러갔다. 엠마는 수년째 같은 영업직에 머물다가 최근 들어 첫아이를 낳았다. 우리가 대화할 때면 마치 내가 다른 길을 선택한 것이 분하다는 듯 그녀의 목소리에 미세한 적대감이 서려 있었다. 반면 나는 제 세상을 만난 것처럼 사업을 키우는 재미에 푹 빠져 있었고, 가정을 꾸릴 준비는 전혀 되어 있지 않았다. 내게는 회사가 자식이나 다름없었다. 바로 그 점이 엠마를 자극했던 것 같다.

"킴, 너도 이제 나이가 있잖아. 가정을 이루는 건 이제 안중에도 없는 거야?" 그녀는 비난 섞인 말투를 내비치며 말했다.

그녀는 내가 아이를 가지는 걸 중요하게 생각한다는 사실을 잘 알고 있었다. 때가 되면 분명 아이를 가질 생각이었다. 그러니 엠마의 질문은 정말 궁금해서 던진 게 아니라, 비난처럼 들렸다. 그녀가 비아냥대며 "너무 이기적인 행동이야" "나중에 후회할 거야"라고 툭툭 던지는 말들은 머릿속에서 끊임없이 재생되었다. 세상 누구보다 나를 잘 아는 오래된 친구였기에 그녀의 의견은 무시할 수 없는 무게로 다가왔다. 나는 의문이 생길 수밖에 없었다. '그녀의 말이 맞을까? 나는 허황된 꿈을 좇고 있는 걸까? 이제 이기적인 행동을 멈추고 가정을 꾸려야 하는 걸까?'

내 안에 의심이 한번 자리 잡자, 계속되는 비판에 영향을 받아 나도 모르는 사이 엠마의 말들을 사실로 받아들이고 있었다. 사실, 문제는 엠마가 아니었다. 그녀는 단지 여성에게 불가능한 선택을 강요하는 유해한 사회적 규범의 압도적인 무게를 투영하고 있었을 뿐이다. 일과 가족, 야심과 모성 사이에서 늘 하나를 위해 다른 하나를 희생하라고 몰아세우는 해묵은 규범 말이다. 자기 나이에 해야 할 일을 하라고, 개성을 억누르는 역할에 순응하라고 강요하는 압박은 많은 여성을 보잘것없고 가치 없는 존재처럼 느끼게 만든다. 나는 엠마의 선택을 존중했지만, 그녀는 내 선택을 존중하지 않는 것 같았다. 어쩌면 내 선택을 시기했을 수도 있다. 어느 쪽이든 나는 필요 이상으로 그 생각에 마음 한구석을 내어 주고 말았다.

내가 저지른 모든 실수 중에서 이 실수의 영향력이 가장 천천히 고개를 내밀었다. 나쁜 사업 거래는 위험 신호와 경고음을 준다. 시장 침체는 숫자와 도표로 나타난다. 하지만 해로운 관계는 의리로 변장한다.

내가 이 사실을 깨달은 것은 이사회의 극적인 대결이나 실패로 끝난 투자 제안 회의에서가 아니라, 모든 것이 괜찮은 척 연기하자는 암묵적 합의를 존이 마침내 깨 버린 어느 저녁 부엌에서였다.

그때, 나는 밤마다 긴장을 풀기 위한 일종의 의식으로 레드 와인을 따르고 있었다. 다시 일을 시작하기 위해 와인 잔을 들고 사무실로 돌아가려던 순간, 존이 나를 불러세웠다. "당신, 내가 알던 사람이 아닌 거 같아."

가장 먼저 든 생각은 나 자신을 변호하는 것이었다. 나는 여전히 나였다. 단지 예전보다 조금 더 바빠졌고, 일에 더 집중하고 있고, 더 의욕이 넘칠 뿐이었다. 물론, 데이트를 몇 번 미루긴 했다. 잠도 제대로 못 잤다. 사무실이 거의 벙커처럼 변해 버리긴 했다. 하지만 성공적인 회사를 세우려면 이 정도는 감수해야 하지 않는가?

존이 말했다. "당신, 언제 마지막으로 헬스장에 가서 운동했는지, 친구들과 어울렸는지 기억나? 식탁이 아니라 책상에서 밥을 먹은 지 얼마나 됐어? 밤마다 술을 마시고 거의 웃지도 않는데다, 당신이 얼마나 멀게 느껴지는지조차 모르고 있잖아."

나는 입을 떼지 못했다. 그가 던진 그 어떤 질문에도 답할 수 없었다. 내 민낯이 완전히 드러난 기분이었다.

그가 덧붙였다. "당신은 지금 자기 파괴를 일로 착각하고 있어. 더 이상 옆에서 지켜보기 힘들어. 뭔가 변화가 필요해."

나는 싱크대에 와인을 그대로 부어 버리고서 사무실로 들어갔다. 자리에 앉아 생각해 보니 그의 말이 전부 맞았다. 당신도 이런 경험을 한 적이 있는지 모르겠다. 너무 명확하지만 나만 못 보고 있던 것을 사랑하는 사람이 지적할 때 느껴지는 섬뜩한 공포 말이다.

'어쩌다 내가 이렇게 됐지?'

그 순간, 마치 기다렸다는 듯 엠마에게 문자가 오며 휴대전화 화면이 밝아졌다. 마치 우주가 내 질문에 답을 주는 것 같았다.

바로 답장하는 대신, 나는 어려운 상황에 놓였을 때 늘 하던 대로 했다. 바로 어머니에게 전화하는 것이었다. 어떤 상황에서든 어머니는 늘 나에게 있는 그대로의 진실을 말해 주었다.

나는 엠마의 끊임없는 비판, 스스로에 대한 의심, 내면의 두려움, 존이 했던 말까지 전부 다 쏟아 냈다. 머릿속으로만 고민하던 것들을 모두 내 목소리로 직접 말하는 순간, 엠마와의 관계가 유해하다는 사실을 깨달았다. 한 걸음 물러나 객관적으로 바라보고 나서야 그녀가 내게 얼마나 큰 영향력을 행사하고 있었는지 실감할 수 있었다. 어머니는 조용히 들으시더니 존의 걱정에 공감하며, 기업가 짐 론(Jim Rohn)의 말을 상기시켜 주셨다. "당신이 시간을 가장 많이 보내는 다섯 사람의 평균이 바로 당신의 모습이다."

어머니의 말이 맞았다. 늘 그랬듯이 말이다.

엠마와의 우정이 내게 얼마나 뜻깊은지 잘 알고 있는 어머니는 이렇게 덧붙였다. "킴, 살다 보면 사람들과 자연스레 멀어질 때도 있는 법이란다. 때로는 놓아 주는 것이 가장 건강한 선택이 되기도 해. 그 관계가 너에게 도움은커녕 상처를 준다면 더더욱 그렇지."

이날, 내가 가장 굳게 믿는 신념 중 하나가 세워졌다. 자신의 가능성을 최대한 발현하려면 당신을 지지하고, 믿어 주고, 축하해 주는 사람들이 주변에 반드시 있어야 한다. 마치 곁에서 "그건 사업뿐만 아니라 인생도 똑같단다"라는 어머니의 목소리가 들려오는 듯하다.

아이러니하게도 수년 동안 나는 엠마의 기분을 상하게 할까 봐 전전긍긍했지만, 그녀는 내 기분 따위는 전혀 개의치 않았다. 나는 내 잘못이 없었는지 되돌아보았다. 사업에만 몰두하고 목표를 좇느라 우정을 소홀히 했던 건 아닐까 하고 말이다. 안타깝게도 그 어떤 것도 엠마의 부정적 태도를 정당화하지는 못했다. 그러다 어머니와 나눈 대화에서 한 가지 사실을 깨달았다.

한때 당신을 응원했던 사람이 당신의 발목을 잡을 수도 있다.

물론, 모든 상황이 전부 나와 엠마의 관계처럼 명확하게 풀리는 건 아니다. 어떤 이들은 헤어날 방안이 없는 폭력적이고 강압적인 관계에 갇혀 있기도 하다. 게다가 감정적, 경제적, 신체적 관계가 복잡하게 얽혀 있는 경우처럼 단순히 마음을 먹는다고 해서 쉽게 벗어날 수 없는 경우도 있다. 이럴 때 관계를 헤쳐 나오려면 전혀 다른 차원의 지원이 필요하다. 다행히 엠마와의 관계에서 나는 원하는 대로 떠날 수 있는 상황이었다. 해로운 관계를 유지하기로 한 것은 엠마가 아니라 내가 내린 선택이었다.

나는 유해한 우정에 매달리는 것에 그치지 않고, 거기에 힘을 실어 내 불행을 불러온 공범이 되었다. 내가 저지른 진짜 실수는 엠마의 유해한 행동에 수백 번이나 면죄부를 주기로 한 선택이었다. 내가 엠마를 옹호할 때마다, 그녀의 날카로운 말을 합리화할 때마다 우정을 지키는 것이 아니라 스스로를 배신하고 있었다.

더 기가 막힌 사실은 그 모든 비난의 화살을 나 자신에게 돌렸다는 것이다.

그녀가 내 근면성을 비난하면 나는 그녀가 틀렸다고 증명하기 위해 더 지독하게 일했다.

그녀가 내 삶의 선택을 의심하면 나도 내 선택을 의심하기 시작했다.

그녀가 내 성공을 깎아내리면 나 역시 내 성공을 대단치 않은 일로 치부해 버렸다.

그녀의 의견에 과도한 힘을 실어 준 탓에 내 삶의 방식이 휘둘리도록 방치했다. 나는 우리 우정에 거리를 두기로 마음먹었다. 그날 밤 나는 그녀에게 쓴 진심 어린 편지에서 자신감과 자존감을 회복하기 위해 잠시 떨어져 있을 시간이 필요하다는 뜻을 전했다.

편지를 보낸 다음, 후회가 찾아오길 기다렸지만 전혀 느껴지지 않았다. 오히려 온몸을 감싸는 안도감을 느꼈다. 나는 나에게 영감을 주고 어떤 비난도 없이 나를 믿어 주는 사람들과 다시 교류하는 데 힘을 쏟았다. 멘토를 찾아가고, 오랫동안 소홀했던 친구들을 위해 시간을 내며, 의도적으로 주변을 긍정적인 사람들로 채워 나갔다. 이것을 최우선 순위로 둔 덕분에 일터에서나 집에서나 눈에 띄는 변화를 느낄 수 있었다. 더 이상 타인의 인정을 구하지 않고, 직감을 다시 믿는 법을 배우게 되었다. 그렇게 서서히 자아를 되찾고 자신감도 회복되었다.

그다음은 어떻게 됐을까?

엠마는 내 편지에 답하지 않았고, 그 이후로 우리는 단 한 마디도 나누지 않았다.

관계와 우정은 살아 숨 쉬는 존재다. 진화하고 성장하며 때로 시들기도 한다. 관계 전문가 에스터 페렐(Esther Perel)은 소셜 미디어 계정에서 우리 대부분이 잊고 지내는 사실 하나를 짚어 주었다. 사회는 연애의 이별과 달리, 우정의 이별에 대해서는 우리를 전혀 준비시키지 않는다는 것이다.[15] 그녀의 말처럼 우정의 이별도 연애만큼, 어쩌면 그 이상으로 가슴이 찢어지는 일일 수 있다. 하지만 우리는 우정이 아무리 해롭게 변해도 관계를 포기해서는 안 된다는 압박을 받는다. '친구라면 당연히 그래야 하기' 때문이다.

시간이 지나고, 나는 엠마를 떠나보낸 게 단순히 해로운 우정을 끝낸 차원을 넘어 자기애를 표현하는 행동이었음을 알게 되었다. 나는 현재 부정적인 사람이 되어 버린 그녀가 아니라, 예전에 나를 지지해 주던 친구의 추억을 붙잡고 있었던 것이다. 그날 이후 주변을 긍정적인 사람들로 채워 나간 것은 성공에도 지대한 영향을 미쳤다. 이는 탄탄한 연구 결과로도 뒷받침되는 사실이다.

자수성가한 백만장자들의 삶을 5년 동안 추적한 연구에 따르면, 긍정적이고 격려를 아끼지 않으며 열심히 일하는 사람들과 어울릴 때 당신 안에서도 그와 똑같은 자질이 자라날 수 있다. 토머스 콜리(Thomas Corley)가 180명에 달하는 백만장자를 조사하여 자신의 저서 《습관이 답이다》에 담은 내용을 보면, 성공한 이들은 부정적 세계관을 가졌거나 자신의 실수와 환경을 남의 탓으로 돌리는 사람을 철저히 멀리했다.[16] 우리가 선택한 환경과 공동체, 그리고 인맥은 성공 가능성을 결정짓는 중요한 요인이다.

엠마와 관계를 끊고 몇 주가 흐르는 동안, 내 삶의 모든 관계를 되돌아보게 되었다. 나는 몇 가지 특징과 유형을 확실히 파악하고 싶었다. 누가 나를 북돋워 주는가? 누가 내 기운을 앗아 가는가? 누가 내게 진실을 말해 주는가? 누가 진심으로 내가 잘되길 바라는가? 나는 모든 관계를 정기적으로 점검하는 일을 무엇보다 우선시했고, 부정적 기운이 내 핵심 관계망에 다시는 침투하지 못하게 조치했다. 나는 이를 '인생 감사(Life audit)'라고 부른다. 이는 내게 엄청난 변화를 가져다주었고, 당신에게도 분명 그럴 것이라 확신한다.

스스로 인생 감사를 수행하는 단계별 방법은 다음과 같다.

1. **핵심 관계망 파악하기**: 당신이 시간을 가장 많이 보내는 사람들을 적어 보자. 그리고 그들과의 관계들을 잠시 곰곰이

생각해 보자.

2. 3E 테스트로 평가하기: 그들이 당신에게 활력을 주고(Ener-
   gize), 당신을 격려하며(Encourage), 더 높은 곳으로 이끌어 주
   는가(Elevate)? 그렇다면 이름 옆에 플러스(+)를 표시하자.

3. 부정적 영향 측정하기: 그들이 당신의 기운을 빼앗거나 의
   심을 심어 주는가? 지나치게 비판적인가? 그렇다면 이름 옆
   에 마이너스(-)를 표시하자.

4. 행동하기: 긍정적 관계에는 시간과 힘을 더 많이 쏟고, 동시
   에 부정적 영향은 최소화하거나 제거할 수 있도록 명확한 선
   을 긋기로 다짐하자.

나에게 더 이상 도움이 되지 않는 관계를 솎아 내고 나서야, 새로운 사람과 인연을 맺을 공간이 생겼다. 연구 결과가 증명하듯 주변 사람들이 삶과 성공에 그토록 지대한 영향을 미친다면, 더 긍정적 관계를 가꾸는 데 정성을 쏟아야 하지 않을까?

네 개의 사람 기둥

사업을 일굴 때 쏟았던 것과 똑같은 정성과 관심을 핵심 관계망에도 쏟아야 한다는 사실을 깨달았다. 그때 처음 '사람 기둥(People pillars)'이라는 개념이 떠올랐다. 집을 안정적으로 세우려면

튼튼한 기둥이 있어야 하듯이, 우리에게도 성장과 성공을 지지해 줄 기둥이 필요하다. 그런 점에서 우리는 각자 인생이라는 제국을 건설하는 설계자다. 우리가 세운 제국이 얼마나 단단하고 안정적인가는 기둥이 얼마나 믿음직하고 튼튼한가에 달려 있다.

나는 공책을 펴고 각 기둥이 무엇을 상징해야 할지 고민하며 네 개의 기둥을 그리기 시작했다. 처음에 마구 휘갈겼던 낙서들이 이제는 삶과 사업을 지탱하는 데 핵심적인 역할을 하는 기둥이 되었다.

1. 첫 번째 기둥: 경험이 풍부한 멘토
2. 두 번째 기둥: 신뢰할 수 있는 친구와 가족
3. 세 번째 기둥: 최고의 역량을 지닌 팀원
4. 네 번째 기둥: 뜻이 맞는 동료

이 구조를 도입한 목적은 단순히 해로운 관계를 피하기 위해서가 아니라, 성장을 돕는 긍정적이고 협력적인 관계망을 주도적으로 구축하기 위해서였다. 단 하나의 변화 덕분에 삶을 대하는 태도가 완전히 바뀌었다. 다음 내용을 하나씩 살펴보며, 현재 당신의 삶에는 어떤 기둥들이 굳건히 서 있는지 생각해 보자.

첫 번째 기둥: 경험이 풍부한 멘토

성공을 향해 질주하고 싶은가? 그렇다면 멘토를 찾아라.

멘토 덕분에 나는 더 큰 성공을 거둘 수 있었다. 비단 나뿐만이 아니다. 세계적으로 성공한 사람들 대부분은 목표를 달성하기 위해 멘토에게 의지했다. 빌 게이츠(Bill Gates)에게는 워런 버핏(Warren Buffett)이 있었고, 마크 저커버그(Mark Zuckerberg)에게는 스티브 잡스가 있었으며, 오프라 윈프리(Oprah Winfrey)에게는 마이아 앤절로(Maya Angelou)가 있었다. 루크 스카이워커(Luke Skywalker)에게도 오비완 케노비(Obi-Wan Kenobi)가 있지 않던가! 실제로 자수성가한 백만장자의 93퍼센트는 멘토가 있었다.[17] 더 놀라운 점은 멘토가 있는 사람은 그렇지 않은 사람보다 승진할 확률이 5배나 높다는 사실이다.[18]

앞이 보이지 않아 막막하고 갈피를 잡을 수 없거나, 상황을 감당해 내기 버겁다고 느껴질 때 몸소 터득한 경험을 바탕으로 지혜를 나눠 줄 수 있는 사람이 곁에 있는 게 얼마나 큰 힘이 되는지 말로 다 표현할 수 없다. 십중팔구 멘토들은 당신이 지금 겪고 있는 어려움을 이미 겪어 봤을 것이고, 관점을 전환하거나 완전히 새로운 접근법을 취할 수 있도록 도와줄 것이다.

멘토가 반드시 같은 업계에 몸담고 있지 않아도 된다. 전설적인 농구 선수 코비 브라이언트는 팝의 황제 마이클 잭슨(Michael Jackson)이 어떻게 자신의 인생을 바꿔 준 뜻밖의 멘토가 되었는지 언급한 적이 있다.[19] 당시 18세였던 코비가 골즈짐에서 운동하던 중, 마이클 잭슨에게서 전화가 왔다. 전화는 저녁 식사로 이어졌고, 잭슨은 그 자리에서 자신의 지혜를 나누고 읽어 볼 만한 자료들을 권하며 아낌없는 지지를 보냈다. 코비는 마음가 짐과 정신 무장, 탁월함을 추구하는 자세, 그리고 남과 달라지려 는 용기에 관한 잭슨의 모든 가르침을 스펀지처럼 흡수했다.

코비가 그랬듯, 나도 운 좋게 훌륭한 멘토를 만났다. 내 멘토 는 마이클 잭슨처럼 '팝의 황제'는 아니지만, '브랜딩의 황제'라 고 할 수 있다. 2011년에 인터넷 스타트업의 이사진으로 합류 했을 때, 토리버치(Tory Burch) 공동 창업자인 크리스 버치(Chris Burch)를 알게 됐다. 그는 수십억 달러의 매출을 올리는 기업들 을 일궈 온 40년의 경험을 바탕으로, 회사의 브랜딩과 창의적 전략을 이끄는 데 핵심 역할을 맡았다. 이사진 회의가 열릴 때마 다 나는 그가 전해 주는 지혜의 조각들을 하나도 빠짐없이 주워 담으려 했다. 그토록 천부적으로 빛나는 창의성을 지닌 사람을 생전 본 적이 없었다. 게다가 자신의 실수에 대해 투명하고 솔직 하게 밝히는 모습이 존경스러웠다. 그는 무엇이 왜 잘못됐었는 지 거리낌 없이 털어놓았다. 자신의 취약점을 가감 없이 드러내 는 모습은 충격적이리만큼 신선했다. 내가 아는 대부분의 리더 는 자신의 불안과 실패를 모두 허세로 감추기에 급급했기 때문 이다.

내가 뉴욕에 갈 때면 우리는 그가 가장 좋아하는 식당인 그 래머시 태번에서 만나 최근 투자 건이나 사업 기회에 관해 이야 기를 나누었다. 우리는 사적으로도 점차 가까워졌는데, 둘 다 쌍 둥이 부모라는 사실(물론 그의 아이들이 스무 살이나 더 많다)과 여행을 좋아한다는 공통점을 발견했다. 삶과 사업 철학에서도 친절, 관대함, 그리고 나눔의 선순환이라는 핵심 가치를 공유했다. 함께 시간을 보낼수록 우정이 깊어졌고, 비록 대륙의 반대편에 떨어져 살지만 그와 자주 연락하며 관계를 유지하는 일을 최우선으로 삼았다. 크리스처럼 평생의 친구이자 특별한 멘토를 만난 것은 내 인생에서 가장 큰 선물 중 하나이다.

브랜딩이나 마케팅 문제로 머리를 싸매고 있을 때마다 그는 자신의 지혜와 전문 지식을 아낌없이 전수해 주었다. 솔직히 그의 조언이 없었다면 그렇게 빨리 정답을 얻거나 해결책을 찾아내지 못했을 것이다. 이것이 바로 멘토의 진가이다. 그들은 당신이 마주한 험난한 산을 이미 정복했거나, 비슷한 장애물을 넘어본 경험이 있다. 그렇기에 당신은 그들을 통해 배우고 성장하며 나아갈 수 있다. 기업가 짐 론(Jim Rohn)의 말을 다시 빌리자면 이렇다. "당신의 분야에서 당신을 위대함으로 이끌어 줄 멘토를 찾아라."

내게는 성공의 궤적마다 다양한 방식으로 도움을 준 수많은 멘토가 있었다. 부모님과 조부모님부터 선생님, 코치, 직장 상사와 이사진들에 이르기까지 정말 다양하다. 아직 당신에게 멘토가 없다면, 지금이라도 그런 관계를 적극적으로 찾고 발전시켜야 한다.

좋은 멘토라고 해서 반드시 성공한 CEO이거나 당신보다 10년이나 앞서 나간 사람일 필요는 없지만 경력이나 회사 운영, 혹은 프로젝트 진행 면에서 당신보다 한 발짝 앞서 있는 사람이라면 큰 도움이 된다. 무엇보다 중요한 점은 멘토가 당신의 성공에 진심 어린 관심을 두고, 당신이 궤도에서 벗어나지 않고 목표를 달성할 수 있도록 열성적으로 도와주어야 한다는 것이다. 좋은 멘토를 찾으면 시간이 흐를수록 깊어지는 관계 속에서 인생이 더없이 풍성해질 것이다. 멘토를 찾는 데 도움이 될 만한 네 가지 실천 단계를 소개한다.

1) 목표 정의하기

멘토에게 무엇을 배우고 싶은지 구체적으로 적어 보자. 사업을 시작할 계획이라면 이미 실력이 입증된 사람을 찾아라. 회사에서 리더 역할을 맡게 되었다면 성공한 리더를 찾아야 한다. 얻고자 하는 것이 무엇인지, 당신에게 필요한 자질과 조언이 무엇인지 명확히 정해 두자.

2) 멘토 후보 추리기

존경하는 인물을 10명 이내로 나열해 보자. 과거나 현재의 직장 상사, 친구, 코치, 혹은 당신에게 긍정적인 영향을 준 주변 인물도 좋다. 직접 아는 사이라면 더 수월하겠지만, 그렇지 않더라도 친구나 지인에게 소개를 부탁하는 방법이 있다. 일단 이상적인 멘토 목록을 작성하는 것부터 시작하라.

3) 면담 요청하기

용기를 내어 자신감 있게 다가가자. 15분에서 30분 정도 짧게 통화할 수 있는지 정중히 부탁해 보라. 이때 어떤 조언이 필요한지, 왜 그분이 적임자인지 구체적으로 언급해야 한다(칭찬을 싫어하는 사람은 없다). 당신이 연락한 상대는 아마 무척 바쁜 사람일 것이다. 그러니 상대의 시간을 존중하는 태도를 보여라. 그래야 예의 바르고 감사할 줄 아는 사람이라는 인상을 줄 수 있다.

4) 후속 연락하기

이 단계가 무척 중요하다. 당신이 멘토로 삼은 상대는 아마 산더미 같은 업무와 일정에 치여 살 가능성이 크다. 그러니 한 번에 답장이 오지 않는다면, 앞서 언급한 트리플 탭 전략대로 이메일을 보내고, 확인 메일을 보낸 뒤, 다시 한번 확인 메일을 보내 보자. 그래도 묵묵부답이라면 너무 마음 쓰지 말고 다른 후보에게 연락하라. 단지 시기가 안 맞는 경우도 있다. 당신에게 기꺼이 시간을 내줄 준비가 된 멘토를 찾는 것이 중요하다.

멘토와의 관계를 소중히 여겨라. 멘토에게 똑같이 조언으로 보답할 수는 없지만, 그들이 나눠 준 지혜에 감사를 표할 수는 있다. 멘티가 시간을 들여 진심 어린 감사 문자를 보내거나, 정성이 가득 담긴 이메일로 고마움을 전하는 것이 멘토에게 얼마나 큰 의미로 다가오는지 말로 다 표현하기 힘들 정도다. 멘토의 모든 조언을 언젠가 그 가치가 드러날 선물이라고 여겨라.

두 번째 기둥: 신뢰할 수 있는 친구와 가족

내가 아주 좋아하는 철학 퀴즈가 있다. 이 퀴즈는 우리 삶에서 사람들이 얼마나 의미 있는 역할을 하는지 돌아보게 한다. 우선, 아래 다섯 개의 질문으로 시작한다.

1. 세상에서 가장 부유한 사람 다섯 명의 이름을 대시오.
2. 가장 최근에 하이즈먼상을 거머쥔 선수 다섯 명의 이름을 대시오.
3. 가장 최근에 노벨상이나 퓰리처상을 받은 사람 다섯 명의 이름을 대시오.
4. 지난 몇 년간 아카데미 시상식에서 남우주연상이나 여우주연상을 받은 배우 여섯 명의 이름을 대시오.
5. 지난 10년 동안 월드 시리즈나 슈퍼볼에서 우승한 팀들의 이름을 대시오.

나는 이 중 어느 질문도 정확히 맞힐 자신이 없다. 아마 대부분의 사람도 쉽게 답하지 못할 거라고 본다. 자, 이제 다음 질문들에 답해 보자.

1. 학창 시절 당신의 학교생활을 도와준 선생님의 이름을 대시오.

2. 힘든 시기에 당신을 지지해 준 친구 세 명의 이름을 대시오.

3. 가치 있는 무언가를 가르쳐 준 사람 다섯 명의 이름을 대시오.

4. 당신을 특별한 존재로 느끼게 해 준 사람들을 떠올려 보시오.

5. 함께 있으며 즐거운 사람 다섯 명의 이름을 떠올려 보시오.

거의 모든 사람이 보자마자 답할 수 있을 것이다. 어쩌면 얼굴에 옅은 미소가 번질지도 모르겠다. 이 추억들에는 감정과 의미가 깃들어 있기 때문이다. 당신의 삶에 진정한 변화를 일으키는 사람은 화려한 경력이나 부, 명예를 가진 이들이 아니다. 누구보다도 당신이라는 사람을 진심으로 아끼는 이들이다.

보통 우리가 사랑과 지지, 그리고 조언을 얻는 곳은 가족이나 스스로 선택한 가족이다. 곁에 있는 것만으로도 안정되는 사람, 조언을 무조건 믿게 되는 사람, 그리고 진심으로 당신이 잘되기를 바라는 사람이 누구인지 당신은 이미 알고 있다. 나에게는 절친한 친구 사라제인과 남편 존, 그리고 어머니가 언제나 그런 존재였다.

당신이 의지하고 사랑하는 사람들이 반드시 같은 업무 분야의 전문가가 아니어도 된다. 그저 당신을 위로하고 고양하는 데 전문가면 된다. 중요한 점은 그 사람이 당신 곁에서 늘 있어 주며 어떤 비판도 하지 않은 채 묵묵히 이야기를 들어주고 지지해 준다는 사실이다. 모든 조건에 부합되는 누군가가 떠오르는가?

그렇다면 그 사람이 바로 당신의 기둥이다. 목숨을 걸고 관계를 지켜 내라.

세 번째 기둥: 최고의 역량을 지닌 팀원

앞서 이야기했듯이, 나는 모든 걸 혼자 해야 한다는 잘못된 신념을 버리기 전까지는 빛을 발하지 못했다. 팀원과 함께한 순간부터 내가 가능하리라고는 상상도 못 한 수준까지 성장할 수 있었다.

댄 설리번(Dan Sullivan)은 자신의 저서 《누구와 함께 일할 것인가》에서 "내가 어떻게 이 일을 할까?"라고 묻지 말고 "누가 이 일을 할 수 있을까?"를 물으라고 제시한다. (나는 이를 "누가 이 일을 도와줄 수 있을까?"로 바꿔 생각하곤 한다.)

핵심 팀이 개인보다 훨씬 더 효과적으로 일할 수 있다는 사실은 1980년대 이후 여러 과학적 연구를 통해 입증되었다.[20] 다양한 경험을 갖춘 팀을 구성하면 아이디어와 전략, 혁신, 문제 해결, 그리고 서로를 향한 지지 측면에서 값을 매길 수 없을 만큼 소중한 자산을 얻게 된다. 당신이 성장할수록 최고의 역량을 지닌 인재들이 갖는 가치를 더욱 깊이 깨닫게 될 것이다.

만약 직원을 고용할 경제적 여유가 없다면 고문이나 컨설턴트, 동업자, 인턴, 혹은 자원봉사자가 되어 줄 수 있는 사람이 누구일지 창의적으로 생각해 보자. 직원이 있어야만 팀을 꾸릴 수 있는 것은 아니다. 당신의 비전이 무엇이든, 현재 무엇을 추구하고 있든 상관없다. 내가 최강의 팀을 꾸릴 때 중요하게 보는 핵심 영역은 다음과 같다.

1) 공통의 가치

회사의 근간과 문화를 형성하는 지침이다. 가치는 어려운 시기에도 흔들리지 않게 잡아 주는 당신만의 북극성처럼, 일관된 결정을 내릴 수 있도록 나침반 역할을 한다. 짐 콜린스(Jim Collins)는 저서 《성공하는 기업들의 8가지 습관》에서 이렇게 말한다. "핵심 가치는 조직의 본질적이고 영구적인 원칙이자, 몇 가지 일반적인 지침들의 집합이다. 특정한 문화나 운영 관행과 혼동되어서는 안 되고, 경제적 이득이나 단기적 편의를 위해 타협해서도 안 된다."

내가 처음 프론트라인을 창업했을 때, 내 핵심 가치는 열정(Passion), 회복 탄력성(Resilience), 기회(Opportunity)였다. 열정은 열의와 목적의식, 그리고 일에 대한 진정한 애정에서 피어나는 확고한 헌신을 상징했다. 회복 탄력성은 당시 미개척지였던 인터넷 산업에서 불가피한 중대한 장애물을 마주했을 때, 좌절에 굴하지 않고 묵묵히 나아가야 했기 때문에 필요했다. 기회라는 가치도 중요했다. 내 곁에서 일하는 사람들이 스스로 기회를 찾아낼 뿐 아니라, 남들이 문제라고 인식하는 상황 속에서 기회를 포착하는 능력을 갖추길 바랐기 때문이다.

이 세 가지 핵심 가치를 합쳐서 '프로(PRO; Passion, Resilience,

Opportunity)'라고 이름 붙였다. 이 가치들은 내 결정의 기준이 되었고, 팀의 단합을 이끌었으며, 이후 10년 동안 인재를 채용할 때 가장 중요하게 살피는 요소가 되었다. 당신의 결정과 행동, 삶의 태도를 결정짓는 원칙들이 있는가? 있다면 그것들을 당신의 핵심 가치로 삼아라. 없다면 자신에게 가장 의미 있는 가치를 고민해 보자. 서너 개 정도 골라 팀원들과 공유하여 모두에게 깊은 울림을 주는지 확인해 보라. 최고의 가치는 관계를 돈독하게 만들고, 자부심과 영감의 마르지 않는 원천이 되어 준다.

2) 부족함을 채우는 상호 보완적 역량

최고의 팀을 구성할 때 나에게 부족한 역량을 보완해 줄 사람을 채용하는 데 초점을 둔다. 우선 내가 취약한 분야가 무엇인지, 평소 소홀히 하기 쉬운 일상 업무가 무엇인지부터 파악한다. 예를 들어 회계의 중요성은 누구보다 잘 알고 있지만, 모든 거래 내역을 직접 입력할 필요는 없다. 그래서 내가 첫 번째로 채용한 사람은 재무 책임자였다. 또한 업무 자동화 기술이 필요하다는 비전은 있었지만 전문 지식이 부족했기에, 내 비전을 실현해 줄 경험이 풍부한 기술 부사장을 영입했다. 스타트업 환경에서는 유연성이 생명이다. 따라서 나는 직책에 얽매이지 않고 무엇이든 필요한 일을 기꺼이 맡아 줄 사람을 찾는다. 당신의 강점은 무엇인가? 당신의 성장을 돕기 위해 팀에 어떤 인재가 필요한가?

3) 공동의 목표와 승리의 공유

공동의 목표는 팀이 달려가야 할 명확한 목적지를 제시하고 모두가 한 방향으로 움직이게 한다. 하나의 목적과 사명, 그리고 방향성으로 뭉친 팀보다 더 강력한 것은 없다. 또한 팀의 사기를 높게 유지하기 위해서는 작은 승리들을 축하하는 것이 중요하다. 최종 목표로 향하는 길목마다 중간 목표를 설정하면 추진력을 유지하는 데 큰 힘이 된다. 내가 프론트라인 다이렉트에서 연 매출 1억 달러를 목표로 세웠을 때, 그 절반인 5,000만 달러를 돌파한 시점에 팀원 모두에게 밝은 파란색 나이키 운동화를 선물했다. 결승선을 향해 마지막 스퍼트를 낼 수 있도록 동기를 부여하기 위해서였다. 마침내 1억 달러를 달성했을 때는 성대한 전사 파티를 열고 모두에게 보너스를 지급했다. 이처럼 성공을 함께 축하하는 과정은 공동의 목표를 재확인시키고 팀워크를 더욱 견고하게 만든다. 활기차게 성장하는 문화 속에서 팀원들의 동기를 지속시키고 싶다면 그들이 얼마나 소중한 존재인지 느낄 수 있게 해 주어야 한다.

네 번째 기둥: 뜻이 맞는 동료

인맥 모임이나 소셜 미디어에서는 누구도 언급하지 않는 창업의 어두운 면이 있다. 새벽 3시에 찾아오는 공황 발작과 위기 상황을 감추기 위해 회의에서 지어 보이는 억지 미소, 그리고 때로 감당하기 힘들 정도로 짓눌러 오는 책임감까지. 창업을 한다는 것은 이런 순간들과 마주하는 일이다. 그러다 보니 기업가로서 고립감을 느끼기가 쉽고, 이 고립감은 불필요할 뿐만 아니라 성공을 가로막는 핵심 위협 요소이기도 하다. 경험에 비추어 볼 때, 동료 집단은 있으면 좋은 정도가 아니라 오늘날처럼 급변하는 비즈니스 환경에서 반드시 필요하다. 내가 경험한 동료 집단의 주요 장점 세 가지는 다음과 같다.

1) 정서적 지지

지난 수년간 신뢰하는 동료들과 고민을 공유하면서, 수많은 상황에서 공감과 지지를 받고 있다고 느꼈다. 기업가로 산다는 것이 어떤 의미인지 이해하고, 나와 뜻이 비슷한 사람들이 곁에 있었기에 결코 혼자라는 생각이 들지 않았다. 그들은 나에게 소속감과 정서적 안정을 주었다. 서로 경험을 공유하고, 마음의 짐을 털어놓으며, 답답함을 분출하거나 골치 아픈 문제들을 해결하는 데 이보다 값진 소통 창구는 없었다. 이러한 동료 집단은 비단 기업가에게만 필요한 것이 아니다. 양육, 건강, 콘텐츠 제작 등 당신이 어떤 분야에서 지지를 구하든 당신을 기다리는 공동체는 반드시 있다. 주변 지인 모임, 소셜 미디어, 밋업 같은 온라인 플랫폼, 혹은 지역사회 행사를 통해서 당신과 비슷한 사람들을 만날 수 있다. 정 없다면 직접 공동체를 만드는 것도 방법이다.

2) 인맥 확장

성공한 사람들과 연결되는 기회는 새로운 비즈니스 기회와 파트너십, 협업, 그리고 값진 통찰로 이어진다. 인맥을 통해 얻을 수 있는 가능성은 그야말로 무궁무진하다. 나에게는 20년이 넘게 우정을 이어 오고 있는 동료들이 있다. 이들은 내가 궁금한 점이 생기거나 난관에 봉착했을 때 여전히 가장 먼저 찾는 소중한 인연들이다.

3) 가속 학습

성공으로 가는 가장 빠른 지름길은 당신보다 앞서 실수를 경험한 이들에게 배우는 것이다. 당신이 지금 이 책을 읽고 있는 이유도 바로 그 때문일 것이다. 하지만 자신의 실패와 좌절을 기꺼이 공유하려는 친밀한 동료 집단이 없다면, 이런 귀중한 이야기는 절대 들을 수 없다. 나는 동료들과 무엇이 효과적이었고 무엇이 실패했는지, 어떻게 하면 더 잘할 수 있었을지에 관해 끊임없이 대화하며 배웠다. 이런 것들이야말로 우리 앞에 놓인 함정과 장애물을 뛰어넘기 위해 반드시 필요한 황금 같은 통찰이다.

핵심 관계망이 성공을 좌우한다

우리가 맺는 관계, 즉 사람 기둥은 사적으로나 공적으로나 성공의 근간이 된다. 엠마와의 경험을 통해 나는 핵심 기둥 중 하나에 금이 갔을 때 자존감과 자신감은 물론, 성장해 나갈 역량까지 훼손된다는 사실을 깨달았다. 해로운 관계를 정리하는 용기는 자신의 행복을 보호하는 것을 넘어 미래의 성공을 지탱할 기둥을 더 단단히 강화한다.

나는 당신에게 도전적인 질문을 던지고 싶다. 지금 당신의 핵심 관계망에는 누가 있는가? 앞서 언급한 인생 감사의 연장선에서 냉정하게 살펴보길 바란다.

당신의 잠재력을 최대한 끌어내 주는 사람이 곁에 있는가?

당신의 지지 구조가 견고하고 균형 잡힌 사람 기둥 위에 서 있는가?

그들은 당신이 더 나은 사람이 되도록 자극을 주는가?

당신에게 새로운 아이디어와 기회, 그리고 인맥을 제공하는가?

그들과 대화하고 나면 힘이 솟는가?

만약 이 중 어느 하나라도 '아니요'라는 답이 나온다면, 잠시 멈춰 서서 스스로 돌아봐야 할 때다.

멘토를 찾든, 신뢰할 수 있는 친구 및 가족 들과 시간을 더 많이 보내든, 최고의 팀을 꾸리든, 당신을 더 높은 곳으로 이끌어 줄 동료 집단에 합류하든, 무엇보다 사람 기둥을 세우는 것을 우선으로 삼아라. 이 장을 마무리하며 앞으로 30일 안에 당신을 지탱해 줄 기둥들을 찾아내겠다고 다짐해 보길 권한다. 미래의 당신이 오늘의 당신에게 감사를 표할 것이다. 올바른 사람의 지지를 받을 때, 당신은 성공을 준비하는 단계를 넘어서 성공을 향해 도약할 모든 채비를 마친 사람이 될 것이다.

해로운 관계는 당신의 잠재력을 갉아먹는다.

핵심 관계망에 있는 사람은

당신의 기분에만 영향을 미치지 않는다.

이들은 당신의 미래를 바꾼다.

스스로 되돌아보기　주변 사람들에게 영감을 얻고 지지와 격려를 받는가? 누가 당신에게 활력을 불어넣고, 누가 당신의 에너지를 소진하는가? 삶에서 스스로에게 변명하며 부정적인 관계를 유지한 적이 있는가? 해로운 관계를 떠나 자기 자신을 사랑할 준비가 되어 있는가?

핵심 메커니즘

- 핵심 관계망이 당신의 성공을 좌우한다　당신의 성공은 당신이 누구와 시간을 가장 많이 보내는가와 직결된다. 당신의 핵심 관계망을 냉철하게 바라보라. 그들은 당신이 더 나은 사람이 되도록 자극을 주는가? 새로운 아이디어와 기회, 그리고 인맥을 제공하는가?

- 유해한 관계를 떠나보내라　해로운 관계에 계속 머무를지, 아니면 떠날지를 결정하는 사람은 자기 자신이다. 해로운 관계를 떠나는 행위는 자기애와 자기 존중의 표현이다. 이는 당신이 되고 싶은 사람과 어울릴 수 있는 새롭고 긍정적인 관계를 맺을 공간을 만들어 준다.

- '인생 감사'를 수행하라　매년 인생 감사를 통해 당신에게 긍정적 영향을 주는 사람과 부정적 영향을 주는 사람을 구별하라. 긍정적인 관계에는 더 많은 시간과 힘을 쏟고, 부정적인 관계에는 단호하게 선을 그어 영향을 최소화하거나 제거하라.

- '사람 기둥'을 세워라　네 개의 사람 기둥을 세워서 강력한 지지 기반을 다져라. 경험이 풍부한 멘토, 신뢰할 수 있는 친구와 가족, 최고의 역량을 지닌 팀원, 그리고 뜻이 맞는 동료를 찾아라. 각 기둥은 당신의 지지와 성공을 지탱하는 근간이 된다.

- 멘토를 찾아라　어려움을 돌파하는 데 도움을 주고 값진 통찰을 나누어 줄 멘토를 찾아라. 성공한 사람들은 대개 자신의 성장과 성공에 결정적인 영

향을 준 요인으로 멘토를 꼽는다.

밀리어네어 마인드셋 나는 나에게 영감을 주고, 나를 높이 이끌어 주며, 믿어 주는 사람으로 주변을 채울 것이다. 나는 내 비전과 가치에 공감하는 사람들을 끌어당긴다. 나는 과감하게 해로운 관계를 끊어 내고, 긍정적인 관계를 위한 공간을 확보할 용기가 있다. 나는 내 성장을 돕고 내 승리를 축하해 주는 관계를 누릴 자격이 있다.

MISTAKES
THAT MADE ME
A MILLIONAIRE

실수

5

MISTAKES
THAT MADE ME
A MILLIONAIRE

제자리에 너무 오래 머물기

우리는 버티는 게 곧 강함의 증거라고 착각하곤 한다. 하지만 진정한 강함은 언제 놓아야 할지를 아는 데 있다. 나는 안락 지대를 벗어나지 못해 수년을 허비했다. 이 실수는 인간이 가진 가장 귀중한 자산인 시간을 앗아 갔다.

아마 모두 이런 경험이 있을 것이다. 저녁 모임이 늦게까지 이어지고, 식탁 위를 밝히던 초는 이미 다 타 버렸지만, 술잔은 계속 오간다. 대부분의 사람은 작별 인사를 하고 떠났지만, 아직 자리를 지키고 있는 사람이 꽤 있다. 시계를 슬쩍 보니 밤 10시 56분이다. '내가 너무 오래 머물고 있는 걸까?'라는 생각이 든다. 그런 질문이 머릿속에 떠올랐다면 정답은 거의 항상 '그렇다'이다. 하지만 의무감이나 소외될지 모른다는 불안감, 혹은 예의 때문에 스스로와 타협하며 자리를 지킨다. 주최자를 실망시키거나 분위기를 깨는 사람으로 보이고 싶지 않기 때문이다. '조금만 더 있다가 가자. 딱 한 잔만 더.'

한 시간 후, 사람들은 계속 와인을 홀짝이며 큰 소리로 떠들고 있다. 주최자는 음악을 끄고 조명을 켜더니 자신이 얼마나 피곤한지 넌지시 늘어놓으며 이제 마무리할 때가 됐다는 눈치를 준다.

다음 날 아침, 지친 몸과 최악의 숙취에 시달리며 어젯밤 더 일찍 자리에서 일어났어야 했다고 후회한다. 자신의 직감을 무시하고 남들을 따라 자리를 지킨 탓에 너무 오래 머문 대가를 치른 것이다.

이것은 저녁 모임의 한 장면이지만, 경력이나 인간관계에서도 흔히 일어나는 상황이다. 제자리에 너무 오래 머무는 것은 목표 성취와 잠재력 발휘를 가로막는 가장 큰 실수 중 하나다. 우리는 자신이 무엇을 원하는지 잘 알면서도 결국 아무것도 하지 않는다. 왜 그럴까? 바로 마음이 수많은 두려움과 의심을 불러일으켜 행동하지 않아도 될 핑계를 대며 스스로를 정당화하기 때문이다.

'조금만 더 기다려 보자. 딱 한 달만 더.'

사람들은 관계에서도 이와 비슷하게 타협한다. 상대방과 맞지 않거나 애정이 식었다는 사실을 알면서도 관계의 울타리 속이 다시 혼자라는 미지의 세계보다 안전하게 느껴지기에 계속 머물러야 한다고 스스로 합리화한다. 그래서 상황이 더 나아질 거라는 희망을 품고 더 오래 머무를 이유에 매달린다.

대체로 친숙하고 잘 아는 것을 붙잡는 게 더 쉽게 느껴지기 마련이다. 두려움과 의심, 그리고 의무감은 우리를 꼼짝 못 하게 가두는 힘이 있다. 특히 직업과 관련해서 사람들은 불확실성보다 안전을 선호한다. 한 연구에 따르면, 미국인 65퍼센트가 현재 직장에 머무는 데서 오는 편안함을 고수한다고 한다.[21] 솔직히 말해서 대부분의 사람들은 편안함을 선호한다. 그 이유가 미지에 대한 두려움이든, 경제적 안정이든, 혹은 충성심이든 간에 사람들은, 편안하다는 이유로 정체된 상황에 너무 오래 머물곤 한다.

나 역시 한 직업에 너무 오래 머물렀다. 몇 주나 몇 달 정도가 아니라 몇 년이나 떠나지 못했다. 사연은 이랬다.

회사가 매각되면 CEO는 단순히 현금을 챙겨 해변으로 유유히 떠나지 못한다. 대신 성과연동지급(Earnout) 계약에 묶여 '황금 수갑'을 차게 된다. 즉 현금이나 주식 등의 보상을 받는 대가로 인수인계를 돕고 인수자가 제값을 보장받을 수 있도록 일정 기간 계속 근무하는 것이다.

보통 성과연동지급 기간은 1년에서 3년 정도다. 2014년, 싱텔과의 거래 중 하나로 애드코니언을 아모비에 매각했을 때 내 계약 기간은 3년이었다. 늦어도 2017년 초에는 인수인계를 마치고 떠날 수 있을 거라 생각했다. 하지만 퇴사를 몇 주씩 미루다 보니 어느새 몇 달이 흘렀다. 곧 떠날 거라고 스스로 다짐하고 또 다짐했지만, 그렇게 2018년이 지나갔다. 침대에 누워 수많은 밤을 지새우며 생각했다. '내가 대체 뭘 하고 있는 거지?' 그러다 2019년이 왔다. 사실, 그때쯤엔 회사를 떠나는 법조차 잊어버린 것 같았다. 결국 나는 거의 6년이나 회사에 머물렀다.

돌이켜 보면 나는 스스로 만들어 낸 의무감이라는 틀 안에 갇혀 있었다. 회사는 내 아이였고 직원들은 내 가족이었다. 우리 모두가 성공을 위해 함께 노력해 온 덕분에 인수합병이라는 결실을 볼 수 있었다. 과거에 대한 애착이 나를 붙잡았고, 계속 키를 잡고서 도의적, 정서적 책임을 다해야 한다는 잘못된 믿음이 나를 옭아맸다. 게다가 당시 살고 있던 샌디에이고의 사무실은 내게 비빌 언덕과 같은 곳이었다. 행복이 깃든 공간, 좋은 사람과 추억이 넘치는 곳이었다. 굳이 무엇을 바꿀 필요가 있을까? 하지만 이 모든 것이 두려움을 감추기 위한 변명에 불과했다는 사실을 이제는 잘 안다. 사람들을 실망시킬까 봐 두려웠고, 변화가 두려웠으며, 놓아 버리는 것이 두려웠다. 그다음에 무엇을 해야 할지 모르는 막막함이 두려웠다.

공포는 누구에게나 공평하다. 당신이 2억 3,500만 달러짜리 계약을 성사시켰든, 5만 5,000달러의 연봉을 받든 공포는 개의치 않는다.

"팀과 회사는 당신이 없어도 잘 돌아갈 거야." 존이 계속해서 이 사실을 상기시켰다. 마음 깊은 곳에서는 나도 잘 알고 있었다. 하지만 나는 싱가포르에 있는 400억 달러 규모 통신 기업의 임원으로서 최선을 다하지 못하고 있었다. 내 DNA의 핵심에는 기업가 정신이 있었지만, 미래를 내다보고 기회를 좇아야 할 때 예측 가능한 일상이 주는 편안함에 안주했다. 과거의 월계관에 안주한 것이다. 이러한 마음가짐은 언제든 안일함으로 변질될 위험이 있었다.

'월계관에 안주하다(Resting on your laurels)'는 표현은 18세기

고대 로마의 전통에서 유래했다. 당시 승리한 운동선수나 지휘관 들에게 업적을 기리는 의미로 월계관이 수여됐다. 영예와 지위를 얻은 이들은 자신의 재능을 증명하기 위해 별다른 성과를 낼 필요가 없었기에, 그저 편안히 쉬며 과거의 영광을 만끽하곤 했다.

나는 과거의 영광에는 취해 있지 않았지만, 그 영광이 만들어 준 안락함에는 푹 젖어 있었는지도 모른다. 나는 내가 없어서는 안 될 존재라고 스스로 생각했다. 지금 생각하면 그 당시 내 오만함이 얼마나 비대했는지 웃음이 나지만, 그때는 정말 그렇게 느껴졌다. 내가 없으면 회사가 무너질 것이라고, 팀원들에겐 내가 필요하다고, 이들을 버릴 수 없다고 계속 되뇌었다. 할아버지가 평생 실천해 오신 지혜를 까맣게 잊고 있었던 것이다.

어린 시절, 할아버지의 사무실 벽에는 색슨 화이트 케신저(Saxon White Kessinger)의 〈대체 불가능한 사람(The Indispensable Man)〉이라는 시가 걸려 있었다. 아무리 성공한 사람이라도 언제든 대체될 수 있다는 겸허한 깨달음을 주는 시였다. 시 속의 강렬한 은유는 이 메시지를 명확히 드러낸다.

물통에 물을 가득 채우고
손목 깊숙이 담가 보라
손을 뺐을 때 남는 빈 구멍
그것이 당신의 부재를 아쉬워할 척도다

이 단순한 비유는 우리가 사라져도 큰 틀에서는 아무런 영향이 없다는 사실을 알려 주며, 겸손을 일깨워 준다.

할아버지는 이 구절을 읊으신 뒤 늘 이렇게 말씀하셨다. "네가 대체 불가능하다고 생각할지도 모르겠구나. 하지만 내가 살아 보니 그런 사람은 아무도 없단다."

나 역시 곧 그 교훈을 얻게 됐다. 아무리 피, 땀, 눈물을 쏟아부어도 회사는 우리 없이도 계속 굴러간다. 혹시 스스로를 없어서는 안 될 존재라고 믿고 있다면, 이 시의 본질이 당신에게도 다정한 경종이 되어 주길 바란다.

절대적으로 안정적인 직업 따위는 없다. 이는 허상일 뿐이다. 일정표에 갑자기 뜬 '회의'에 참석했다가, 인사 담당자와 관리자가 들어와 어려운 법적 용어가 가득한 원고를 읽으며 당신의 자리가 더 이상 필요하지 않게 되었다고 통보하는 끔찍한 상황에 마주했던 사람에게 물어보라. 아니면 평범한 회의인 줄 알고 들어갔다가, 예고도 없이 해고를 당한 사람에게 물어봐도 좋다. 나 역시 사회 초년생 시절, 최고의 성과를 내고 있었기에 안전하다고 생각했지만 막상 해고될 때 내 사업 목표와 실적은 아무런 의미가 없었다.

당장 지불해야 할 공과금과 대출 이자가 있을 때 안정성이라는 환상에 매달리기 쉽다. 예상치 못한 순간이 닥쳐, 우리가 사실 언제든 대체 가능한 존재라는 진실을 마주하기 전까지는 말이다.

2019년 10월, 나는 아모비의 CEO로서 내가 더 이상 성장하지 못하고 있다는 진실을 마주해야 했다. 막 연년생 쌍둥이를 얻은 나는 집에서 아이들과 함께할지, 아니면 업무로 복귀해 책임을 다할지 갈등하고 있었다. 하지만 어느 하나만 선택하기란 불가능해 보였고, 매일 고통스러운 고민에 시달렸다. 몇 달이나 고민한 끝에 마침내 사임을 결정했다. 아니, 우주가 나 대신 결정해 주었다.

때는 우중충한 오후의 뉴욕, 택시 창문을 두드리는 빗줄기를 뚫고 꽉 막힌 도로 위를 거북이처럼 움직이고 있었다. 초침이 움직일 때마다 내 심장도 요동쳤다. 중요한 이사회 만찬이 열리는 샌프란시스코행 비행기에 이미 40분이나 늦은 상태였다. 머릿속도 복잡했다. '제시간에 도착할 수 있을까? 내일 밤까지 돌아와서 아이들의 핼러윈 준비를 도와줄 수 있을까?'

마침내 JFK 공항 표지판이 시야에 들어왔다. 안도감? 아니, 아직 안심하긴 멀었다. 공항 진입로에 들어서자 정체가 더 심해졌다. 터미널까지 고작 800미터밖에 안 남았는데, 도착 예정 시간은 점점 늘어나고 있었다. 나는 택시에서 뛰쳐나와 8센티미터나 되는 구두를 신고 캐리어를 끌면서 도로를 질주했다. '이사회 만찬도, 아이들과의 핼러윈도 절대 놓칠 수 없어!' 무정하게 쏟아지는 비 때문에 도로는 위험할 정도로 미끄러웠다. 한참을 전력으로 질주하던 그때, 재앙이 닥쳤다. 발이 미끄러지는가 싶더니 순식간에 몸이 공중으로 붕 떴고, 팔을 휘저을 새도 없이 바닥에 그대로 내동댕이쳐졌다. 나는 바닥에 누워 이륙하는 비행기를 멍하니 올려다보았다. 우주가 보이지 않는 대형 화물 트럭으로 나를 들이받은 것만 같았다.

한 남자가 손을 내밀며 일으켜 주려고 했다. "괜찮으세요?"

나는 너무 수치스러웠다. 얼른 일어서려 했지만 발목이 접질려 뜻대로 되지 않았다. 비와 패배감에 흠뻑 젖은 채 공항으로 절뚝거리며 들어갔다. 가장 가까운 벤치에 쓰러지듯 앉아 생각했다. '대체 내가 지금 뭘 하고 있는 거지?'

그 순간 내가 무엇을 해야 할지 명확해졌다. 나는 곧장 존에게 전화를 걸었다. "이사회 만찬은 안 갈 거야. 지금 집으로 갈게."

두 달 후, 나는 가족과 더 많은 시간을 보내고 스타트업 창업자들을 돕는 일에 전념하기 위해 아모비 CEO에서 물러난다고 발표했다. 보도 자료에는 담기지 않았지만, 내가 물러나는 이유 중 하나는 그간 잃어버렸던 열정을 되찾기 위함이기도 했다.

자유를 되찾은 순간, 일찍부터 이랬어야 했다는 것을 깨달았다.

앞날이 어떻게 펼쳐질지 알 방법도 없었지만, 알 필요도 없었다. 나는 내 직감을 믿었다. 무언가 새로운 길이 곧 나타날 거라고 확신했다. 그것이 미지의 아름다움이다. 그 영역으로 직접 발을 들이기 전까지 기회는 제 모습을 숨기고 있는 법이다.

결국 이 선택은 나에게 큰 도움이 됐다. 2020년 초, 팬데믹이 한창일 때 다른 사람들처럼 나도 집에 머물며 안도감과 극심한 피로가 뒤섞인 묘한 기분을 느끼고 있었다. 많은 이들이 힘들었던 시기를 잊고 싶어 하는 건 당연하지만, 내게는 꼭 필요하고 절실했던 휴식과 재평가의 시기였다. 갓 태어난 쌍둥이 엄마로서 가족과 의미 있는 시간을 보내고, 내가 진정으로 원하는 것이 무엇인지 명확히 짚어 볼 수 있는 기회였다. 이전에는 해 보지 못했던 방식으로 삶의 다음 장을 그려 볼 수 있었다.

시간이 흘러 2020년 9월, 우리는 새롭게 찾은 자유와 활력을 안고 미지의 세계를 향해 한 걸음 더 나아갔다. 바로 샌디에이고에서 마이애미비치로 이주한 것이다. 친구와 가족이 있는 지역 사회를 뒤로하고, 고작 열흘밖에 머물러 본 적이 없고 아는 사람도 한 명뿐인 도시로 떠났다. 전 세계가 극도로 몸을 사리던 시기에 우리는 조심성 따위는 던져 버렸다. 친구들은 우리가 미쳤다고 생각했다. 하필 선거철인 데다가 허리케인 시즌일 때 다섯 살이 안 된 아이들 넷과 70킬로그램이나 나가는 생후 7개월 된 대형견 한 마리까지 데리고, 근처에 친척 한 명 없는 곳으로 이사했으니 말이다. 겉으로만 보면 친구들의 생각에도 일리가 있었다.

하지만 2020년은 정체된 삶에서 벗어나 재탄생을 일궈 낸 해가 되었다. 새로운 시작은 내가 꿈꾸던 기회를 열어 주었고, 새로운 친구들을 만나게 해 주었으며, 존과 내가 좋아하는 따뜻하고 화창한 삶을 선물했다. 마이애미는 끊임없이 움직이고 창조하며 무언가를 일궈 내려는 활기찬 기업가들과 과감한 도전자들로 가득했다. 나는 기업가 정신이 공기 중에 톡톡 터지는 듯한 활기찬 공동체에 둘러싸여 환대를 받았다. 저녁마다 존과 나는 만 너머로 지는 석양을 바라보며 같은 생각을 공유하곤 했다. "왜 진작 이러지 못했을까?"

답은 누가 봐도 나 자신 때문이었다. 내가 너무 오래 머물렀다. 하지만 아모비를 떠나 회사나 타인의 이익, 혹은 과거의 향수가 아닌 나 자신에게 가장 소중한 것을 최우선으로 삼자, 새로운 기회가 예상치 못한 방식으로 열리기 시작했다. 이는 변화를 받아들이고 본연의 삶으로 발을 내디딜 때 찾아오는 마법 같은 힘을 다시 한번 일깨워 주었다.

발목을 잡는 다섯 가지 함정

그동안 주변 사람들이 직장이나 관계, 그리고 소득 없는 상황에 너무 오래 머물러 있는 모습을 지켜봤다. 나는 이를 '정체 상태'라고 부른다. 앞으로 나아가며 성장하는 대신 제자리에 멈춰 서서 어디로도 가지 못하기 때문이다. 물론 의미 있는 대상으로부터 걸어 나오기란 말처럼 쉽지 않다. 무언가를 붙들고 있는 이유는 모두 비슷할지언정, 상황의 복잡성은 사람마다 제각각이다. 떠나야 할 시기라고 알면서도, '다시 시작해야 한다'는 생각만으로도 쉽게 발이 떨어지지 않는다. 하지만 안주하며 어려운 결정을 피하는 방식으로는 결코 커다란 성공을 일굴 수 없다. 쉽고 빠른 길을 알려 주는 표지판 같은 건 세상에 없다. 성공한 사람들은 적극적으로 위험을 감수하고, 불편함과 친구가 되며, 끊임없이 자신의 한계를 밀어붙인다.

나는 나 자신을 포함해 수많은 사례를 관찰하며 한 가지 사실을 발견했다. 바로 인간 본성에는 사람들의 발목을 잡는 다섯 가지 공통적인 함정이 있다는 것이다. 그렇기에 이 함정들이 어떻게 우리를 제자리에 묶어 두는지, 또 거기서 어떻게 벗어날 수 있는지 이해하는 것이 무엇보다 중요하다. 이어지는 다섯 가지 함정은 우정, 결혼, 고객, 사업, 장소까지 당신이 시간과 에너지, 그리고 감정을 쏟아부은 것이라면 모두 동일하게 적용될 수 있다.

경제적 안정이라는 함정

경제적 안정은 매우 매혹적인 함정이다. 우리는 정기적인 월급의 안정감과 복리후생의 편안함에 더해 자동차 할부금이나 주택담보대출을 제때 갚지 못할까 봐 두려워서 안전해 보이는 울타리 밖으로 과감히 나가지 못한다. 투자 방송 프로그램 〈샤크 탱크(Shark Tank)〉의 출연자 케빈 오리어리(Kevin O'Leary)는 이렇게 말했다. "월급은 그들이 주는 마약과 같습니다. 당신의 꿈을 잊게 만들죠."

최근 내가 멘토링을 시작한 사라는 재능 있는 마케팅 책임자로, 한 회사에서 6년째 근무 중이었다. 처음 만나 커피를 마실 때, 그녀는 지난 2년 동안 승진도 연봉 인상도 없었다며 고민을 털어놓았다. 왜 계속 회사에 다니냐고 묻는 내 질문에 그녀는 너무나 익숙한 대답을 내놓았다. "안정적이잖아요. 내야 할 공과금과 대출금이 산더미라 함부로 못 그만두겠더라고요. 건강보험 혜택도 좋고요. 그런 안정감을 잃는 위험을 감수할 순 없어요. 조만간 연봉도 올려 주겠죠."

나는 그녀에게 냉혹한 현실을 알려 줘야 할 것 같았다. "사라, 지금 안전한 길을 가고 있다고 생각하겠지만 사실은 충분히 더 벌 수 있는 돈을 포기하고 있는 거예요."

그녀는 내 말을 전혀 이해하지 못한 눈치였다. 그래서 같은 직장에 머무는 사람의 전년 대비 연봉 상승률은 평균 5퍼센트인데 반해, 이직할 경우 연봉 상승률은 9.7퍼센트에 달한다는 설명을 덧붙였다.[22] 게다가, 이직자의 60퍼센트는 새 직장에서 실질 소득이 증가했다는 조사 결과도 언급했다.[23]

이러한 사실은 한 직장에 머무는 비용이 오히려 더 크다는 점을 시사한다. 한 곳에만 안주하는 것은 돈을 적게 벌 뿐만 아니라, 스스로 경력 성장의 발목을 잡는 일이나 다름없다. 물론 시장 평균보다 높은 연봉을 받는 사람도 간혹 있지만, 대개는 자신의 시장 가치나 업계 표준에 비해 낮은 보수를 받으며 일한다.

이 수치는 사라가 직시해야 할 냉혹한 현실이었다. 그녀는 안정적인 급여에만 매달리다가 새로운 기회와 함께 찾아올 경제적 성장을 통째로 놓치고 있었다. 나는 그녀에게 경쟁 회사에서 비슷한 연차의 동료들이 얼마나 받는지 조사해 보고, 자신이 자신의 가치만큼 제대로 대우받고 있는지 생각해 보라고 조언했다. 그리고 이 한 번의 참견이 사라를 가두고 있던 고정관념에서 그녀를 해방시켰다.

두 달 뒤, 그녀는 마침내 용기를 내어 새로운 직장을 구했다는 이메일을 보내 왔다. 그녀의 연봉은 어떻게 되었을까? 놀랍게도 이전보다 30퍼센트나 올랐다.

이 이야기의 요점은 분명하다. 위험을 전혀 감수하지 않는 것이야말로 가장 큰 위험일 수 있다는 점이다. 경제적 안정성은 단순히 가진 것을 붙잡는 데서 오지 않는다. 끊임없이 성장할 방법을 찾으며 더 큰 성공으로 향하는 데서 온다. 당신이 어떤 일을 하든, 항상 배우고 있거나 벌고 있어야 한다. 만약 둘 중 그 무엇도 하고 있지 않다면 이제는 변화를 꾀할 시간이다.

연봉 인상이나 승진 없이 한 직장에 너무 오래 머무르며 인정과 평가를 받지 못하고 있다고 느끼는 사람을 주변에서 얼마나 많이 보는가? 그들은 제자리에 머물러 있지만, 2년 만에 떠난 동료들은 다른 곳에서 훨씬 높은 연봉을 제안받는다. 만약 당신이 경제적 안정 때문에 현재 자리를 지키고 있다면, 그것이 단지 변명에 불과한지, 아니면 진심으로 행복해서인지 따져야 한다.

경제적 안정이라는 함정에 빠진 건 아닌지 판단하기 위해 다음 질문에 답해 보자.

- 지난 2년간 의미 있는 승진을 한 적이 있는가?
- 같은 기간, 연봉이 5퍼센트 이상 올랐는가?
- 새로운 기술을 배우고 있는가?
- 현재 하는 일이 즐겁고 보람찬가?
- 경제적 안락함을 위해 개인적 성장을 희생하고 있지는 않은
  가?

만약 대부분의 질문에 '아니요'라고 답했다면, 이제는 무엇보다 새로운 기회를 찾아 나서야 할 때다. 연봉 인상이나 승진 없이 한곳에 머무는 기간은 2~3년 정도가 이상적이다. 그 시간은 자신의 역할을 익히고 회사에 기여하며, 업무를 완전히 파악해 다음 단계로 나아갈 준비를 하는 기간이다. 현재 직장에서 더 이상 배울 게 없다면 머무를 가치가 없다. 너무 오래 한곳에 머무는 것이 어떤 메시지를 전달하게 될지도 진지하게 고민해야 한다. 당신은 스스로를 일관성과 신뢰성이 있고, 헌신적인 사람이라고 생각하겠지만 미래의 채용 담당자에게는 의욕과 야망이 부족한 사람으로 비칠 수 있다. 물론, 한 회사에 오래 머무르는 게 실제로 큰 보상으로 돌아오는 예외도 드물게 있긴 하지만 말이다.

2024년 10월, 나이키 최고경영자 겸 대표이사로 선임된

CEO 엘리엇 힐(Elliott Hill)의 사례를 살펴보자. 그는 1988년 입사한 이후 줄곧 나이키에서만 근무했다. 그리고 60세가 되던 해, 마침내 가장 높은 자리까지 올라갔다. 그의 경력을 되돌아보면 엘리엇이 자기 자리에 안주하려 하지 않았다는 점이 명확하다. 1988년부터 2024년까지 그는 단 한 번도 같은 직무를 3년 이상 맡은 적이 없었다. (다시 한번 강조하겠다. 그는 한자리에 3년 넘게 머물지 않았다.) 그는 자신이 사랑하는 업무와 동료들, 그리고 마음껏 역량을 펼칠 수 있는 근무 환경 속에서 계속 도전하고 성장했다.

스스로 기회를 잡지 않으면 자신의 가능성이 어디까지인지 결코 알 수 없다. 기회를 잡는 순간, 당신은 놀라운 경험 속으로 뛰어들게 될 것이다.

자신의 가치를 스스로 증명할 용기를 지녀라. 더 나은 보상과 발전을 위해 쉬지 않고 문을 두드려라. 자기 자신을 위해서라도 제자리에 머무는 비용이 기회를 찾아 떠나는 비용보다 더 클 수 있다는 점을 반드시 확인해 보길 바란다.

미지에 대한 두려움이라는 함정

인간은 안락을 추구하는 존재다. 우리는 불확실성을 잘 견디지 못한다. 그래서 미지의 세계에 대한 두려움은 누구에게나 흔히 나타난다. 우리는 확신을 선호한다.

하지만 삶에서 확실한 것은 오직 하나뿐이다. 바로 모든 게 변한다는 사실이다. 변화는 끊임없이 우리 삶을 빚어내며, 그 흐름에 영향을 미치는 거스를 수 없는 유일한 진리다. 그대로 머무는 것은 세상에 존재하지 않는다. 우리 몸은 나이 들고, 관계는 변한다. 환경은 달라지고, 기술은 진보한다. 주변의 모든 것은 시시각각 변한다. 어쩌면 그래서 우리는 불확실성으로부터 달아나, 익숙하고 편안한 것에 매달리는지도 모르겠다. 누구도 예전과 똑같지 않다. 그런데 우리는 어째서 굳이 똑같은 삶을 살려고 애쓰는가? 미지를 지나치게 두려워한 나머지 변화를 거부하는 태도, 그것이 바로 함정이다.

변화는 무섭다. 하지만 후회는 그보다 훨씬 더 무섭다. 나는 후회의 태산을 넘어가느니 차라리 변화의 바다를 건너는 편을 택하겠다. 불확실함은 얼굴을 가린 기회일 뿐이다. 두려움이라는 탈을 걷어 내고, 그 아래에 숨겨진 아름다움을 발견해야 한다. 미지의 것을 부정적으로 여기지 마라. 오히려 새로운 시작, 신선한 모험, 당신의 이야기 속 멋진 반전으로 기쁘게 받아들여라.

친구 마리가 의료 분야의 고소득 직종에 종사한 지 4년 차가 되었을 때였다. 그녀는 일을 그만두고 싶지만, 그 이후에 어떻게 될지 몰라 두렵다고 털어놨다. 그녀는 지난 18개월 동안 제대로 된 인정을 받지 못한다고 느꼈고, 당장이라도 그만두고 싶은 마음이 굴뚝같았다. "하지만 지금보다 상황이 더 나빠지면 어떡하지?" 그녀가 물었다. 만약 미혼이고 두 아이가 없었다면 미지의 세계에 기꺼이 뛰어들었겠지만, 보살펴야 할 가족이 있기에 잃을 게 너무 많고 위험 부담도 훨씬 컸다. 당연히 마리는 이 점이 마음에 걸려서 망설일 수밖에 없었다. 컨설팅 사업을 시작하겠다는 꿈은 잠시 접어 두고 때를 기다려야 했다.

"모든 게 잘못되면 어떡해?" 그녀가 말했다.

"하지만 모든 게 다 잘 풀릴 수도 있지?" 내가 대답했다.

내 말에 그녀는 생각에 잠겼다. 수많은 사람이 부정적인 결과를 걱정하는 데 시간을 많이 낭비하지만, 그 반대의 경우는 잘 생각하지 않는다. 스위치를 켜듯 사고를 전환하여 긍정적인 결과를 떠올려 보기만 하면 되는데 말이다. 그래서 나는 마리에게 두려움이라는 한계에서 벗어날 수 있도록 돕는 한 가지 연습을 제안했다.

자의든 타의든 삶에서 중대한 변화를 겪었을 때를 떠올려 보자. 그때 미지의 세계를 어떻게 헤쳐 나갔는지 되짚어 보라. 계기가 무엇이었든 모든 것이 불확실했을 때 시작했을 것이다. 심한 스트레스와 두려움을 느꼈겠지만 당신은 적응했고 앞으로 나아갔다. 스스로에게 물어보자. '그때 나는 무엇을 배웠나? 그 경험은 어떻게 나를 더 성장시켰나? 어떤 기회가 생겨났으며, 나의 행동들이 어떤 성공으로 이어졌나?'

마리는 직장에 머물면서 동시에 부업으로 브랜드를 출시하고 마케팅 사업을 시작하기로 했다. 그녀는 확실한 목표를 세웠다. 컨설팅으로 얻은 부수입이 주 수입의 80퍼센트에 도달하면 직장을 그만두고 사업에 매진하기로 한 것이다. 아니나 다를까, 6개월 뒤 고객이 꾸준히 증가하면서 그녀는 목표를 달성했고, 결국 일을 그만두었다.

인생을 돌이켜 보면, 우리는 불확실한 시기에 중요한 변곡점과 전환점을 맞이하곤 한다. 이는 변화에도 이득이 있다는 사실을 일깨워 준다. 우리는 불확실성에 위축되는 대신, 오히려 동력을 얻기로 선택할 수 있다. 내가 말버릇처럼 말하듯이, 미지는 당신이 겪어 보기 전까지만 미지일 뿐이다.

충성심이라는 함정

충성심은 존경할 만한 자질이다. 직장에서는 팀원 간 신뢰를 쌓고, 결속력을 다지며, 집단적 자부심을 고취하기 때문에 가장 가치 있는 특성이라고도 할 수 있다. 이런 유대감이 없다면 회사는 결코 성공을 향해 함께 달려 나가는 문화를 형성할 수 없다. 하지만 충성심이 맹목적 헌신으로 변질되면 유해한 영역으로 접어든다. 바로 이때 사람들은 충성심이라는 함정에 빠지게 된다.

이 함정은 회사나 상사를 향한 충성심이 자기 자신에 대한 충성심을 가리기 시작하고, 자신의 이익을 뒷전으로 미룰 때 작동한다. 기업들은 직원들 사이에 심리적 유대감을 조성해 충성심에 큰 가치와 지속성이 있다고 믿게 만듦으로써, 함정을 눈치 채지 못하게 교묘히 감춘다. 회사에서 "우리는 한 팀이다!" "우리는 가족이다!" "우리는 한배를 탔다!"라는 말을 매일같이 들었을 것이다. 하지만 힘든 시기가 닥쳐 오고 풍랑이 거세지면, 가장 먼저 해고되는 이들은 누구인가? 팀, 가족, 운명 공동체라는 말들이 공허하게만 느껴지는 순간, 굳게 믿었던 안정감의 토대가 생각보다 견고하지 않다는 사실이 여실히 드러난다.

물론 당신이 특수 대원이거나 군인이라면, 개인의 이익보다 국방의 의무와 충성의 맹세를 언제나 우선시해야 한다. 그러나 일반적인 삶에서는 이러한 태도가 오히려 함정이 되기도 한다.

나는 오랫동안 비즈니스 현장에 몸담으며 사람들이 불행하다고 느끼면서도 직장에 남기로 선택하는 수많은 변명을 들어 왔다. 그중에서 가장 흔한 변명은 동료나 장소, 혹은 회사의 사명에 대한 정서적 애착이다. 나 또한 가족 같은 팀 옆에 남아 있어야 한다는 의무감 때문에 떠나지 못했던 적이 있다. 하지만 자신의 성장을 저해하는 충성심은 진정한 의미의 충성심이 아니다. 이는 함정일 뿐이다. 누구나 겪는 이러한 보편적인 갈등은 내가 15년 동안 알고 지낸 친구 미셸의 이야기에서 전형적으로 드러난다.

그녀는 부동산 중개원이었다. 인스타그램만 보면 그녀가 그 무엇보다 자신의 일을 사랑한다는 생각이 들 것이다. 하지만 친구로서 나는 완벽하게 편집된 사진들이 현실과 다르다는 것을 잘 안다. 몇 년 동안 그녀는 자신만의 의류 편집숍을 열고 싶어 했다. 감각도 무척 뛰어났다. 내가 아는 미셸은 평면도나 주택담

보대출 이자가 아니라 빈티지 옷과 패션 트렌드에 관해 이야기할 때 눈이 밝게 빛나는 친구다.

그녀가 부동산 회사를 그만두지 못하는 이유는 딱 하나였다. 자기가 없으면 사장님이 아무것도 못 할 거라는 믿음에서 비롯된 의리 때문이었다. 사장은 일정 관리부터 마케팅, 오픈 하우스 진행, 심지어 이메일 작성까지 모든 일을 그녀에게 의존했다.

함께 저녁 식사를 하던 날, 미셸은 일을 그만두고 싶지만 자신이 없으면 모든 업무가 일제히 중단될 것 같다고 고백했다. "사장님이 감당할 수 있을지 모르겠어. 게다가 나한테 배신당하고 버림받았다고 생각할 거야."

"미셸, 그분이 어떻게 감당하고 느끼는지는 네가 책임질 문제가 아니야. 너는 오직 네 자신의 성장과 행복에만 집중하면 돼."

미셸은 머리로는 이해했지만 감정적으로는 사장의 기분을 지나치게 신경 썼다. "내가 그럴 수 있을지 모르겠어."

이게 바로 충성심이라는 함정이 작동하는 장면이다. 아니, 잘못된 충성심의 덫이라고 표현해야겠다.

미셸은 이 함정에 너무 깊이 빠진 나머지 자신의 꿈을 뒷전으로 미루어 두었다. 나는 그녀가 없어도 회사는 망하지 않을 것이고, 꿈을 추구해야 할 시기는 바로 지금이라고 거듭 강조했다.

"이건 너 자신을 위해서라도 꼭 해야 할 일이야." 내가 말했다.

나는 미셸이 이미 알고 있는 사실을 짚어 주었을 뿐이다. 그녀에게는 단지 마음을 먹기 위한 계기가 필요했다. 한 달 뒤, 사장은 죄책감을 자극하며 그녀를 붙잡으려고 했지만, 미셸은 자신에게 충성하기로 한 결심을 굽히지 않고 단호하게 사직서를 제출했다. 현재 그녀는 자신의 꿈을 향해 나아가며 더할 나위 없이 행복해하고 있다.

자신의 이익이 더 이상 보이지 않는다면, 이미 충성심으로 인해 판단력이 흐려진 상태이므로 한 발 떨어져 우선순위를 재점검해야 한다. 당신의 충성심은 제대로 보답받고 있는가? 그만큼의 인정과 보상이 뒤따르는가? 만약 어느 하나라도 '아니요'라고 답한다면, 잘못된 충성심이라는 함정에 갇혀 있지는 않은지 따져 봐야 한다. 당신의 목표가 성공과 부를 거머쥐는 것이라면, 가장 먼저 충성해야 할 대상은 조직이 아니라 자기 자신이어야 한다.

정체성이라는 함정

직업이 없는 당신은 과연 누구인가? 직책이나 역할 같은 직업적 페르소나를 모두 걷어 내면 당신에게 무엇이 남는가? 그 답이 바로 당신의 진짜 모습이다. 자기만의 강점과 재능, 친구들과 가족, 취미와 열정 말이다. 한마디로 일 이외에 나라는 사람을 정의하는 모든 것이 남는 셈이다.

사람들은 너무 자주 일에 매몰되어 자기 자신을 잃어버리곤 한다. 자신을 직업이나 직책과 과하게 동일시하여, 결국 스스로를 가두는 함정을 만들어 버린다. 대개는 그 자리를 떠난 후에야 자신의 정체성과 직업이 얼마나 단단히 뒤엉켜 있었는지 깨닫는다. 우리는 일에서 자부심과 가치, 사회적 위치와 목적의식을 찾는다. 그래서 그것들이 사라지면 한순간에 길을 잃은 듯한 기분에 빠진다.

해고를 당하거나 은퇴 후 삶에 적응하지 못해 정체성 위기를 겪는 경우를 얼마나 많이 보았는가? 이는 보통 자신의 모든 것을 회사에 쏟아부으며 자아를 희생한 결과이다. 나 역시 이를 직접 경험했다. 내가 아모비를 좀 더 일찍 떠나지 못한 이유이기도 하다. 내 진정한 모습과 테크 CEO라는 정체성을 어떻게 분리할지 몰랐던 것이다. 테크 CEO는 지난 20년 동안 내 정체성 그 자체였고, 나는 이 역할과 삶의 방식에 깊이 매몰되어 있었다. 다른 일을 하는 내 모습은 상상조차 하기 힘들었다. 마침내 '테크 CEO'는 그저 하나의 꼬리표일 뿐임을 깨달았다. 내가 입는 옷이나 내가 모는 차가 나를 정의하지 못하듯이, 이것 또한 나를 정의할 수 없다. 직함이나 생계 수단을 넘어 자아를 인식하고 다시 정의해야 정체성이라는 함정에서 벗어날 수 있다.

니나는 명품 패션 브랜드의 임원직에서 해고당했을 때 이 교훈을 배웠다. "누군가에게 저를 소개할 때 이름을 말한 다음 늘 브랜드명을 덧붙였어요. 그러면 곧장 제가 어떤 사람인지 증명해 주었죠. 사람들이 순식간에 저를 진지하게 대하기 시작했어요."

그녀에게 실직은 마치 자신의 일부가 떨어져 나가는 것 같은 고통이었다. "그게 가장 견디기 힘들었어요. 직장에서 일궈 온 정체성은 일이 진절머리 나게 싫을 때조차 제 자아가 흔들리지 않게 지탱해 주었거든요."

강제로 그 자리를 떠나야만 했을 때 비로소 그녀는 아무리 대단한 명예도 고통과 맞바꿀 가치는 없다는 사실을 깨달았다. "저는 전혀 행복하지 않았으면서도, 그저 사회적 지위를 유지하기 위해 필사적으로 매달렸던 거예요." 그녀가 덧붙였다.

현재 니나는 패션 스타일리스트로 활동하며 진정한 해방감을 만끽하고 있다. 이제 그녀는 다른 누구도 아닌 오직 자신의 목소리에만 귀를 기울인다. "진작 이렇게 살았어야 했어요!" 당신이 누구인지는 직업만으로 정의되지 않는다. 만약 자신의 정체성이 직업과 너무 밀접하게 얽혀 있다고 생각한다면, 다음 질문을 자문해 보자. 일 이외의 삶에서 나에게 가장 중요한 것은 무엇인가? 지금 내가 하는 일이 보람차고 행복한가?

자신의 일이나 회사에 진심으로 자부심을 느끼는 것은 바람직한 일이다. 하지만 자존감이 급여나 권력, 혹은 니나의 경우처럼 명성과 결부되면 위험한 영역으로 접어들게 된다. 이는 보통 그 과정 어디에선가 진정한 자아를 잃어버렸다는 의미이다. 이렇게 되면 인생의 다음 단계로 나아가기가 훨씬 더 힘들어진다. 마음속으로 자신의 일부를 버리고 떠나는 기분이 들기 때문이다.

만약 사적인 정체성과 공적인 정체성이 하나로 뒤섞여 버렸다면, 이제는 다시 자기 자신에게 돌아가야 할 때다. 나만의 시간, 혹은 친구나 가족과 함께하는 시간을 최우선으로 두자. 업무 외적인 활동에 더 적극적으로 참여하고, 스스로를 위해 마음의 잔을 채우는 일을 시작하라. 건강관리, 취미, 여행 등 개인적 목표를 세워 보자. 일 외의 삶에 더 많은 시간을 투자할 때 비로소 균형 잡힌 정체성이 만들어지고 자신의 가치관, 열정, 즐거움 사이에서 조화를 이룰 수 있다. 당신은 이제 직업이 아니라 당신이 이끌어 가는 삶으로 정의될 것이다.

안락 지대라는 함정

이번에는 내 친구 테드를 소개하겠다. 그는 안락 지대라는 함정에 빠진다는 것이 어떤 의미인지 명확하게 보여 준다. 테드는 언제나 운동에 진심이었다. 마라톤을 완주하고 새벽 5시에 냉수욕을 즐겼다. 그의 아내는 남편의 가장 친한 친구가 산악자전거라며 농담을 던지곤 한다. 내가 그를 알게 된 이래로, 그는 언젠가 자신의 헬스장을 열겠다는 '미친' 꿈을 품어 왔다. 하지만 나에게는 그렇게 미친 소리로 들리지 않았다. 테드가 자신의 꿈을 이야기할 때마다 그는 생기와 낙관, 그리고 열정으로 가득한 완전히 다른 사람이 되었기 때문이다. 소프트웨어 영업 임원인 그가 자신의 업무에 관해 이야기할 때면 어떠한 몰입이나 영감도 느껴지지 않아 앞서 말한 모습과는 극명히 대조를 이룬다.

그는 이미 7년째 같은 회사에 근무하며 지나치게 안주하고 있었다. 익숙한 안락함이 그를 진정으로 설레게 하는 일로부터 멀어지게 만든 것이다. 더 큰 목표를 추구하는 대신 적당히 안전한 길에 머물게 만드는 것이 바로 안락 지대라는 함정의 본모습이다.

최근 오랜만에 만나 아이들이 수영장에서 노는 동안, 테드는 자신의 고민을 털어놨다. "그만두지 못하는 이유가 있어요. 시간, 돈, 용기죠."

그는 반쯤 농담으로 말했지만 내가 진지하게 되물었다. "정말 행복한가요?"

"적어도 가족들에게 안락한 보금자리를 마련해 줄 수 있다는 사실에 만족하며 살고 있어요."

나는 지난 수년간 안락함과 야망 사이에서 갈등하는 테드의 다양한 모습을 보았다. 겉으로는 만족스러운 삶 같지만, 정작 자신이 하는 일에 대해 생기나 열정이 없었다. 하지만 안정적인 기반을 모두 내려놓아야 한다는 생각만으로도 그들은 선뜻 발을 떼지 못하고 제자리에 머물러 있었다.

내가 나누었던 모든 이야기에 한 가지 공통점이 있다면, 바로 안락 지대다. 이는 예측 가능성을 선호하는 심리 상태로, 보통 모든 상황을 스스로 통제할 수 있다고 느끼는 환경에서 형성된다. 이 상태를 넘어서려면 위험을 감수하고 습관을 바꾸는 과정이 필요하다. 그 과정에서 불확실함과 두려움, 그에 따르는 온갖 불안이 끼어들게 될 것이다.

1908년에 두 명의 하버드대 심리학자가 최초로 안락 지대라는 개념을 연구한 이래, 전문가들은 인간이 스스로에게 씌우는 한계에 깊은 관심을 가져 왔다.[24] 로버트 M. 여키스(Robert M. Yerkes)와 존 딜링엄 도드슨(John Dillingham Dodson)은 스트레스 수준이 너무 낮으면 최고의 능력을 발휘할 수 없으며, 반대로 스트레스가 지나치게 높으면 수행 능력이 급격히 저하한다는 사실을 발견했다. 결국 핵심은 그 사이에 있는 최적의 지점을 찾는 데 있다. 안락 지대 너머에 있으면서 우리를 미지의 극단으로 몰아넣지 않는 딱 그 정도의 지점 말이다.

이는 가장 본질적인 질문으로 귀결된다. 바로 '인생에서 무엇을 원하는가?'이다. 이 책을 읽고 있는 당신이라면 아마 한 단계 성장하기를 원할 것이다. 더 많은 돈을 벌고 싶을 수도 있고, 급여보다 목적의식을 더 중요하게 보고 열정을 좇고 싶을 수도 있다. 어느 쪽이든, 현재의 안락함에 머물러 있다면 아무 일도 일어나지 않을 것이다.

자신을 설레게 하는 꿈이나 비전, 혹은 목적을 추구할 때는 언제나 위험 요소가 따른다. 비즈니스든, 스포츠든, 인생의 그 어떤 분야에서든, 위험을 기꺼이 감수하지 않고 기회를 잡아 성공한 사람은 본 적이 없다. 위험과 기회는 언제나 함께한다.

안락 지대에 갇혀 있다고 고백하는 사람과 대화할 때마다 나는 이렇게 묻는다. "정말 만족하시나요? 아니면 이 정도면 충분하다고 생각하시는 건가요?"

이런 질문을 던지는 이유는 사람들이 진심으로 속마음을 밝히기 시작하면 언제나 삶에서 더 많은 것들을 갈망하기 때문이다. 더 큰 꿈, 새로운 성취, 색다른 경험 같은 것들 말이다. 하지만 스스로 설정한 안락 지대는 어느새 성장을 가로막는 장벽이 되어 버렸다. 그러니 스스로 깊이 고민해야 할 물음은 결국 이것이다. "나는 정말 안락한가? 아니면 그저 안주하고 있을 뿐인가?"

만약 확신이 서지 않는다면 지금이 변화를 줄 때인지 알려 주는 몇 가지 신호가 있다. 당신이 다음과 같은 상태라면 주의를 기울여야 한다.

- 안락함을 느끼면서 마음 한구석이 불안한 경우
- 배움이나 성장이 멈춘 채 정체된 경우
- 늘 피곤하거나 감정적으로 소진된 기분이 드는 경우
- 평가나 인정을 제대로 받지 못하거나 당연시되는 느낌이 드는 경우
- 더 큰 충만함을 위해 보다 높은 삶의 목적을 찾는 경우

이와 같은 상태는 지금 당신에게 성장이 필요하다는 증거다. 하지만 이제 떠나기로 결심했더라도, 그 결심을 현실로 만드는 과정이 꼭 필요하다. 그저 마음만 먹는다고 해서 변화가 생기지

는 않는다. 헬스장에 새로 등록해 꾸준히 운동 습관을 유지하는 것이 얼마나 힘든지 생각해 보라. 직장이든 인간관계든 어떤 형태든 틀에 박힌 습관이 있다면 이를 바꾸기란 매우 도전적인 일이다.

나는 회사를 떠나야 한다는 사실을 알고 있었지만, 팀원들에게 의리를 지켜야 한다는 마음에 안전하고 친숙한 안락 지대에 조금 더 머물기로 했다. 잠시 이 질문을 곱씹어 보라. 만약 당신의 망설임 저편에 놀라운 성장과 변화가 기다리고 있다는 사실을 안다면 과연 어떤 꿈을 좇겠는가?

진심으로 삶을 개선하고 싶다면 기꺼이 불편해질 용기를 내야 한다. 꿈을 추구하는 과정에서 아무런 불편함이 느껴지지 않는다면 지나치게 안전한 길만 고집하고 있다는 신호다.

당신은 스스로 무엇을 해야 하는지 이미 알고 있다. 하지만 정말로 하고 싶은 일은 무엇인가?

당신은 더 이상 무엇을 견딜 수 없는지, 그리고 어떤 비전이나 아이디어, 혹은 꿈이 가슴을 뛰게 하는지 내면 깊숙이 잘 알고 있다. 그렇다면 미래와 맞지 않는 곳에 계속 머물 이유가 있을까? 스스로를 믿고 계획을 세워라. 앞으로 나아가 새로운 길을 개척하라. 가만히 서 있는 채로 큰 부를 일군 사람은 단 한 명도 없다는 사실을 기억하라.

'진출로' 전략

직장이나 인간관계, 혹은 공동체를 떠난다는 생각만으로도 두려움이 밀려올 것이다. 하지만 정신적으로 잘 준비되어 있을수록 과정이 훨씬 수월해진다. 이때 필요한 것이 '진출로' 전략이다. 이는 당신이 앞길을 신중하게 설계할 수 있도록 돕는 체계적인 접근법이다. 사전에 나아갈 길을 파악하고, 다음 단계를 위한 실질적인 계획을 수립하며, 미래의 지도를 그리는 것이다.

직장을 옮기고 싶다면 채용 시장을 조사하고 모든 가능성을 탐색하라.

프리랜서가 되고 싶다면 필요한 자원을 확보하고 인맥 쌓기를 시작하라.

꿈을 이루고 싶다면 자투리 시간을 활용해 준비에 착수하라.

스타트업을 창업하고 싶다면 시장 조사를 하고 사업 계획서를 작성하라.

내가 이렇게 말하면 많은 사람이 "하지만 저는 시간이 전혀 없어요"라고 반박한다. 하지만 살짝만 파고들어 봐도 시간이 충분하다는 사실이 금세 드러나곤 한다. 단지 시간을 관리하지 못하거나 우선순위를 제대로 두지 않을 뿐이다. 아버지는 늘 이렇게 말씀하셨다. "하루 여덟 시간 근무는 반나절일 뿐이야. 딱 그만큼만 노력한다면 결국 남들과 똑같은 인생을 살게 된단다."

우리에게는 하루 24시간이 주어진다. 그중 여덟 시간은 생업을 위해 일하고, 여덟 시간은 잠을 잔다. 남은 여덟 시간은 온전히 당신의 몫이다. 어떤 이들은 여가를 즐기거나 휴식을 취하지만, 당신은 이 귀중한 시간을 자신에게 유리하게 활용할 수 있다. 무언가를 구축하고, 인맥을 형성하며, 새로운 것을 창조하는 데 쓰는 것이다.

오늘날처럼 바쁘게 돌아가는 세상에서 많은 사람들이 빡빡한 일정 속에서 일에 치여 산다고 느낀다. 당신도 어깨에 힘을 빼고 재충전하며 가족들과 시간을 보내고 싶을 것이다. 그러니 중요한 것들을 위해 시간과 공간을 마련하라. 하지만 그와 동시에, 여분의 시간을 최대한 활용하는 방법을 모색하여 사업 계획이나 부업, 혹은 깨어 있는 내내 머릿속을 떠나지 않는 꿈에 투자하라.

브라이언 암스트롱(Brian Armstrong)은 자투리 시간에 '온 힘을 쏟아부어' 코인베이스(Coinbase)라는 암호화폐 앱을 개발했다. 에어비앤비(Airbnb)에서 근무하며 저녁 7시가 되어야 퇴근했지만, 평일 밤과 주말을 최대한 활용했다. 그는 팟캐스트 〈스타트업 아카이브(Startup Archive)〉에서 이렇게 밝혔다. "집에 돌아와 저녁을 먹은 다음, 8시부터 자정까지 매달렸습니다. 평일 중 3~4일은 그렇게 보냈고, 일요일에는 7~8시간씩 일했죠." 그는 중요한 무언가를 만들겠다는 결심을 원동력으로 삼아 이 일정을 18개월 동안 소화했다.

브라이언은 평일 밤과 일요일의 대부분을 자신의 열정에 쏟아부었고, 이 헌신은 엄청난 결과로 보답받았다. 그가 2012년에 공동 창업한 코인베이스는 현재 월간 이용자 700만 명을 보유한 세계 최대 규모의 암호화폐 거래소 중 하나가 되었으며, 2024년 말 기준 기업 가치는 80억 달러에 달한다.

당신의 열정을 위해 언제 시간을 낼 수 있는가? 매일 한 시간씩 일찍 일어날 수도 있고, 일주일에 세 번, 저녁마다 두 시간씩 마련할 수도 있다. 언제든 좋다! 당신의 비전에 온전히 집중할 수 있는 보너스 시간은 무엇보다 값진 투자가 될 것이다.

만약 결혼했거나 연애 중이라면, 상대방에게도 전략을 공유하고 계획에 동참시켜라. 사업 초기에 내가 왜 이토록 열심히 일하는지 존에게 설명하자, 그는 우리를 위한 더 나은 미래를 건설하는 과정임을 이해해 주었다. 그가 나를 이해할 수 있었던 이유는 내가 명확하게 근거를 들어 설명했기 때문이다. 우리는 장기적으로 꿈꾸는 삶을 살기 위해 단기적인 희생을 치르기로 한 것이었다.

나는 첫 사업을 일구고 성장시키기 위해 깨어 있는 동안 한 순간도 허투루 보내지 않으며 일했다. 하루의 절반이 넘는 시간을 일하느라 사교 활동을 할 여유 따위는 거의 없었고, 처음에는 수익도 별로 나지 않았다. 하지만 초기의 희생은 결국 지금 내가 누리고 있는 삶의 방식과 자유라는 보답으로 돌아왔다. 이것이 바로 케빈 오리어리가 말하기도 한, '콩 먼저 먹고 스테이크 즐기기' 전략이다.

성공은 보상을 주기 훨씬 전부터 우리에게 희생을 요구한다.

그래서 당신은 얼마나 간절히 성공하길 바라는가? 코치라면 누구나 선수에게 이 질문을 던진다. 탁월함을 끈질기게 추구하는 자세야말로 승자와 패자를 가르는 기준이 되기 때문이다. 코비 브라이언트가 훈련에 임하는 마음가짐은 세상 어딘가에는 언제나 자신보다 더 열심히 연습하는 사람이 존재한다는 깨달음에서 비롯되었다. 이 생각이 그를 한 걸음 더 나아가게 했다. 그는 체육관에 더 오래 머물렀고, 코트 위에서 더 뛰었으며, 다른 선수들보다 400번이나 더 많이 슛을 쏘아 올렸다. 집중력, 헌신, 정밀함, 희생정신이야말로 챔피언의 상징이다.

자신의 삶에 적용하는 규율이 결국 성공의 크기를 결정짓는다. 당신에게 주어진 여분의 여덟 시간은 최대로 활용될 수도, 무의미하게 낭비될 수도 있다. 미래를 위한 기반을 다지기 위해 오늘 당장 시작할 수 있는 일은 무엇인가? 당신의 준비를 도와줄 실천 과제 세 가지를 소개한다.

1) 자신감을 설계하라

자신감이라는 자물쇠를 풀면 기회의 문이 열린다. 사람들은 당신의 말투에서 자신감을 듣고, 자세에서 자신감을 보며, 상호작용과 의사결정 과정에서 자신감을 체감한다. 자신감이 부족하면 성장도 제 힘을 내지 못한다. 그러니 지금부터 차근차근 자신감을 쌓아라. 시간이 흐를수록 자신감이 확고하게 자리 잡을 것이다. 우선 자신의 강점, 능력, 성취, 특별한 점을 나열해 보자. 이 목록을 자기 의심이나 두려움이 엄습할 때마다 돌려보는 하이라이트 영상으로 삼는 것이다. 이때 자신의 재능을 과소평가하거나 간과할 수도 있기 때문에 가장 친한 친구 세 명에게도 당신의 강점이 무엇인지 꼭 물어보길 권한다. 그들의 긍정적 평가를 활용하여 당신을 보호해 줄 자신감 갑옷으로 삼아라. 나는 자신감이 연습의 결과라고 늘 강조한다. 더 자주 몸에 익히고 입밖으로 내뱉을수록, 당신은 진정으로 자신감 넘치는 사람이 될 것이다.

2) 크게 꿈꾸고 작게 시작하라

성공하는 사람들은 꿈을 크게 품고 즉각 행동에 나선다. 변화의 물꼬를 트기 위해 당신이 당장 내디딜 수 있는 작고 실질적인 발걸음이 무엇인지 고민해 보라. 이력서를 고치고 채용 정보를 알아보거나, 사업 계획을 세우고 목표들을 써내려 가라. 새로운 직무에 지원하는 것도 방법이다. 사소하지만 주도적인 행동을 반복하며 당신의 미래에 집중하는 습관을 길러라. 지금의 자리를 떠나는 게 두려운 사람에게는 더 큰 목표를 향해 단계적으로 나아가는 방식이 효과적이다.

3) 자신에게 투자하라

당신은 자신에게 투자하기 위해 무엇을 하고 있는가? 그곳이 바로 당신의 시간, 집중력, 그리고 에너지가 향해야 할 목적지다. 이는 한 단계 더 높이 도약하고자 하는 사람에게 내가 가장 먼저 건네는 조언이기도 하다. 강의를 듣거나 새로운 책을 읽으며 배움에 투자하라. 멘토를 찾아 성장에 투자하라. 명상과 운동을 하고, 건강한 음식을 먹으며 신체와 정신의 안녕에 투자하라. 자신에게 투자하는 일을 무엇보다 우선으로 삼아라. 그리고 그 투자가 어떤 결실로 돌아오는지 직접 확인하라.

각 실천 과제를 통해 당신은 익숙한 것에서 벗어나도록 마음을 단련할 수 있다. 만약 이 과정에서 두려움이나 불편함을 느낀다면, 그것은 당신이 자신의 한계를 넓히고 있다는 증거다(최소한 그렇게 하려고 시도 중이라는 뜻이다). 그리고 이는 아주 좋은 징조다! 만약 내 일이 나에게 자극을 주지 못하고 더 발전하도록 밀어 붙이지 않는다면, 그때가 바로 변화가 필요한 순간임을 나는 직감한다.

1년 단위 성공 계획

3개월이 걸릴 수도, 6개월이 걸릴 수도 있다. 어쩌면 1년이 걸릴지도 모른다. 모든 기반을 완벽히 다져 놓았더라도 변화에는 반드시 시간이 필요하다. 정신적으로 무장하고 모든 준비를 끝낸 상태는 어디까지나 출발점일 뿐이다. 실제로 계획을 실행에 옮기고 도약하는 것은 다른 차원의 문제다.

그래서 나는 늘 '1년 단위 성공 계획'을 세우라고 권한다.

퇴사 후 몇 개월 이내에 새로운 사업을 시작하거나, 창의적인 프로젝트에 착수하는 등 당신이 어떤 길을 선택하든 이 격언을 잊지 마라. "계획을 세우는 데 실패하는 것은 곧 실패를 계획한 것과 같다."

첫째, 당신의 비전을 명확히 담아라. 지금으로부터 1년 뒤, 당신은 어디에 있고 싶은가? 무엇을 성취하고 싶은가? 그리고 어떤 사람이 되고 싶은가? 이 세 가지 질문에 대한 답이 당신만의 작은 사명 선언문이 될 것이다. 예를 들어, "나는 로스앤젤레스로 건너가 테크 기업을 세우고 성공한 CEO로 이름을 날리고 싶다"처럼 나만의 선언문을 만들 수 있다. 이 문구를 노트북이나 책상, 화장실 거울 등 가장 눈에 잘 띄는 곳에 붙여 두어라. 당신이 길을 잃지 않게 안내해 주는 목적지가 될 것이다.

둘째, 목표에서부터 거꾸로 계산하라. 목표로 향해 나아가는 데 필요한 이정표들을 역순으로 세우는 것이다. 스프레드시트, 빈 종이, 달력, 무엇이든 좋다. 도약하기 직전, 마지막에서 두 번째로 마쳐야 할 과제는 무엇인가? 그전 단계에서는 또 어떤 일을 해야 하는가? 역공학적 설계는 당신이 무엇을 완수해야 하는지, 그리고 각 단계가 얼마나 걸릴지 파악하는 데 큰 도움이 된다.

셋째, 가장 힘든 일부터 처리하라. 누군가와 껄끄러운 대화를 나누거나 막막한 시장 조사를 수행하는 일이 여기에 해당할 수 있다. 시작하거나 끝내기엔 심리적으로 벅차지만, 아이디어를 실현하는 데 필수적인 과제들부터 먼저 해결하는 것이다.

마지막으로 당신과 함께할 파트너를 찾아라. 당신이 목표를 잃지 않도록 든든하게 받쳐 주고 신뢰할 수 있는 사람이어야 한다. 즉 당신에게 날카로운 질문을 던질 수 있고, 당신이 스스로에게 정직할 수 있도록 채찍질해 줄 능력이 있는 사람을 곁에 둬라.

성공을 향해 날아오를 수 있도록 넉넉히 1년이라는 도움닫기 시간을 확보하라. 반년 만에 준비를 마칠 수도 있겠지만, 중요한 것은 앞으로의 길을 미리 그려 보고 분명한 마감 기한을 설정했다는 것이다. 1년 동안 당신은 아이디어를 시험하고, 과정을 되짚으며, 끊임없이 수정과 보완을 반복하며 완성도를 높여갈 수 있을 것이다. 만약 계획을 수립하는 데 도움이 필요하다면 내가 제작한 '1년 단위 성공 계획' 무료 템플릿을 활용할 수 있다. 단계별, 월별 실천 계획이 담겨 있다. 해당 자료는 아래 큐알 코드로 확인할 수 있다.

자유를 향해 나아가라

여기까지 읽은 당신이라면 한자리에 너무 오래 머무는 대가가 무엇인지 이미 잘 알 것이다. 이제 스스로에게 물어보라. 당신은 두려움과 의심, 그리고 변명에서 벗어나 자유로워질 준비가 되었는가? 스스로에게 기꺼이 내기를 걸 준비가 되었는가?

나는 마지막 직장이었던 아모비를 떠나면서 잃어버렸다는 사실조차 잊고 지냈던 열정을 되찾았다. 그곳을 떠난 결정은 결국 상상했던 것보다 훨씬 더 커다란 성공으로 이어졌다. 변화는 결코 쉽지 않지만, 바로 그 지점에서 진정한 성장이 시작된다. 상황이 더 나아지기를 희망한다면 오직 당신만이 변화를 이끌어 낼 힘이 있다는 사실을 기억하라. 물론 새로운 직업을 찾는 길은 노력이 필요하고, 이는 무척이나 고단하고 지치는 일이다. 하지만 성장 지대에는 안락함이 없고, 안락 지대에는 성장이 없다. 당신은 무엇을 가장 가치 있게 여기는가? 성공의 반열에 올라 백만 달러를 거머쥐고 싶다면, 안전한 항구를 떠나 새로운 수평선을 향해 닻을 올려야 한다.

나는 당신에게 제안한다. 용기를 내어 도약하라. 수평선 너머에 있는 특별한 삶을 외면한 채 그저 그런 삶에 안주하지 마라. 직장을 떠나든, 사업을 시작하든, 혹은 인생의 과감한 변화를 시도하든, 당신의 그릇은 결코 작지 않다. 당신의 여정을 믿고, 당신의 직감을 믿어라. 그리고 당신의 잠재력을 남김없이 펼쳐라.

실수로부터 배운 다섯 번째 교훈

한자리에 너무 오래 머무는 것도,

떠나는 것도 모두 당신의 선택이다.

우주는 당신이 오래된 문을 닫을 용기를 낼 때

비로소 새로운 문을 열어 준다.

스스로 되돌아보기 한 직장이나 관계에 너무 오래 머물렀던 적이 있는가? 변화하려는 당신을 가로막는 요인은 무엇인가?

핵심 메커니즘

- 대체 불가능한 존재는 없다 직업 안정성은 환상이다. 그저 자신의 안락함을 위해 붙들고 있는 믿음일 뿐이다. 끊임없이 새로운 기술을 익히고, 새로운 관계에 투자하며, 새로운 기회를 찾아 나서라.

- 머물러 있을수록 손해일 수 있다 연구에 따르면, 이직한 사람들의 급여는 평균 9.7퍼센트 상승한 반면, 한 직장에 머문 사람들의 급여는 평균 5퍼센트 상승에 그쳤다. 직장에서는 항상 무언가를 배우거나, 아니면 더 많이 벌어야 한다!

- 당신의 발목을 잡는 함정 다섯 가지 경제적 안정, 미지의 세계에 대한 두려움, 충성심과 정체성, 안락 지대라는 함정은 우리를 정체시키고 가둔다. 이 중 무엇이 당신의 변화를 가로막고 있는가?

- '진출로' 전략을 숙지하라 떠나기로 결심한 날을 위해 미리 전략을 세워라. 철저히 조사를 하고, 자원을 확보하며, 앞날을 설계하라.

- 1년 단위 성공 계획 성공을 향해 날아갈 수 있도록 1년이라는 충분한 도움닫기 시간을 가져라. 비전을 명확히 설정하고, 해야 할 일을 파악하며, 책임 파트너를 구하라. 그리고 마감 기한을 정하라. 당신만의 성공 계획표를 만들어라.

밀리어네어 마인드셋 나는 앞으로 나아가는 것이 제자리에 머무는 것보다 낫다고 믿으며 변화를 기꺼이 받아들인다. 두려움을 흘려보내고, 모든 일이 잘 풀리는 모습을 상상한다. 나는 미지의 세계에 당당히 발을 들이고, 내 앞에 새로운 삶이 펼쳐지도록 한다.

실수

6

MISTAKES
THAT MADE ME
A MILLIONAIRE

전환에
실패하기

비즈니스는 세상이 변해서 실패하는 것이 아니라, 그 변화에 적응하지 못해서 실패한다. 나는 계획을 고수하는 태도가 소신을 보여 준다고 믿었다. 하지만 진실은, 나는 그저 고집을 부렸을 뿐이었고 그로 인해 대가를 톡톡히 치렀다.

때는 2006년이었다. 아직 인터넷은 어설픈 사춘기를 지나고 있었고, 디지털 광고 시장은 그야말로 무법 지대였다. 나는 이제 막 야심 차게 디지털 마케팅 회사를 세운 무서울 게 없는 기업가였다. 이 구역에 새로 등장한 카우걸답게 내 권총집에는 두 가지 강력한 무기가 들어 있었다. 바로 검색 엔진 최적화(SEO)와 이메일 마케팅이었다. 사업이 번창하자 나는 세상을 다 가진 기분이었다. 하지만 멀리서 들려오는 천둥소리처럼 '소셜 미디어'라는 웅성거림이 들려왔다. 나는 1년 동안 그 소리를 대수롭지 않게 생각했다. 소셜 미디어라는 게 유행해 봤자 얼마나 하겠는가?

머지않아 그 웅성거림은 페이스북(Facebook)이 등장하면서 거대한 함성으로 바뀌었다. 그 와중에도 나는 여전히 1999년식 방식에 매달려 SEO와 이메일 마케팅을 판매하고 있었다. 결국, 구닥다리 방식 때문에 가장 큰 고객을 잃고 말았다.

나는 그날을 평생 잊지 못할 것이다. 늘 하던 분기 회의라 생각하고 가벼운 발걸음으로 회의장에 들어섰다. 하지만 그곳에서 내가 마주한 것은 고객사 측의 굳은 표정이었다. "대표님, 우리에겐 소셜 미디어 마케팅을 감당할 파트너가 필요합니다. 죄송하지만 그 분야의 전문가를 찾아 떠나기로 했습니다."

나는 새롭게 떠오르는 트렌드를 수용하지 못한 대가를 치렀다. 스스로 도태되기를 선택한 셈이었다. 무지해서도, 운이 나빠서도 아니었다. 익숙하고 편한 것에 매달리기로 선택한 결과였다. 내 고집은 단순히 방식의 문제가 아니라 자만심의 문제였다. 초기에 거둔 성공 덕분에 남들보다 더 잘 안다고 착각했다. 고객들이 페이스북을 언급했을 때마다 '확실히 검증된 방식'을 운운하며 그들의 의견을 묵살했다. 나는 명색이 '디지털 전문가'였으니 말이다. 얼리 어답터라고 자부했지만, 실상은 누구보다 눈이 멀어 있었다. 이것은 단순한 실수가 아니었다. 전문 지식으로 둔갑한 오만함이었고, 나는 제대로 혼쭐이 났다. 기분이 어땠냐고? 굴욕 그 자체였다.

그날 밤, 나는 새벽 2시까지 사무실에 앉아 빈 벽과 성장이 정체된 스프레드시트를 번갈아 보며 망연자실해 있었다. 실수의 중압감이 어깨를 짓눌렀다. 내가 한없이 작고 무력하게 느껴졌고, 무엇보다 온 세상에 발가벗겨진 기분이었다. 나를 성공으로 이끌어 준 자질인 집중력과 추진력, 그리고 계획에 대한 완강한 소신이 오히려 내 눈을 멀게 했다. 내가 만든 타임캡슐에 갇혀 버렸고, 바깥세상은 나만 남겨 둔 채 빠르게 돌아가고 있었다.

누군가 소셜 미디어에 관해 물을 때마다, 나는 가볍게 넘겨 버렸다. "광고주들에게 소셜 미디어가 그리 큰 시장이 될 리는 없습니다." 나는 자신감 있게 말했지만 동시에 두 가지 실수를 저질렀다. 고객의 요구를 무시했고, 떠오르는 트렌드를 읽지 못했다.

이런 실수는 당신이 천하무적이 아니라는 사실을 직시하게 만든다. 나는 항상 시대를 앞서간다는 자부심을 지니고 있었지만 내가 결코 되고 싶지 않았던 모습, 즉 시대에 뒤처진 사람이 되어 버렸음을 깨달았다. 단순히 고객을 잃어서가 아니라 내 자만심이 삶의 키를 쥐도록 방치했다는 사실이 뼈아프게 다가왔다. 나는 변화의 속삭임을 외면했고, 그 소리가 무시할 수 없을 만큼 커졌을 때는 이미 늦은 뒤였다.

사업 앞에 놓인 선택지는 명확했다. 적응하거나 도태되거나 둘 중 하나였다.

위험이 도사리는 기업 세계든, 무언가 정체된 듯한 상황이든, 생존자와 희생자를 가르는 기술은 단 하나뿐이다. 바로 유연하게 대처하는 능력이다. 이는 그저 형식적인 구호가 아니다. 당신을 실패의 벼랑 끝에서 끌어올려 예상치 못한 성공으로 도약시키는 튼튼한 생명줄이다.

다음 날 아침, 나는 정확히 무엇을 해야 하는지 알고 있었다. 바로 긴급 팀 회의를 소집하여 "이제 우리는 소셜 미디어 사업에 전면 투자합니다"라고 선언했다. 팀원들의 놀란 표정들을 보니 이것이 얼마나 극적인 변화인지 알 수 있었지만, 우리의 핵심 가치 중 하나가 바로 '기회'라는 사실을 다시금 일깨워 주었다.

"제가 틀렸습니다." 나는 순순히 인정했다. 내 목소리에는 깨달음의 무게가 묵직하게 실려 있었다. "우리는 방향을 전환해야 합니다. 경로 수정이라고 생각하면 될 것 같아요. 원래 우리가 구상했던 계획이 이쪽에 있다면, 현재 우리가 마주한 현실은 저쪽에 있는 상황이죠. 현재 전략으로는 우리가 그렸던 성장을 끌어내지 못합니다. 책임은 제가 지겠습니다. 하지만 지금 가장 중요한 점은 우리가 앞으로 어떻게 하느냐입니다. 이제는 재고하고, 재정비하며, 대응해야 할 때입니다."

나는 앞으로 시도할 방향 전환, 즉 피벗(Pivot)이 어떤 모습일지 빠르게 평가하기 위해 의사결정 프레임워크인 '3R'을 고안했다.

- **재고하기(Rethink)**: 기존 계획에 사로잡히지 말고 현재 상황을 냉철하게 분석한다.

- **재정비하기(Reorganize)**: 최선의 전략을 결정하고 그에 맞게 자원을 재배치한다.

- **대응하기(React)**: 적절한 시기에 맞춰 결정한 사항을 실행에 옮긴다.

비즈니스 세계에서 시기적절한 대응은 필수적이다. 결정을 미루다가는 자칫 치명적인 패착으로 이어질 수 있다. 즉각적이고 단호하게 대응하는 능력은 장애물을 뛰어넘는 사람과 장애물에 가로막히는 사람을 가르는 기준이 된다.

기존과 다른 방향으로 가야 한다고 인정하는 것은 전혀 부끄러운 일이 아니다. 이는 당신이 틀렸다는 뜻이 아니라 주변 환경이 변했다는 신호일 뿐이다. 피벗은 역동적인 시장 상황이나 소비자 행동에 기민하게 대응하는 과정이다. 이 점을 팀원들에게 강조하자, 그들은 새로운 기술을 익히고 전략을 전면 수정해야 한다는 시급함을 이해하고 기꺼이 동참해 주었다.

결과적으로, 이 결정 하나가 우리의 성공에 날개를 달아 주었다.

소셜 미디어에 집중하자 안도감이 물결처럼 밀려와 새로운 에너지를 불어넣었다. 기회를 완전히 날려 버리기 전에, 용기 내어 실책을 마주할 수 있었다는 사실에 깊이 감사했다. 결코 쉽지 않은 과정이었지만 우리에게 절실히 필요했던 전환점이 되어 주었다.

디지털 환경이 끊임없이 진화하는 동안 우리도 함께 발전했다. 인스타그램, 스냅챗, 링크트인, 옥외광고(디지털 광고판), 커넥티드 TV(스트리밍 방송 광고), 팟캐스트 등 새로운 디지털 마케팅 창구가 생겨날 때마다 누구보다 먼저 받아들이는 것이 사명이 되었다. 이후 10년 동안 소셜 미디어 사업은 그야말로 수직 상승했고, 놀랍게도 연 매출 2억 달러를 달성했다.

세계의 위대한 기업들 중 상당수는 사업의 판도를 완전히 바꾸는 근본적인 전환을 거쳤다. 이 거대 기업들이 처음에는 어떻게 시작했는지 살펴보자.

- 유튜브는 동영상 데이트 사이트로 시작했다.
- 아마존은 단순히 온라인 서점에 불과했다.
- 트위터(현 엑스)는 팟캐스트 접근성을 높이기 위해 설립되었다.
- 넷플릭스는 미국 내 우편 DVD 대여 서비스로 시작했다.
- 스타벅스는 커피 원두만 판매하던 곳이었다.

이들은 모두 기회를 포착해 과감한 승부수를 던졌고, 그 결과는 우리가 아는 대로 역사가 되었다. 비슷한 사례는 셀 수 없이 많다. 번창하는 기업 대부분은 어느 시점에선가 반드시 방향 전환을 거쳐야 했다. 이것이 비즈니스 세계의 현실이다. 확실한 것은 아무것도 없으며, 성공으로 가는 길은 결코 직선이 아니다.

경로를 수정해야 할 이유는 수없이 많다. 시장의 흐름, 판단 착오, 문화적 변화와 기술 발전, 혹은 놓쳐서는 안 될 기회 등 다양하다. 결정적인 순간을 알아채고, 행동으로 옮길 때를 정확히 판단하는 것이 바로 실력이다. 그렇다면 2006년에 피벗의 힘을 깨닫고 수년간 적응해 온 내가 2021년 아답토젠 차 브랜드를 시장에 선보이려고 했을 때, 당연히 이전에 배운 교훈을 잘 적용하지 않았을까?

안타깝게도, 나는 또다시 같은 실수를 했다.

차 산업에 진출하려는 아이디어는 베스트셀러 작가이자 팟
캐스트 진행자인 전직 수도승 제이 셰티(Jay Shetty)와 대화를 나
누면서 구체화되기 시작했다. 2018년, 내 첫 저서《실행력 요소
(The Execution Factor)》의 출간 소식을 전하기 위해 그의 팟캐스
트에 출연했다. 우리가 대화를 시작하는 순간, 마치 우주가 정반
대인 두 사람을 엮어 주려고 모의라도 한 것 같았다. 속사포처럼
말을 쏟아내는 캘리포니아 테크 기업가인 내가 인도 아쉬람에
서 오랜 시간 명상에 잠겨 지낸 전직 수도승과 마주하고 있었으
니 말이다. 겉으로 보기에 우리는 실리콘 밸리와 히말라야 산맥
만큼이나 달랐지만, 만나자마자 즉각적인 교감을 느꼈다. 이후
한 시간 동안 이어진 대화에 몰두한 나머지 마무리하라는 프로
듀서의 신호를 놓칠 뻔했다.

"남은 이야기는 점심 먹으며 이어 가죠." 내가 제안했다. 그렇
게 우리 팀원들과 함께 시간이 멈춘 듯한 점심을 즐겼다. 우리는
각자의 이야기를 들려주고, 크게 웃으며, 무엇에 열광하는지에
대해 깊이 소통했다. 제이가 심신의 전인적인 건강과 마음챙김
에 대한 자신의 철학을 설명할수록 나는 점점 더 호기심이 생겼
다. 영화 〈카사블랑카(Casablanca)〉의 대사를 인용하자면, 이것은
아름다운 우정의 시작이었다.

2년이라는 시간이 흐른 2020년 2월, 팬데믹으로 전 세계가 봉쇄되기 한 달 전이었다. 우리는 웨스트할리우드에 있는 레스토랑 크레이그스에서 저녁을 먹고 있었다. 나는 제이와 그의 아내 라디에게 새로운 벤처기업인 '헌드레드닷코(100.co)'에 대해 이야기했다. 최첨단 인공 지능을 활용하여 소비재 제품을 만드는 기술 기업이었다. 내가 어떻게 인공 지능으로 시장 틈새와 소비자 트렌드를 파악하는지 설명하자, 제이의 얼굴이 환해졌다. 알고 보니 그들은 실물 제품을 개발하는 것에 관해 논의 중이었다.

"어떤 제품을 생각하고 계셨나요?" 내가 물었다.

제이가 미소 지으며 대답했다. "우리에게 의미가 깊은 것입니다. 우리가 매일 함께하는 소중한 습관에서 생겨난 거죠. 바로 차입니다."

처음에는 조금 당황스러웠다. 너무 전통적이고 시대에 뒤떨어진 것처럼 보였기 때문이다. 그러나 제이가 열정적으로 설명하는 개념을 듣다 보니 의심이 눈 녹듯 사라졌다. 차는 교감의 순간을 선사하고, 평온함을 불러일으키며, 건강에 좋은 성분이 가득 담겨 있었다. 게다가 그와 라디는 이미 가족 대대로 이어져 온 의식처럼 차를 마시고 있었다.

라디가 그들의 방식이 특별한 이유를 설명했다. "제이가 아프거나 여행으로 지칠 때, 제가 직접 아답토젠 같은 특별한 재료를 넣어 차를 블렌딩해요. 제이는 저를 물약 제조의 대가라고 불러요!”

“우리만 이런 혜택을 누려야 할 이유가 있을까요?” 제이가 말했다.

그러자 라디가 건강 습관을 뒤바꿀 차 브랜드에 대한 청사진을 그리기 시작했다. “몸과 마음을 위한 차를 상상해 보세요. 아슈와간다, 노루궁뎅이버섯, 영지버섯처럼 아답토젠이 가득해서 일상에서 자연스럽게 건강을 챙길 수 있는 그런 차 말이에요.”

더 이상 들을 필요도 없이 나는 완전히 매료되었다. “정말 멋지네요. 당장 검증해 봅시다.” 시장성이 있는지 확인하기 위해 헌드레드닷코의 인공 지능을 활용할 절호의 기회였다. 분석 결과, 차 산업은 잠자는 거인이었다. 혁신의 손길이 간절한, 기존의 판을 뒤흔들 만한 정체된 분야였던 것이다. 평범한 차에 아답토젠과 누트로픽(두뇌 능력과 인지 기능을 향상시키는 물질-옮긴이)을 더하는 제이와 라디의 습관은 혁명적이었다. 그야말로 차의 새로운 진화, 차 2.0의 등장이었다.

우리는 비유적으로나 실질적으로나 성공을 위한 모든 재료를 갖추었다. 나는 세계적인 기업을 일구고 확장한 노련한 기업가로서 수년간 쌓은 경험을 쏟아부었고, 제이와 라디는 최정상급 건강 팟캐스트인 ‘온퍼포스(On Purpose)’를 통해 구축한 5,000만 명 이상의 탄탄한 애청자를 보탰다. 게다가 라디는 채식 기반의 인도 전통 아유르베다 요리사로서 전문성을 더했다. 우리 셋은 팀으로서 열정과 비전, 그리고 확고한 사명을 공유했다.

2021년 9월, "이 순간은 당신의 것입니다(This Moment Is Yours)"라는 슬로건과 함께 사마 티(SAMA Tea)를 출시했다. 이 메시지는 제이와 라디가 차를 나누던 소중한 추억에서 영감을 받아 지었다. 차를 마시는 행위가 사람들을 연결하고 공동체를 형성한다는 점을 의도적으로 강조한 슬로건이기도 했다.

신제품 출시 경험이 풍부한 최고 전문가들로 팀을 구성했고, 이들 모두가 내게 업계에서 통용되는 검증된 매뉴얼이 있다고 말했다. 모든 음료 회사가 동일한 시장 진출 전략에 의존해 왔다는 것이었다. 이 분야의 초보였던 나는 노련한 전문가들의 지침을 그대로 따랐다.

수개월간 수없이 레시피를 수정하고 시음한 끝에, 아답토젠이 함유된 여섯 가지 독특한 맛을 개발해 냈다. 그것은 단순한 제품이 아니라 제이와 라디의 뿌리인 영국과 인도의 유산이 고스란히 깃든 작품이었고, 그들은 차에 대한 사랑을 모든 잔에 정성껏 담아냈다. 우리가 따랐던 매뉴얼은 제품 개발부터 전략, 마케팅, 홍보, 제품 출시까지 모든 과정을 지배했다. 그리고 그 결과, 첫 출시는 화려했다.

언론은 찬사로 가득했고, 기사가 나올 때마다 더 좋은 호평을 받았다. 고객 리뷰는 사마에 보내는 연애편지 같았다. 곧이어 지금도 소름이 돋는 승리의 순간이 찾아왔다. 바로 제이가 〈엘렌 드제너러스 쇼(The Ellen DeGeneres Show)〉에 출연하는 모습을 지켜본 것이다. 2.4미터 크기의 제품 사진이 배경으로 걸려 있는 세트장에서 제이가 차 한 상자를 들고 있는 엘렌 바로 옆에 앉아 있었다. 꿈이 현실로 나타난 듯한 초현실적인 장면이었다. 이 정도의 광고 효과는 돈으로도 결코 얻을 수 없었다. 내 휴대폰이 축하 메시지로 불이 났던 것도 당연했다. 차 산업에서의 첫 경험이 이보다 더 좋을 순 없었다. 세상에 거칠 것이 없었고, 모든 것이 완벽하게 맞아떨어지는 듯했다.

당시엔 깨닫지 못했지만 나는 비즈니스계에서 가장 오래된 함정에 빠져들고 있었다. 성공 공식을 따르고 있다는 이유만으로 모든 상황을 다 장악했다는 착각에 빠진 것이다. 지금도 업계 전문가들의 목소리가 생생하다. "매뉴얼은 이미 쓰여 있습니다. 그저 따르기만 하세요."

나는 정말 그렇게 했다. 매뉴얼을 마치 돌에 새겨진 불변의 법칙처럼 따랐다.

하지만 이는 큰 실수였다.

몇 달이 지나자 냉혹한 현실이 뼈아프게 다가오기 시작했다. 사람들은 우리가 기대했던 것만큼 뜨거운 차를 자주 마시지 않았다. 재주문은 더뎠고, 매출 목표 달성에도 실패했다. 벌어들이는 수익으로는 운영비조차 감당하기 벅찬 수준이었다. 성장에 대한 비전이 갈림길에 섰다. 성장이 완전히 멈춘 것은 아니었지만, 동력이 눈에 띄게 떨어지고 있었다. 계획을 전면적으로 재점검해야 했다.

우리는 즉시 고성장 분야를 조사했고, 그 과정에서 귀중한 통찰을 발견했다. 콤부차, 프로바이오틱 음료, 콜라겐이 함유된 생수 등 완제품 형태의 기능성 음료가 시장을 휩쓸고 있었다. 소비자들은 이런 음료를 없어서 못 마실 정도였다. 기분을 북돋우고, 스트레스를 해소하며, 전반적인 웰빙을 돕는 데 아답토젠이나 누트로픽 같은 성분이 활용되고 있었고, 데이터에 따르면 2021년 1,280억 달러에서 2026년 2,000억 달러까지 급성장할 것으로 전망되었다.

우리는 황금 같은 기회를 포착했다. 아답토젠이 함유된 스파클링 차를 알루미늄 캔에 담아 완제품 형태로 출시하는 것이었다. 새로운 라인업은 매출을 확장하는 데 큰 도움이 될 터였다. 이것은 완전히 새로운 제품을 만드는 개발이 아니라, 우리 제품에 꼭 필요했던 탈바꿈이었다.

곧장 제품 확장 계획에 뛰어들었다. 새로운 레시피를 개발하고, 캔 디자인도 꼼꼼하게 완성해 나갔다. 수십 번의 수정을 거쳐 드디어 생산 단계에 돌입했다. 하지만 팬데믹으로 인해 전 세계 공급망에 차질이 생겼다는 속삭임이 들려오기 시작하더니, 이내 비명에 가까운 헤드라인들이 대대적으로 보도되기 시작했다. "코로나, 공급망을 붕괴시키다" "글로벌 공급망 위기"와 같은 제목들이 쏟아졌다.

알루미늄 캔 가격은 하룻밤 사이에 67퍼센트라는 충격적인 수치로 폭등했다. 코로나19 팬데믹은 비즈니스의 지형을 완전히 바꿔 놓았다. 완제품 형태의 차 음료를 캔에 담아 선보이려던 우리의 야심 찬 계획은 감당할 수 없는 비용 탓에 갑작스레 전면 중단될 수밖에 없었다.

완전히 허를 찔린 기분이었다.

유리병을 사용하는 대안도 고려해 보았지만, 무게가 너무 무거워 결국 물류 비용이 더 커질 것이라는 결론이 났다. 다들 기존 계획을 고수하며 어떻게든 폭풍우를 견뎌 내자는 의견이었다. 하지만 이 폭풍우는 그저 버티기에는 너무나 강력했다. 시장 불확실성으로 모든 투자 시장이 경색됐고, 이내 투자금을 조달할 수 없는 처지가 됐다. 현금은 바닥을 드러내고 있었지만, 나는 더 이상 존재하지 않는 시장 상황에 의존하는 기존 계획에 고집스럽게 매달렸다.

당장 조치를 취하지 않으면 현금이 바닥날 거라는 사실을 알고 있었다. 나는 제이와 라디를 만나 최악의 시나리오가 현실이 되었다는 소식을 전했다. "사업 규모를 줄이고 원점으로 돌아가 처음부터 다시 시작해야 할 것 같아요."

가슴이 철렁 내려앉았다. 우리는 처음 시작했던 그때처럼 다시 셋만 덩그러니 남게 됐다.

자금이 바닥나는 상황에서 회사가 감당할 수 있는 CEO는 나 한 명뿐이었다. 내 급여가 0원이었기 때문이다. 꿈꾸던 커리어 행보는 아니었지만, 나는 기꺼이 도전을 받아들였다. 차 제품을 반드시 출시하겠다는 단호한 결심에 의욕이 불타올랐고, 한편으로는 사업의 기본 원칙은 산업에 상관없이 통한다는 사실을 증명해 보이고 싶기도 했다. 그래서 내가 가장 먼저 한 일이 무엇이었을까? 바로 성공 매뉴얼을 창밖으로 던져 버리는 것이 었다. 나는 내 직감을 더 믿어야 했고, '원래 다 이렇게 하는 거야'라는 식의 고정관념을 버려야 했다. 우리에게는 근성과 창의성, 그리고 가용한 모든 자원을 활용하는 수완이 필요했다.

두 번째로 모든 인맥을 총동원하여 전략적 투자자를 유치했다. 새로운 캔 음료를 시장에 선보이기까지 버틸 수 있는 자금력을 확보하기 위해서였다.

다행히 우리와 마찬가지로 차에 대한 열정을 지닌 투자자를 찾을 수 있었다. 초기 단계의 스타트업에 이는 매우 중요한 요소다. 투자자 역시 우리만큼이나 사명을 깊이 믿어 주어야 하기 때문이다.

세 번째 조치는 가격 인상이었다. 알루미늄 가격을 내릴 수는 없지만, 상승한 원가와 재료비를 충당하기 위해 제품 가격을 조정할 수는 있었다. 그렇다면 고품질 유기농 제품에 기꺼이 프리미엄을 지불할 고객을 확보해야 했다.

우리는 로스앤젤레스에 기반을 둔 고급 유기농 건강 전문 슈퍼마켓인 에레혼(Erewhon)에 눈독을 들였다. 에레혼을 이용하는 소비자들은 그저 물건을 구매하는 것이 아니라, 제품이 상징하는 생활양식에 투자한다. 내가 에레혼 입점 계획을 몇몇 사람들에게 내비쳤을 때, 돌아온 반응은 한결같았다. "거긴 절대 못 들어가요. 말도 안 되는 소리죠. 다른 유통 채널에 입점한 실적도 없는데 에레혼이라니요."

당신이 무언가를 해낼 수 없는 이유를 늘어놓는 사람은 어디에나 있겠지만, 다른 사람의 한계가 곧 당신의 한계는 아니다. 당신이 해야 할 일을 하라. 직접 기회의 문을 두드리고, 끊임없이 전화를 돌리며, 창의적인 해법을 찾아 끈기 있게 밀고 나가라. 타인의 의심에 대처하는 것은 전적으로 마음가짐의 문제다. 안 될 이유에만 집중하면 스스로 장벽을 세워 결국 아무런 행동도 하지 못하게 된다. 나는 늘 스스로에게 묻는다. "일어날 수 있는 최악의 일이 뭐야?" 이번 경우, 그 대답은 누군가에게 거절당하는 것뿐이었다.

에레혼의 연락처를 아는 사람이 있는지 지인들에게 수소문해 보았지만 별다른 소득이 없었다. 나는 조금 더 창의적으로 접근해 보기로 했다. 나를 잘 아는 사람들에게 물어보면 알겠지만, 나는 목표를 위해서라면 수단과 방법을 가리지 않는다. 모든 길과 통로, 골목을 샅샅이 뒤지고 막다른 길에 부딪혀 모든 가능성이 없어지기 전까지는 절대 '안 돼'라는 답을 받아들이지 않는다.

나는 차 음료 여섯 캔과 제품 소개서, 손으로 직접 쓴 메모를 밝은 파란색 보냉 박스에 담아 에레혼 본사에 보냈다. 성공 가능성은 희박했지만 밑져야 본전이었다. 몇 주가 지나도 아무런 연락이 없자 나는 실패했다고 생각했다.

그러던 어느 날, 갑자기 새로운 투자자가 전화를 걸어 엄청난 소식을 전했다. 에레혼의 최고경영진과 회의를 잡았다는 것이다. 더 놀라운 것은 경영진이 내가 보낸 음료를 마셔본 뒤 매우 마음에 들어했다는 사실이다. 불과 몇 주만에 에레혼은 여름 시즌에 맞춰 로스앤젤레스 전역 매장 전부에 입점시키기 위해 차를 대량으로 주문했다. 우리는 식료품업계에서 누구나 선망하는 진열대를 차지했고, 기쁨을 감출 수 없었다. 이것이야말로 우리에게 꼭 필요한 돌파구였다.

드디어 모든 것이 제자리에 들어맞기 시작했다. 화려하고 아름답게 디자인된 사마 티 음료가 내 앞에 나란히 늘어선 모습을 바라보니, 꿈인지 생시인지 볼이라도 꼬집어 보고 싶은 심정이 들었다.

그러던 어느 날, 제품 생산을 불과 일주일 남짓 앞두고 휴대전화가 울렸다. 사내 변호사였다. "대표님, 어느 업체로부터 상표권 사용 중지 요구서를 받았습니다. 본인들이 브랜드명에 대한 권리를 가지고 있다고 주장하네요. 당장 '사마'라는 이름을 쓰지 말라고 요구하고 있습니다."

"이게 무슨 일이죠? 우리가 이걸 놓치다니 어떻게 그럴 수가 있죠?" 내가 따져 물었다. 변호사와 통화하면서 평정심을 유지하려고 애썼지만 쉽지 않았다. 기업가로서 지금까지 여러 상황에 대응하며 어떤 고난도 유연하게 넘길 수 있다고 자부해 왔지만, 이번만큼은 속수무책으로 무너져 내렸다. 당연히 변호사들이 상표권 조사를 완벽하게 마쳤을 거라 믿어 의심치 않았다. 그들은 철저히 조사했다고 주장했지만, 누군가 치명적인 실수를 저지른 게 분명했다.

나는 책상에 앉아 이제는 사용할 수 없는 이름이 새겨진 음료 캔을 바라보았다. 에레혼에 입점할 기회를 이대로 날려 버릴 수는 없었다. 출시까지 단 2주밖에 남지 않은 상황에서 선택의 여지가 없었다. 다시 한번 방향 전환, 즉 브랜드명을 새로 짓는 수밖에 없었다.

독창적인 이름을 상표로 등록하는 일은 평소에도 까다로운 일인데, 슈퍼마켓 입점을 코앞에 두고 새 이름을 확보하기란 거의 불가능에 가까웠다. 게다가 에레혼 측에 차질이 생겼다는 사실을 알리지도 못한 상태였다. 제이와 라디, 그리고 나는 머리를 맞대고 아이디어를 쏟아 냈다. 브랜드의 정체성과 어울리면서도 신선하고 매력적인 이름이 필요했다. 설상가상으로 캔 디자인을 통째로 갈아엎을 시간이 없었기 때문에 이름은 무조건 네 글자여야 했다. 수천 개의 이름을 훑었지만 마음에 드는 이름은 하나같이 이미 등록되어 있었다.

납품까지 일주일 남았을 무렵, 우리는 운 좋게 '조요(JOYO)'라는 이름을 발견했다. 폐업한 어느 요거트 회사가 소유한 이름이었는데, 기꺼이 우리에게 상표권을 넘겨주었다. 드디어 긍정적이고 즐거운(Joyous) 분위기를 담고 있으면서 브랜드 이미지와도 완벽하게 부합하는 이름을 손에 넣었다.

이제 내가 해야 할 일은 에레혼에 이 소식을 전하는 것이었다. 막바지에 브랜드명을 바꾼다는 것이 스타트업으로서 얼마나 취약함을 드러내는 꼴인지 나는 뼈저리게 알고 있었다. 하지만 다행히도 그들은 너그럽게 이해해 주었고, 우리가 막판에 맞닥뜨린 변화구에 진심으로 공감해 주었다. 이처럼 흔들리지 않는 지지를 볼 때마다, 비즈니스에서 강력한 파트너십을 구축하는 것이 얼마나 중요한지 다시금 깨닫게 된다.

새로운 이름이 승인되고 에레혼 측도 전적으로 동의하면서, 이제 브랜드를 고객들에게 각인시킬 방법이 필요했다. 그래서 거리로 나서기로 했다. 말 그대로 조요 브랜드를 입힌 트럭을 제작하여 로스앤젤레스 거리를 누볐다. 움직이는 광고판이자, 이동식 시음회장이었으며, 동시에 사람들의 관심을 끄는 훌륭한 화젯거리가 되었다.

조요의 순회 홍보 트럭은 베니스 비치에서 출발해 샌타모니카, 베벌리힐스를 거쳐 칼라바사스까지 누볐다. 우리는 브랜드 티셔츠를 나눠 줬고, 언론은 트럭이 멈춰 서는 곳마다 소식을 보도했다. 제이와 라디는 자신들의 집에서 출시 행사를 열기도 했다.

브랜드 인지도를 높인 노력은 값진 보상으로 돌아왔다. 대형 유통업체인 타겟에서 전국 1,400개 매장에 조요를 입고하기 위해 대규모 발주를 넣은 것이다. 미국 최대 규모의 유통체인 중 하나가 우리의 차를 매대에 올리고 싶어 했다. 여러 차례 좌절을 이겨 내고 마침내 고난의 터널을 지나 성공 궤도에 올라선 기분이었다.

그러던 중 다시 변호사에게 전화가 걸려 왔다.

"대표님, 상표권 사용 중지 요구서를 또 받았습니다. 더 이상 '조요'라는 이름을 쓸 수 없게 됐어요."

나는 하마터면 손에 든 휴대폰을 떨어뜨릴 뻔했다. 분명 말도 안 되는 농담일 것이다. 그래야만 했다.

농담이 아니었다.

이번에는 10억 달러 규모의 거대 식품 회사가 우리 제품의 이름과 색상이 자사 제품과 너무 비슷하다고 주장했다. 동의할 수 없었지만 막강한 자본력을 앞세운 유명 회사를 상대로 소송을 벌일 여력이 없었다. 승산이 전혀 보이지 않았다.

왜 이런 일이 반복되는지 도무지 믿기지 않는 마음으로 밖으로 나가 정처 없이 걸었다. 낙담했고 솔직히 패배한 기분도 들었다. 천성적인 낙관주의자인 나조차 흔들렸다.

나는 제이와 라디에게 전화를 걸어 상황을 설명했다.

"킴, 이게 또 다른 시련이라는 걸 알지만 그저 이름을 한 번 더 바꾸기만 하면 될 일입니다. 그럴 가치는 충분하니까요." 제이가 차분하고 확신에 찬 목소리로 말했다.

그는 우리가 처음 품었던 비전과 지금까지 걸어 온 길을 열정적으로 일깨워 주었다. 그가 옳았다. 우리가 겪은 모든 역경과 전환점은 제품과 브랜드를 한 층 더 성장시켰다.

라디가 거들었다. "모두에게 건강한 선택지를 주기 위해 이 회사를 세웠잖아요. 우린 여전히 할 수 있어요."

전화 한 통이 나에게 다시금 영감과 활력을 불어넣어 주었다. 전화를 끊고 나니 나도 모르게 웃음이 새어 나왔다. 왜 제이가 세계에서 강연 요청을 가장 많이 받는 강연가인지 완전히 이해할 수 있었다. 그날의 통화는 피벗의 힘을 단적으로 보여 주었다. 끊임없이 변화하고 전환하라. 언제 어느 방향으로든 움직일 준비를 하고 민첩하게 움직여라.

비즈니스에서는 늘 문제가 따르기 마련이다. 어떤 분야에 있든 마찬가지다. 결국 중요한 건 이 두 가지 질문이다. "당신이 지금 풀고 있는 그 문제를 좋아하는가?" 그리고 "그 문제를 함께 해결해 나가는 사람들을 좋아하는가?"이다. 만약 이 중 하나라도 대답이 "아니오"라면 그 여정은 매우 길고 험난해질 것이다. 나는 이 질문들에 대해 "그럼요" 그리고 "당연히 좋아하죠"라고 답했다. 나는 음료 산업에 매료되었고, 제이와 라디와 함께 일하는 것이 진심으로 즐거웠다.

우리는 방향을 틀어 새로운 이름을 찾아 나섰다. 세 번째 시도였다.

이번 재정비를 기회로 삼아 제품의 완성도를 한 단계 끌어올리기로 했다. 시음 테스트를 거듭할수록 고객들은 당 함량과 칼로리를 낮춰 달라고 요구했다. 이런 목소리를 반영해 과일 주스를 제거하고, 당분은 제로로, 칼로리는 5칼로리까지 낮춘 새로운 레시피를 완성했다. 방향 전환이 어떻게 제품을 더 발전시키는지 보여 주는 또 하나의 사례가 되었다.

가장 의미 있는 이름을 찾기 위해 제이는 몇 가지 아이디어를 더 떠올리며 제품 이면의 '근본적인 이유'를 되새겼다. 가족들과 함께 차를 마시는 의식을 즐기며 나누던 그 순간 말이다. 그때 제이가 새로운 아이디어를 제안했다. 바로 '주니(JUNI)'였다.

"주니는 '당신과 나(Just You 'n' I)'의 약자입니다."

새 브랜드명이 마음에 들었다. 포커스 그룹의 반응도 뜨거웠다. 전면 개편된 제품이 에레혼 매대에 다시 오르자 매출이 두 배로 뛰었고, 고객들도 역시 새로운 이름을 좋아한다는 게 증명됐다. 나는 에레혼 매장 통로에 서서 한 고객이 음료를 집어 드는 모습을 지켜보던 순간을 기억한다. 그녀는 이 제품이 나오기까지 겪어야 했던 혼란스러운 여정을 전혀 모른 채, 음료 라벨을 읽고서 마치 세상에서 가장 쉬운 선택이라는 듯 카트에 캔을 담았다. 우리가 시도한 모든 전환이 마침내 최고의 결실을 보는 순간이었다. 이날 이후 우리는 결코 뒤돌아보지 않았다. 일부 매장에서 시작한 주니는 이제 미국 전역 3,000개가 넘는 매장으로 확장했다.

기꺼이 적응하고, 진화하고, 배우려 했던 의지, 즉 피벗이 성공을 불러온 게 아니었다. 피벗 자체가 바로 성공이었다. 우리가 시도한 변화들은 주니를 고군분투하는 스타트업에서 번성하는 음료 브랜드로 탈바꿈시켰다. 어쩌면 앞으로 또다시 피벗이 필

요한 순간이 올지도 모른다. 기존 계획을 고집하기보다 변화 가
능성을 열어 두는 태도는 비즈니스에서 매우 건강한 접근 방식
이다. 그러니 거듭해서 피벗하라고 조언하고 싶다. 나를 믿어 보
라. 반드시 그에 합당한 보상이 따를 것이다.

모든 리더가 직면하는 다섯 가지 전환

소규모 스타트업을 운영하든, 대기업을 경영하든, 혹은 창의적
인 프로젝트를 총괄하든, 기존의 방식을 조정해야 하는 시점은
필연적으로 찾아오기 마련이다. 지금까지 커리어를 쌓으며 겪은
수많은 전환, 특히 주니를 만드는 과정에서 대부분의 리더가 마
주하게 되는 다섯 가지 핵심 전환점을 정리했다.

1) 제품 전환

따뜻한 차에서 캔에 담긴 차가운 차로 방향을 돌린 것은 제
품 전환의 예다. 이런 전환은 매출이나 수익 감소, 소비자 피드
백, 혹은 시장 진입을 가로막는 장애물에 대응하여 제공하는 제
품군을 변경해야 할 때 필요하다. 제품 전환의 대표적인 사례로
는 커뮤니케이션 도구인 슬랙(Slack)이 있다. 슬랙은 2009년 게
임 스타트업 타이니 스펙(Tiny Speck)이 개발한 내부 소통용 도
구로 시작되었다. 첫 게임인 글리치(Glitch)가 수익성을 확보할

만큼 충분한 이용자를 모으는 데 실패하자, 그들은 제품 라인업을 완전히 바꾸어 기업용 커뮤니케이션 도구로 확장하는 데 집중했다. 그로부터 5년 뒤 슬랙은 상장했고, 전 세계에서 가장 사랑받는 협업 도구 중 하나로 자리 잡았다.

2) 시장 전환

시장 전환은 경제 상황, 소비자 트렌드, 공중 보건 위기, 혹은 기술 발전으로 인해 촉발된다. 요즘 나는 모든 신기술을 눈여겨보며 이를 적이 아닌 친구로 받아들인다. 가장 좋은 예가 바로 인공 지능과 챗GPT다. 그저 일시적인 유행일 뿐이라며 현실을 외면하고 있지는 않은가? 아니면 생산성 향상을 위한 도구로 적극 수용하고 있는가? 끊임없이 변하는 환경 속에서 당신은 결단을 내려야 한다. 정체될 것인가, 아니면 적응할 것인가?

3) 인적 전환

인적 전환은 실행 과정에서 감정적으로 가장 힘든 전환일 것이다. 회사가 성장하거나 규모를 축소함에 따라, 새로운 역량을 갖춘 인재가 필요하다. 이런 어려운 결단을 내릴 용기는 성공의 필수 요건이며, 새로운 리더십은 새로운 성장 전략으로 이어질 수 있다. 인적 전환의 훌륭한 사례로 테슬라(Tesla)를 꼽을 수 있다. 일론 머스크는 2008년 기존 창업자들을 대신해 CEO로 취임했다. 그의 새로운 리더십 아래 테슬라는 대중을 겨냥한 전기

차로 사업 방향을 전환하며, 전 세계 전기차 기술을 선도하는 기업으로 탈바꿈했다.

4) 가격 전환

캔에 담긴 즉석 음료 제품으로 전환하며 치솟은 알루미늄 캔 비용을 충당해야 했을 때, 우리는 과감히 가격을 인상했다. 주 고객층이 아답토젠이 함유된 유기농 음료에 기꺼이 추가 비용을 지불할 것이라 확신했기 때문이다. 반대로 가격을 조정해 고객층을 넓힐 수도 있다. 이것이 바로 우버(Uber)의 전략이었다. 우버는 초기에 고가의 프리미엄 서비스로 시작했지만, 이후 우버엑스라는 저가 서비스로 가격 전환을 단행했다. 이를 통해 대중 시장을 공략하며 사업 규모를 확장했다.

5) 고객 전환

처음에는 따뜻한 차 애호가들에게 집중했지만, 전략적인 고객 전환을 통해 차가운 차를 선호하는 고객들을 목표로 삼았다. 겉보기에는 같은 시장 같아도 실제 고객층의 특성은 완전히 딴판이었다. 주요 고객층을 전환함으로써 제품을 더 잘 수용할 수 있는 시장에 안착할 수 있었고, 이는 성장과 장기적 성공의 동력이 되었다. 쇼피파이(Shopify)의 사례도 이와 비슷하다. 스노보드 장비를 판매하는 사이트에서 출발한 쇼피파이는 다른 기업들에 이커머스 도구가 절실하다는 점을 간파했다. 이후 중소기업을 대상으로 이커머스 플랫폼을 제공하는 쪽으로 고객 전환을 단행했고, 오늘날 전 세계 온라인 소매 솔루션 분야의 선두 주자로 자리매김했다.

주니에서 이룬 모든 전환은 한 단계 발전으로 이어졌다. 이 모든 변화의 과정 속에서도 우리는 브랜드를 지탱하는 사명을 결코 잃지 않았다. 이름은 달라졌을지언정 비전과 가치는 변함없이 유지되었다. 우리는 본질을 지키면서도 새로운 전략을 채택해야 한다는 사실을 잊지 않았다.

기술이 끊임없이 발전하는 세상에서 성공을 위해 기꺼이 전환하는 태도는 그 어느 때보다 중요해졌다. 그것은 자그마한 변화일 수도 있고, 때로는 180도 완전히 뒤바뀌는 선택일 수도 있다. 하지만 그때가 오면 전환을 기꺼이 받아들여라. 오히려 그것을 당신만의 비장의 무기로 삼아라. 당장은 치명적인 한 방처럼 느껴졌던 시련이, 사실은 신선한 가능성으로 이끌어 주고 장기적인 성장을 돕는 기회의 또 다른 모습일 수 있다.

무엇이 전환을 가로막는가?

수년간 수많은 리더와 경영진, 투자자 들과 나눈 대화에서 변화에 대한 거부감을 일으키는 두 가지 공통적인 요인을 발견했다.

첫 번째는 두려움이다. 잘못된 길로 들어설지 모른다는 불안과 당초 세운 계획에서 벗어나는 것에 대한 두려움이다. 두 번째는 자존심이다. 일이 제대로 풀리지 않고 있음을 인정하기에는 자존심이 너무 강한 경우다. 새로운 방향으로 선회했을 때 행여나 타인이 자신의 역량을 의심하지는 않을까 지나치게 염려하는 마음이 변화를 가로막는다.

새로운 계획을 채택하는 것이 실패를 인정하는 행위라고 여기는 믿음은 잘못된 믿음이다. 누구나 틀리는 것을 죽기 보다 싫어한다. 하지만 나는 '맞고' 지는 것보다 차라리 '틀리고' 이기는 편을 택하겠다. 변화가 필요한 시점에 전환하지 않는다면, 시대에 적응하지 못하고 뒤처진 블록버스터(Blockbuster)의 전철을 밟게 될지도 모른다.

블록버스터는 한때 세계 최대의 비디오 대여업체였으나, 끝내 사업 모델을 전환하지 않았다. 그들은 발전하는 대신 고객이 비디오를 빌리러 직접 방문해야 하는 오프라인 매장에 기반한 모델을 고수했다. 반면, 넷플릭스는 미래를 내다보고 주도적으로 대응했다. 우편 배송 서비스에서 스트리밍 모델로 전환하며 오늘날의 콘텐츠 소비 방식을 완전히 혁신했다. 결국 전환에 실패한 블록버스터는 치명상을 입었고, 2010년 10억 달러에 달하는 막대한 부채와 함께 파산했다.

블록버스터의 사례는 경직된 사고가 얼마나 위험한지 일깨워 주는 경고이다. 급변하는 시장 동향은 모든 산업에 영향을 미친다. 따라서 계획이 아무리 완벽하고 고객층이 견고하더라도 시장의 새로운 흐름을 늘 예의주시해야 한다. 나는 2006년 소셜 미디어의 부상을 간과하는 바람에 이를 따라잡기 위해 피나는 노력을 해야 했다. 그러니 최신 시장 조사를 바탕으로 감각을 유지하고, 가능한 한 자주 고객들에게 제품을 테스트하라. 시장의 지형 변화가 감지되는 순간 '3R'을 활용하여 재고하고, 재정비하며, 대응하라.

현재 당신의 위치를 정확히 진단하고 시대의 요구에 맞춰 어떻게 전환할 수 있을지 치열하게 고민하라.

변화가 필요하다는 사실을 인정하는 것은 전혀 부끄러운 일이 아님을 기억하라. 나는 투자자들에게 공언한 계획에서 한 치도 벗어나선 안 된다고 믿는 수많은 기업가를 만난다. 하지만 나를 포함한 투자자들은 계획이 언제든 변할 수 있다는 점을 충분히 이해한다. 중요한 것은 리더로서 사업의 생존 가능성을 확보하고 상황에 맞게 적응해 나가는 능력이다.

이제껏 현장에서 배운 것이 있다면, 세상에 계획대로 되는 일은 하나도 없다는 사실이다. 생존과 성공의 핵심은 적응하고 앞으로 계속 나아가는 능력에 달려 있다. 두려움이나 자존심, 인재 부족, 혹은 아이디어 고갈로 전환을 주저할 수 있지만, 변화를 수용하는 태도야말로 도태되는 기업과 번성하는 기업을 가르는 결정적인 차이를 만든다.

성공을 향한 전환

언제 어떻게 전환하는지 아는 것만으로도 성공 가능성은 획기적으로 높아진다. 나는 지금까지 100개가 넘는 기업에 투자했는데, 그중 99개 기업은 최소 한 번 이상 피벗을 단행했고, 대부분은 수차례의 피벗을 거쳤다.

이러한 전환은 누구나 할 수 있다. 반드시 CEO가 아니어도 된다. 자신의 가치와 목표, 혹은 영혼의 소명에 삶의 궤적을 맞추기 위해 의식적인 결정을 내리는 순간마다 피벗을 받아들이는 것이다. 그것은 새로운 삶이자 새로운 시작이며, 곧 새로운 기회다. 누군가에게는 새 연인과 함께 새로운 도시에서 새로운 직장을 구하는 일만큼이나 극적인 변화일 수 있고, 누군가에게는 마케팅 전략을 수정하거나 신기술을 도입하는 정도의 변화일 수도 있다. 전환의 크기가 어떻든, 새로운 것이 들어올 공간을 마련하는 일은 대체로 긍정적인 결과로 이어진다.

따라서 나는 당신에게 잠시 시간을 내어 스스로 이 질문을 던져 보길 권한다. "인생에서 최고의 전환은 무엇인가?"

자신의 삶에서 중대한 변화를 끌어낸 전환점들을 그려 보는 것은 매우 깊이 있는 통찰을 주는 작업이다.

펜과 종이를 꺼내 의식적으로 방향을 바꾸었던 순간들을 모두 적어 보자. 그리고 그러한 전환이 당신의 인생을 어떻게 바꾸어 놓았는지 되새겨 보길 바란다.

무엇이 더 나은 방향으로 변했는가?

그 전환은 어떤 성공과 성취로 이어졌는가?

당시, 혹은 시간이 흐른 뒤에 당신이 얻은 깨달음은 무엇인가?

피벗은 미지의 세계로 뛰어들어야 하는 경우가 많기 때문에 두려울 수 있다. 하지만 이 전략적 전환을 성공적으로 완수한다면, 장기적인 성공으로 이끄는 가장 역동적이고 보람찬 방식이 될 것이다. 만약 전환에 실패하여 또다시 시도해야 하는 상황이 오더라도, 여정 자체를 기꺼이 받아들여라. 그리고 우리가 주니에서 그랬듯이 멈추지 말고 계속 변화하라. 우리는 잇따른 시련을 거듭 헤쳐 나갔고, 결국 전환의 힘 덕분에 목표했던 자리에 정확히 도달할 수 있었다.

실수로부터 배운 여섯 번째 교훈

기꺼이 전환하려는 태도는
단순한 기술을 넘어서 차별화된 강점이다.
진정한 실수는 전환하는 상황 자체가 아니라,
전환을 거부하며 버티다가 결국
선택의 여지가 없는 막다른 길에 내몰리는 것이다.

스스로 되돌아보기 예상치 못한 어려움에 직면했을 때 기존 계획을 고수하는 편인가, 아니면 모든 가능성을 열어 두고 원점에서 다시 검토하는 편인가? 현재 삶에서 전환을 진지하게 고려해야 할 영역이 있는가?

핵심 메커니즘

- **적응력의 힘** 일이 뜻대로 풀리지 않을 때는 인정할 줄 알아야 한다. 계획에 지나치게 사로잡히면 오히려 독이 될 수 있다. 방향을 선회하는 능력은 생존과 성장에 꼭 필요하다. 기존 계획을 고집하기보다는 변화에 유연하게 적응할 때 어려움을 극복하고 새로운 기회를 포착할 수 있다.

- **3R 프레임워크** 다음 단계와 잠재적 전환의 방향을 빠르게 판단하려면 재고(rethink), 재정비(reorganize), 대응(react)의 프레임워크를 활용하라. 이를 통해 신중한 결정과 시기적절한 조치를 내릴 수 있으며, 불필요한 시련을 피할 수 있다.

- **알아야 할 다섯 가지 핵심 전환** 기꺼이 전환하려는 의지와 능력은 당신만의 강력한 무기가 될 것이다. 모든 리더는 제품, 시장, 인적, 가격, 고객이라는 다섯 가지 주요 전환을 숙지해야 한다. 새로운 상황에 적응하든, 목표 시장을 변경하든, 혹은 팀을 재편하든, 모든 전환에는 그에 걸맞은 새로운 전략이 필요하다. 지금 삶과 사업에 필요한 전환이 무엇인지 파악하고 행동에 옮겨라.

- **어려움 속에서 기회를 발견하라** 모든 전환은 새롭게 시작할 기회다. 처음에는 시련처럼 보였던 것이 혁신의 기폭제가 되기도 한다. 변화를 수용하는 태도는 장애물을 전략적 이점으로 바꾸어 장기적인 성장을 이끌어 준다.

- **정보를 수집하고 앞서가라** 경직된 사고는 필요한 순간에 전환을 가로막는다. 꾸준히 정보를 수집하고 시장 동향을 예의주시하라. 지속적인 학습을

통해 적응하고, 번성하며, 민첩하게 움직여야 한다는 생각을 지녀라. 전환을 결정하고 실행하는 것은 강인함의 증거라는 사실을 명심하라.

밀리어네어 마인드셋 나는 전환하는 능력이 성장을 이끄는 강력한 마음가짐이라고 본다. 나는 두려움이나 자존심에 발목 잡히지 않고, 상황에 유연하게 적응하며, 과감하게 나아가는 나의 능력을 믿는다. 나는 모든 전환이 새로운 기회를 향한 문을 열어 줄 것임을 확신한다.

MISTAKES
THAT MADE ME
A MILLIONAIRE

실수

7

MISTAKES
THAT MADE ME
A MILLIONAIRE

맞지 않는 사람 선택하기

첫인상은 마치 영화 예고편 같다. 가장 화려한 모습만 보여 주고 결점은 가린다. 나는 서류상 완벽해 보이는 사람을 고용했다가 호된 대가를 치르고 이 교훈을 얻었다. 이 한 번의 실수로 수백만 달러가 날아갔다.

완전히 판을 뒤집어 줄 것이라고 확신했던 '완벽한 사람'을 만난 적 있는가? 그게 연인이든 친구나 룸메이트든 혹은 사업 파트너나 새로 채용한 직원이든 상관없다. 보자마자 느껴지는 친근감, 거부할 수 없는 이끌림, 자연스러운 케미가 통하는 사람 말이다. 그러면 나도 모르게 '도대체 이런 사람이 어디에 있다가 이제야 나타난 거야?'라는 생각이 든다.

나도 그런 경험이 몇 번 있었다. 남편을 만났을 때, 대학 시절 단짝을 만났을 때, 내 사업 파트너가 된 팟캐스트 진행자를 만났을 때가 그랬다. 이들이 내 인생의 운명이라고 느꼈다. 그런 확신은 큰 힘이 되기도 하지만, 한편으론 위험하기도 하다.

위험은 진정으로 깊은 유대와 피상적인 관계를 혼동할 때 모습을 드러낸다. 이 둘을 구분하는 능력은 더없이 소중한 기술이지만, 안타깝게도 터득하기가 무척 어렵다.

나는 이 사실을 뼈저리게 잘 알고 있다. 적합하지 않은 직원을 뽑기도 했고, 결이 맞지 않는 사람과 손을 잡거나, 엉뚱한 창업가에게 투자하기도 했다. 왜 이런 실수를 저질렀을까? 그들이 내뿜는 '후광'에 눈이 멀어 코앞의 빨간불조차 보지 못했기 때문이다.

마크의 사례가 딱 그렇다.

당시 수백만 달러 규모였던 기술 기업이 급성장하면서, 매출 규모를 계속 키우라는 이사진의 압박이 거셌다. 연간 목표를 달성하려면 영업 책임자 영입이 절실했다. 완벽한 후보자를 고르기 위해 6개월 동안 눈을 씻고 찾아봤지만, 별다른 수확이 없었다. 그런 와중에 눈 내리는 추운 12월의 뉴욕 그랜드 센트럴 역 근처 카페에서 마크를 만났다.

나는 첫눈에 그가 마음에 들었다. 구김 하나 없는 파란색 셔츠에 딱 맞는 상의, 짙은 청바지로 깔끔하게 차려입은 그는 전문적이면서도 친근한 인상을 풍겼고, 무엇보다 카리스마와 자신감이 넘쳤다. 그와 대화하는 내내 마치 오래된 친구를 다시 만난 듯한 편안함이 느껴졌다. 팀 구축이나 기술에 대한 애정, 사람을 향한 열정까지 그는 정답만을 말했다. 두 시간 동안의 대화가 끝날 무렵, 나는 우리가 기다려 온 적임자를 드디어 찾았다고 확신했다.

그날 저녁, 나는 남편과 식사를 하며 마크 이야기를 꺼냈다. "그래서 마크는 어땠어? 어떤 사람인 거 같아?" 존이 내게 물었다.

잠시 생각에 잠겼다. 대화에 푹 빠져 있었지만, 정작 그의 경력에 대해서는 수박 겉핥기 식으로만 훑었다는 사실을 깨달았다. 하지만 그의 첫인상에 너무 매료된 나머지 그의 실무 경험이나 현재 직장을 그만두려는 진짜 이유를 더 깊이 파고들지 않았다. 더 큰 실수로 이어지는 첫 번째 단추를 잘못 끼운 것이다.

"우리에게 꼭 필요한 사람인 거 같아." 나는 그의 이력서에 적힌 화려한 이력에서 확신을 얻으며 대답했다. 그는 실적이 뛰어난 팀들을 이끌었고, 업계 최고의 기업들과 협업했으며, 늘 목표 매출을 초과 달성해 온 인물이었다. "이건 정말 운명이야. 그는 완벽해." 나는 축배를 들기 위해 샴페인을 주문하며 안도의 한숨을 내쉬었다. 마침내 우리 회사의 영업 책임자를 찾아낸 것이다.

몇 주 뒤 2차 면접이 끝나고 나는 마크를 채용했다. 출근 첫날 그는 부서장을 목 빠지게 기다려 온 영업 팀원들과 만났다. 그는 팀원들의 말을 경청하며 모두의 마음을 사로잡는 비전을 제시했다. 나는 영업팀을 안심하고 맡길 수 있겠다고 생각하며 자신 있게 걸어 나갔다.

합류 후 첫 한 달간 마크는 매우 열정적으로 업무에 매진했다. 팀원들과 일대일 심층 면담을 진행한 다음 당장 성과를 낼 수 있는 기회를 발굴하고, 기존 관계를 강화하는 새로운 고객 유치 프로세스를 도입했다. 그 결과, 30일 만에 여러 고객사에서 매출이 증가했다.

하지만 얼마 지나지 않아 모든 것이 어긋나기 시작했다. 과감히 비전을 내세운 것과 달리 실행 과제나 벤치마크, 영업 전략처럼 세부 사항을 물을 때마다 교묘히 답을 피한다는 보고가 들어왔다. '아직 업무에 적응하는 중이라 모든 정답을 알 수는 없겠지.' 나는 스스로 합리화했다.

하지만 그로부터 2주가 채 지나지도 않은 시점에 그는 매우 중요한 영업 미팅에 빠졌고, 일대일 면담을 두 건이나 취소했으며, 매출 전망치 공유조차 늦었다. 이제는 더 이상 빨간불을 못 본 척할 수 없었다.

내가 그에게 직접 말하자, 그는 죄송하다고 사과하며 아들이 아파서 그랬다고 했다. 그러면서 앞으로는 우선순위를 잘 관리하겠다고 약속했다. 나는 진심으로 위로의 말을 건네는 동시에 책임감을 느껴야 할 것이라고 분명히 못 박았다. 여기에 너무 많은 것의 성패가 달려 있었다. 그가 사무실을 나가자, 불안이 엄습했다. 내 직감이 무언가 말하려 했지만 나는 듣지 않기로 했다.

아니나 다를까, 다음 주 마크는 나와의 일대일 면담에 또 늦었다. 마침내 사무실에 도착한 그는 회의 일정이 '달력에서 누락되어 있었다'고 말했다. 내가 채용했을 때 기대했던 모습은 온데간데없었다. 그는 지쳐 있었고 자신감도 완전히 바닥이었다. 그리고 마치 정신이 딴 곳에 있는 것처럼 조금 산만한 인상을 주었다. 무슨 일이 있는 건지, 내가 도와줄 일은 없는지 조금 더 깊이 파고들자 그는 오히려 방어적으로 나왔다.

"대표님, 그동안 신경 써 주셔서 감사합니다. 개인적으로 감당하기 어려운 일들이 있어 마음이 무겁지만 아직은 말씀드릴 준비가 되지 않았네요."

그의 목소리에서 느껴지는 심각성은 그 자체로 벽을 만들었다. 그는 끝내 마음의 문을 열지 않았다. '아들이 아직 아픈가? 결혼 생활이 파탄 직전인가? 정신 건강 문제인가?' 나는 진심으로 그를 안타까워했고, 힘든 시기를 이겨 낼 수 있게 돕고 싶었다.

훗날 사람들이 나에게 왜 그때 바로 손을 떼지 않았느냐고 물을 것이다. 그에 대한 내 대답은 간단하다. 사람을 포기하는 일이 내게는 너무 어렵기 때문이다. 빨간불은 위험 신호일 수도 있지만, 누군가를 가르치고 성장시킬 기회가 되기도 한다. 아마도 시간이 더 필요할 수도 있고, 자원이나 교육이 더 필요할지도 모른다. 혹은 다시 회복할 가능성도 있다. 마크의 경우, 이런 '아마도'라는 생각들이 머릿속에서 끊임없이 맴돌았다. 하지만 당시 나는 회사를 운영하며 복잡한 인수합병 건까지 챙기고 있었다. 모든 것을 세세히 관리할 여유가 없었다.

내가 마크를 두둔하며 그가 회복하길 바랐다는 사실은 부정할 수 없다. 이 실수는 나뿐만 아니라 우리 팀 전체에 영향을 미쳤다.

지금 와서 생각해 보면, 나는 내 내면의 문제를 완전히 파악하지 못하고 있었다. 그저 가장 쉬운 길을 선택하고 갈등을 피하고 싶었던 것이다. 어쩌면 내가 맞지 않는 사람을 채용했다는 사실을 인정하고 싶지 않았을 수도 있다. 어떤 이유에서였든 회피는 문제를 보이지 않게 숨겨 두는 것에 불과하다. 결국 문제를 더는 숨길 수 없을 만큼 커다란 덩어리로 키우고, 피할 수 없는 결과를 늦출 뿐이다. 그리고 그 피할 수 없는 일은 결국 마크에게 일어나고 말았다.

그가 계속해서 중요한 회의와 영업 발표 일정을 놓칠 뿐만 아니라, 이메일에도 거의 답하지 않았다는 사실을 뒤늦게 발견했다. 결정적인 사건은 직속 부하직원이 세 개의 고객 제안서를 승인받기 위해 그를 기다리고 있는데도, 회의를 세 번이나 건너뛰었다는 사실을 알았을 때였다. 팀원들은 계속해서 실망했고, 마감 기한을 넘겼으며, 출시마저 지연됐다. 내 동정심은 순식간에 허탈감으로 바뀌었다.

마크가 일으킨 문제는 처음에는 거의 알아차리기 힘든 작은 균열로 시작했지만, 매출 성장에 대한 압박이 거세지면서 점차 모두를 집어삼키는 거대한 싱크홀이 되었다. 그가 안쓰럽기도 했지만, 내가 도와줄 수 있는 범위를 넘어선 더 깊은 문제가 있는 게 분명했다. 결국 나는 그를 내보내기로 결정했다.

이 시련을 겪으며 내 과오를 온전히 인정하고 나니 값진 교훈이 남았다. 나와 같은 지뢰밭을 밟지 않도록, 맞지 않는 사람을 선택하게 되는 함정에는 무엇이 있는지 하나씩 파헤쳐 보자.

맞지 않는 사람을 선택한 대가

역할에 맞지 않는 사람을 선택하는 것은 불안정한 토대에 집을 짓는 것과 같다. 외관은 멋있고 견고해 보일지 몰라도 시간이 지나면 균열이 생기기 시작하고, 결국 구조물 전체가 흔들린다. 역할이 중요할수록 그 여파도 크다. 안타깝게도 이는 비즈니스계에서 무척 흔한 일이다. 새로 채용한 직원의 절반 가까이가 18개월을 넘기지 못하고 실패한다.[25]

그 대가는 시간과 생산성, 팀의 사기, 그리고 비용에 이르기까지 막대하다. 나는 내가 저지른 실수가 초래한 대가를 마주하고 싶지 않아서 변명만 늘어놓으며 갈등을 피해 왔다.

마크가 떠나자 내 실수가 불러온 결과는 선명해졌고, 더는 피할 수가 없었다. 거대한 리더십 공백은 오롯이 내 책임이었다. 나는 상황을 수습하기 위해 뛰어들 수밖에 없었다. 회사를 운영하면서 동시에 영업 책임자 역할까지 수행해야 했다. 그럴 만한 여유가 있었느냐고? 전혀 없었다. 하지만 실수를 인정하는 것은 그 실수가 만들어 낸 난장판까지 책임질 시간을 낸다는 뜻이기도 하다.

난장판은 충격적이었다. 분기별 매출 목표액까지 수백만 달러나 남아 있었다. 마크는 매출을 올리기는커녕 고객사에 응답조차 하지 않아 되레 관계를 악화시켰다. 나는 전국을 비행기로 날아다니며 여러 고객을 만나 관계를 수습하려 애썼다. 몇몇 관계는 이미 회복할 수 없는 지경이었다. 우리에게 다시 한번 기회를 준 이들도 있었지만 한 가지 조건을 걸었다. 바로 실적으로 증명할 것, 그리고 다시는 이런 일이 없어야 한다는 것이었다.

그와 동시에, 나에게는 마크의 빈자리를 메우느라 몇 달을 고생한 탓에 지치고 사기가 떨어진 팀원들이 있었다. 그들은 몸도 마음도 지쳐 있었고 회의감에 빠져 있었다. 나는 이들에게 어느 때보다 힘을 내 달라고 부탁하기 전에, 먼저 해야 할 일이 있었다. 바로 진심 어린 사과였다. 팀원들을 모아 놓고 그들이 이미 알고 있는 사실을 인정했다. 내가 잘못된 사람을 뽑았다는 사실 말이다. 상황이 얼마나 악화되고 있는지 팀원들이 경고했을 때도 나는 진작 나서지 않았다. 나는 그들이 얼마나 무거운 짐을 짊어지고 있었는지 알고 있으며, 모든 책임을 지겠다고 말했다. 이건 팀원들의 잘못이 아니라 내 책임이었다.

그러고 나서 나는 팀원들에게 마지막으로 한 번 더 힘을 내 달라고 부탁했다.

그들은 회의실에 피자 상자를 쌓아 가며 쉴 틈 없이 일했다. 나도 소매를 걷어붙이고 이들과 함께 최전선에 뛰어들었다. 밤 늦게까지 전략 회의에 참여하고 직접 고객사 미팅에 뛰어들면서 그들이 이 싸움에서 혼자가 아니라는 사실을 확실히 보여 주었다.

우리는 110퍼센트 전력을 다했지만, 여전히 목표 수치를 달성하지 못했다.

이것이 냉혹한 현실이었다. 아무리 열심히 일해도 이미 입은 피해를 되돌릴 수는 없었다. 성장 동력과 연 매출은 물론이고 무엇보다 소중한 신뢰를 잃었다. 과거의 실수에 연연하지 않으려 했지만, 이번만큼은 달랐다. 이번 실수로 수백만 달러를 날려 버렸기 때문이다. 단순히 매출만 얘기하는 것이 아니다. 최고위 경영진 한 명을 교체하는 데는 그들 연봉의 평균 두 배에 달하는 비용이 든다. 여기에 허비한 시간과 팀 생산성 저하, 정신적 소진까지 더하면 손실은 생각보다 훨씬 커진다.

특히 스타트업에서는 사람을 잘못 뽑는 일이 회사 전체를 흔들 수도 있다. 〈하버드 비즈니스 리뷰(Harvard Business Review)〉에 따르면, 스타트업이 실패하는 원인의 60퍼센트가 부적합한 채용과 관련이 있다.[26] 맞지 않는 사람을 선택하는 대가는 경제적 손실에 그치지 않는다. 이는 기업 문화와 정서에도 깊은 상처를 남기고, 결국에는 번창하는 기업과 간신히 버티는 기업을 가르는 결정적인 차이가 된다.

사람을 선택할 때 빠지기 쉬운 네 가지 함정

마크를 채용한 것이 실수였다는 사실은 부정할 수 없었고, 나는 대체자를 찾기 위해 서둘러 움직여야 했다. 우리에게는 리더십이 필요했고 여유 부릴 시간이 없었다. 그렇더라도 똑같은 실수를 다시는 저지르지 않기로 했다. 나는 시간을 들여 지원자의 경험뿐만 아니라 인성까지 철저히 검증해야 한다는 중요한 교훈을 배웠다.

면접자들은 항상 자신이 왜 적임자인지 증명하려 애쓴다. 때로는 자신을 과하게 포장하기도 한다. 면접관은 면밀히 조사하고 더 깊게 파고들어, 잠재적 위험 신호나 우려 사항을 찾아낼 책임이 있다.

나는 은근한 당당함과 매력이 어우러진 마크의 모습에 현혹되어 그가 자신감 있고 유능하며 호감 가는 사람이라고 믿었다. 사실 영업 책임자에게는 중요한 자질들이다. 그는 자신을 파는 데는 아주 능숙했다. 어떻게 보면 그는 타고난 영업 사원이었던 셈이다!

나부터도 마크의 경력에 대해 실질적인 대화를 제대로 나누지 못했고, 2차 면접에서 빨간불을 놓쳤다. 그는 자신의 영업 성과를 늘어놓았지만, '기밀 프로젝트'라는 평계로 구체적인 사례는 말하지 않았다. 게다가 이전에 협업했다는 주요 고객들은 이제 그 자리에 없어서 이력을 검증할 길도 없었다. 나는 깔끔한 이력서와 내 눈앞의 사람이 진실을 말한다고 믿었고, 결국 순진함에 대한 대가를 톡톡히 치러야 했다.

이후 모든 채용에서 나는 지금까지 한 가지 원칙을 고수하고 있다. 지원자의 경력과 가치관, 기술, 그리고 인성에 관해 부드럽지만 집요하게 질문하는 것이다. 아주 미세한 의심이나 누락된 정보, 혹은 이야기의 앞뒤가 맞지 않는 부분이 단 한 톨이라도 보이면 더는 진행하지 않았다. 또한 결코 타협할 수 없는 기준들을 잊지 않기 위해 채용 절차를 개발했다. 나는 이를 '적합한 사람을 선택할 때 빠지기 쉬운 네 가지 함정'이라고 부른다. 이제는 삶의 어느 영역에서든 새로운 사람을 들일 때 이 함정들을 항상 유념한다.

서류상의 완벽함에 속는 함정

서류상으로만 완벽한 유형은 내가 겪은 가장 치명적인 함정 중 하나이다. 연애를 해 본 사람이라면 이 함정이 무엇인지 금방 알아차릴 것이다. 데이트 앱의 자기소개부터 서로 주고받은 메시지, 심지어 주선자의 열렬한 칭찬까지 모든 것이 완벽해 보인다. 이러한 모습에 현혹되기는 참 쉽다. 그러다 직접 대면하거나, 첫인상의 가면이 벗겨지기 시작한 지 몇 주만 지나도 모든 환상이 산산조각 나고 만다. 이 환상은 비즈니스 세계에서도 똑같이 되풀이된다.

나 역시 화려한 이력서를 제출한 지원자를 꽤 많이 봤다. 업계 최고의 기업에서 근무했고, 주목할 만한 성과를 거두었으며, 인상적인 학위까지 두루 갖춘 이들이었다. 그런데 막상 면접 결과는 화려한 이력에 한참 못 미쳤다.

사업에서든 삶에서든 누구나 완벽해 보이는 사람에게 마음을 빼앗기기 마련이다. 하지만 조건이 너무 좋아 현실성이 없어

보인다면, 대개는 사실이 아니다. 완벽해 보이는 사람일수록 더 깊이 파고들어야 한다.

이 함정을 피하기 위해 나는 채용 과정을 고고학적 발굴 작업처럼 대하라고 권한다. 이력서에 적힌 상세 정보는 가장 겉면에 드러난 표층일 뿐이다. 면접용 가면 뒤에 숨겨진 진짜 모습을 발견하려면 서너 개의 지층을 더 파 내려가야 한다.

이 발굴 작업의 핵심은 철저한 선별 과정을 거치는 것이다. 여기에는 쉽게 얼버무리거나 회피할 수 없는 질문을 던지는 과정이 포함된다. 전형적인 개방형 질문을 활용해 풍부한 답변을 끌어내 보자. 나는 면접자와 어느 정도 아이스브레이킹을 한 뒤에 다음과 같은 질문을 던진다.

- 가장 까다로운 상사는 누구였나요? 그 이유는 무엇인가요?
- 실패했던 경험과 그때 기분이 어땠는지 말씀해 주세요.
- 본인만의 차별되는 재능이나 기술, 혹은 자질은 무엇인가요? 남들이 잘 알아채지 못하는 당신만의 특성이 있나요?
- 면접에서는 알 수 없지만, 지금부터 3개월 뒤에 제가 알게 될 당신의 모습은 무엇일까요?
- 만약 당신의 전 동료들이 가득 모인 방에서 당신에 대해 바꾸고 싶은 점 딱 한 가지만 말해 달라고 한다면 무엇이라고 답할 것 같나요? 그 점을 고치기 위해 어떤 노력을 해 왔나요?
- (가장 마지막에 해야 할 질문) 고인을 포함해 당신이 가장 동경

하고 존경하는 인물은 누구이며, 그 이유는 무엇인가요? ('이유'를 주의 깊게 들어라. 대답을 통해 그가 지니고 있거나 얻기를 열망하는 특성과 핵심 가치가 드러나는 경우가 많다.)

이 질문들은 지원자가 두루뭉술하고 모호하게 답변하거나 철학적인 이야기나 늘어놓게 두는 일반적인 질문이 아니다. 태도와 가치관, 정서적 성숙도, 그리고 인생관이 고스란히 묻어나는 내면의 고백을 끌어내도록 설계되었다. 답변을 토대로 계속해서 질문을 던지다 보면 대화는 자연스럽게 이어진다. 만약 지원자가 방어적인 태도를 보이거나 뭔가 숨기는 듯한 낌새가 느껴지면, 그 자체만으로도 중요한 정보가 된다.

성과나 수상 경력 그 이상을 보아야 한다는 점을 명심하라. 지원자가 실무에서 맞닥뜨릴 법한 가상의 상황을 제시해 보자. 단순히 어떤 행동을 할 것인지 묻지 말고, 그 행동의 동기가 무엇인지 물어야 한다. 문제에 대한 해결책을 묻지 말고, 그 배경에 깔린 사고 과정을 물어라. 생각할 거리를 던지는 질문들을 잘 활용하면 자칫 가려졌을지도 모를 지원자의 특성과 자질을 환히 들여다볼 수 있다. 무엇보다 지원자를 더 명확하게 파악할 수 있고, 충분한 정보를 바탕으로 한 신중한 결정을 내릴 수 있을 것이다.

압박감에 쫓겨 서두르는 함정

압박감 속에서 채용을 결정하는 것은 배고픈 채로 장을 보는 것과 같다. 연어와 채소를 사러 마트에 갔다가도, 결국 충동을 이기지 못하고 감자칩 한 봉지와 젤라토 한 통을 장바구니에 담게 된다.

비즈니스에서도 일에 파묻혀 있거나 여력이 부족할 때, 혹은 긴급한 상황에 대처해야 할 때 인재를 찾아야 하는 경우가 많다. 이때 평정심을 유지하며 모든 감정과 스트레스에서 한 발 물러나는 것이 무엇보다 중요하다. 그렇지 않으면 판단을 서두르게 되고, 더 나은 인재를 기다리기보다는 당장의 부담을 덜기 위해 '그만하면 괜찮은' 지원자를 덥석 선택하는 우를 범하게 된다. 나 역시 마크를 채용할 때 그랬다. 이사회의 압박은 물론, 여러 지원자를 면접하느라 시간을 허비했다는 생각에 스스로를 몰아세웠다.

최고위 경영진의 절반 이상은 조급한 채용이 실패로 이어진다고 말한다.[27] 나의 비극적인 영업 책임자 이야기를 들려주자, 몇몇 동료들은 자신들이 겪은 지옥 같은 채용 사례를 쏟아냈고 덕분에 나만 그런 게 아니라는 위안을 얻었다.

아무리 압박감이 심해도 숨을 고르고 시야를 넓혀 스트레스가 몰고 온 감정의 소용돌이에서 벗어나야 한다. 자신의 생각과 감정에 집중해 보면 압박감에 휘둘리고 있는지 스스로 알 수 있을 것이다. 휘둘리고 있더라도 괜찮다. 그 사실을 인지하는 것만으로도 충분하다. 그런 불안정한 상태에서는 결정을 내리지 않아야 한다는 사실을 알 수 있기 때문이다. 단순히 압박감을 해소하려고 성급한 결정을 내리지만 않는다면, 조급한 감정을 느끼는 것 자체는 아무런 문제가 되지 않는다. 채용 과정이 스트레스라면, 잘못된 채용이 가져올 후폭풍에 따른 스트레스를 상상해보라. 주변 상황에 휩쓸리지 말고 직무가 요구하는 높은 기준에만 집중하라. 명심하라. 잘못된 채용이 초래할 뼈아픈 실책을 감당하기란 결고 쉽지 않을 것이다.

편향 사각지대에 가로막히는 함정

한때 샌프란시스코에서 급성장하며 잘나갔던 어느 기술 기업의 이야기다. 불과 3년 만에 매출이 세 배로 뛰고 수백만 달러의 투자금을 유치한 이 기업은 엔지니어와 제품 담당자를 채용하기 바빴다. 마침 제품 책임자 자리에 모든 조건을 두루 갖춘 뛰어난 후보자가 나타났다.

그는 다른 임원과 같은 회사에서 근무한 적이 있었고, 공동 창업자 중 한 명과 응원하는 풋볼팀이 같았으며, 최소 두 명 이상의 현직자와 두터운 친분이 있는 데다가 적극적인 추천까지 받은 상태였다. 결국 그가 채용되는 데 결정적인 역할을 한 이 요인들은 '편향 사각지대'라는 함정의 전형적인 사례다. 공통점과 같은 관심사, 비슷한 배경에만 매몰되어 정작 필요한 철저한 검증을 놓칠 때 이 함정에 빠지게 된다.

결국 잘못된 채용은 6개월 만에 파국을 맞았다. 여성 동료 여섯 명이 그의 추파 섞인 행동에 불만을 제기한 것이다. 똘똘 뭉쳐 성장하던 팀은 하루아침에 사기를 저하시키고 소중한 조직 문화를 갉아먹는 걸림돌을 떠안게 되었다. 결국 새로운 제품 책임자는 1년도 채우지 못하고 회사를 떠났다. 이 사례는 어떠한 편향도 없이 공정하고 엄격하게, 그리고 사사로운 감정에 휘둘리지 않고 면접에 임해야 한다는 사실을 일깨워 준다.

나 역시 이 함정에 빠진 적이 있음을 고백한다. 같은 대학이나 고향 출신, 혹은 취미나 경력이 비슷한 지원자에게 무의식적으로 마음이 가곤 했다. 설령 그가 다른 지원자보다 더 뛰어난 역량을 갖춘 것이 아니었음에도 이런 유사성을 '조직 적합도'의 증거로 착각한 것이다. 나는 채용이 더 객관적이고 정교해지도록, 그리고 오직 직무에 필수적인 자질에만 집중되도록 네 가지 기준을 바탕으로 체계적인 접근법을 도입했다.

- 해당 분야에서 입증된 생산성 및 효율성
- 창의적인 해결책을 제시하는 문제 해결 능력과 적응력
- 회사의 핵심 가치 및 문화와의 높은 결합도
- 고위 리더십 수준에서 검증된 업무 수행 능력

이 방식 덕분에 나는 직무 요건에 끝까지 충실할 수 있었다. 핵심 요건을 충족하지 못한 지원자는 아예 고려 대상에서 제외

했다. 더 나아가 믿을 수 있는 동료에게 타협 불가능한 조건들을 공유하며 내 판단을 상호 검증했다. 동료의 객관적인 의견은 내가 놓친 우려 사항들을 여러 번 잡아내 주었기에 매우 값진 자산이 되었다. 이 방법은 채용의 질을 높였을 뿐만 아니라, 카리스마가 넘치거나 공통점이 많은 지원자를 만났을 때도 높은 기준을 유지하는 게 얼마나 중요한지 다시금 일깨워 주었다.

직감의 신호를 무시하는 함정

앞서 언급했듯이 직감은 우리가 가진 능력 중 가장 과소평가된 기술이다. 이는 우리가 신뢰하고 부릴 수 있는 내면의 안내 시스템이다. 나는 항상 직감을 따른다. 직감을 가장 신뢰하는 조언자로 여길 정도다. 그 이유는 다음 사례를 보면 알 수 있다.

한 기술 기업을 인수하는 중대한 거래를 앞두고 있었을 때다. 서류상으로는 완벽해 보이는 거래였다. CEO를 비롯한 실무 팀과 수많은 회의가 이어졌고, 내 질문에 빈틈없는 답변과 세부 자료가 제공되었다. 하지만 내면 깊숙한 곳에서 잠시 멈추고 재고하라는 신호가 왔다. 망설일 만한 합리적인 근거는 없었지만 불안한 예감이 가시질 않았고, 결국 나는 내면의 경고등을 따랐다. 인수를 중단한 것이다. 얼마 지나지 않아 그 회사가 대형 고객사를 잃으면서 재무 상태가 급격히 악화되었다는 사실이 드러났다. 설명할 길 없는 직감이 막대한 손실을 초래할 뻔한 실수를 막아 준 셈이다.

반대로 모든 것이 불확실해 보여서 이성적으로는 신중해야 한다고 생각했지만, 직감은 다르게 말했던 거래도 있었다. 내 안의 무언가가 나를 자극하며 떠오르는 유망주 같은 이 기업과 파트너십을 맺으라고 촉구했다. 결과적으로 이는 내 최고의 결정 중 하나가 되었다. 양사의 시너지와 협업, 그리고 인재들의 역량이 합쳐지며 매출이 기하급수적으로 증가했다.

직감에 귀를 기울이는 법이 늘 쉽지만은 않다. 하지만 연습을 통해 신체적 반응에 집중하다 보면 직감이 어떤 식으로 신호를 보내는지 알아차릴 수 있다. 만약 단 하나의 초능력을 습득할 수 있다면, 직감을 선택하라. 서류상으로는 완벽해 보이지만 왠지 불안한 느낌이 드는 사람을 채용할 때는 반드시 직감에 귀를 기울여라. 그것은 보이지 않는 곳에 더 정밀한 조사가 필요한 문제가 숨어 있다는 신호다.

적합한 사람이 성공을 이끈다

적합한 사람을 선발하는 것이 성공의 원동력이 된다. 따라서 적임자를 찾는 것은 매출과 생산성뿐만 아니라, 번영하는 조직 문화를 위해서도 필수적이다.

마크가 떠난 후, 시간을 충분히 들이고 새로운 채용 절차를 적용하여 각 지원자의 역량과 강점을 깊이 있게 파헤쳤다. 심사숙고 끝에 나는 스테이시를 채용했다. 그녀는 신뢰하는 사업 파트너에게 강력 추천을 받은 인물이었는데, 얼마 지나지 않아 그 이유를 확인할 수 있었다. 그녀의 전략적 사고와 긍정적 에너지는 사람들과 유대감을 형성하는 능력과 완벽한 조화를 이루었다. 모두에게 영감을 주는 협업 환경을 순식간에 조성하는 모습은 정말 인상적이었다. 마크와 달리 스테이시는 첫인상이 실제 행동으로 증명되는 사람이었으며, 구성원의 잠재력을 최대한 끌어내는 당당한 리더였다.

그녀는 입사하자마자 보여 주기식 변화를 추구하지 않았다. 먼저 경청하고 관찰한 뒤, 신중하고도 효과적인 전략을 실행에 옮겼다. 그녀는 내 기대를 충족하는 것을 넘어 그 이상을 보여 주었다. 서류상으로도 훌륭했지만, 현실에서는 그보다 더 뛰어났다.

그녀가 환한 미소를 지으며 내 사무실로 들어와 말없이 책상 위에 종이 한 장을 내려놓았던 날이 기억난다.

"이게 뭔가요?" 내가 물었다.

내가 종이를 펼치는 동안에도 그녀는 아무 말이 없었다.

그것은 수백만 달러 규모의 신규 계약을 체결했다는 구매 주문서였다. 드디어 목표 매출액을 달성하고도 남을 성과를 거두게 된 것이다. 그날 내 입에서 터져 나온 기쁨의 함성이 사무실 전체에 울려 퍼졌다. 이를 축하하기 위해 스테이시는 몇 달 만에 처음으로 회식을 마련했고, 현장은 새로운 활기로 가득했다.

스테이시는 우리 팀에 꼭 필요했던 마지막 퍼즐 조각이었음이 증명되었다. 회의는 더욱 활기차졌고, 직원들의 의욕도 눈에 띄게 높아졌으며, 모든 행동은 탄탄한 전략을 바탕으로 한 명확한 비전과 일치했다. 그녀는 조직 전체의 수준을 한 단계 높여 놓았다. 이것이 바로 최고의 인재가 하는 일이다. 그들은 단순히 기대에 부응하는 데 그치지 않고 가능성의 한계를 다시 정의한다.

적합한 인재 선발은 성공의 기폭제

적합한 인재를 선발하면 그 결과는 1+1=2가 아닌 1+1=3에 가깝다. 그들이 팀에 기여하는 가치는 단순한 덧셈이 아니라 성공을 배가하는 곱셈이다. 적합한 인재를 뽑은 덕분에 우리 회사는 수백만 달러의 수익은 물론, 값을 매길 수 없는 확신과 마음의 평화까지 얻었다.

비즈니스와 삶 모두에서 맞지 않는 사람을 뽑은 대가는 금전적으로나 정서적으로나 파멸적일 수 있다. 마크와의 경험에서 배웠듯이, 잘못된 채용의 후폭풍은 팀을 혼란에 빠뜨리고, 사기를 꺾으며, 자원을 고갈시킨다. 하지만 이러한 실수로 이어지는 함정들을 반드시 인식해야 한다는 깊은 교훈도 얻었다. 서류상으로 완벽한 사람에게 현혹되거나, 압박감 속에서 성급한 결정을 내리거나, 편향을 간과하거나, 직감을 무시하는 함정에 빠진 결과는 매우 엄중하다.

사람을 신중하고 객관적으로 평가하는 능력은 성공의 핵심이다. 짐 콜린스가 말했듯이, "사람이 가장 중요한 자산은 아니다. 적합한 사람이 가장 중요한 자산이다."

실수로부터 배운 일곱 번째 교훈

호언장담하는 사람 중에서
기대 이상의 성과를 내는 사람은 드물다.
적신호는 저절로 사라지지 않는다.
위험 신호를 빨리 포착할수록,
실수가 위기로 번지는 것을 빨리 막을 수 있다.

스스로 되돌아보기 삶에서 맞지 않은 사람을 선택하는 함정에 빠진 적이 있는가? 그때 간과했던 위험 신호는 무엇이었는가? 앞으로의 관계에 적용할 수 있는 교훈은 무엇인가?

핵심 메커니즘

- **'서류상의 완벽함'을 경계하라** 첫인상은 기만적일 수 있다. 특히, 누군가가 첫눈에 '완벽해' 보일 때는 더욱 그렇다. 이력서 너머를 바라보고 개인의 가치관과 실제 경험을 깊이 있게 파헤쳐라.

- **자신의 직감을 믿어라** 직감은 논리적 분석만으로는 놓치기 쉬운 위험 신호를 포착하는 강력한 의사결정 도구다. 본능적 느낌에 주의를 기울여라.

- **편향 사각지대를 점검하라** 공통의 관심사나 배경을 지닌 사람에게 끌리는 경향을 인지하라. 편향을 방지하고 적임자를 고르려면 객관성을 유지하고 제삼자의 의견을 구하라.

- **철저히 조사하라** 스타트업 실패 원인의 60퍼센트는 잘못된 채용에서 비롯한다. 압박감 속에서 결정을 내리지 마라. 시야를 넓히고 인내심을 가져라. 시간을 충분히 들여 지원자를 꼼꼼히 평가해야 한다.

- **적합한 인재는 성공을 배가한다** 적임자를 선택하는 것은 가치를 더하는 수준을 넘어 배가하는 일이다. 최고의 인재는 영감을 주고, 활력을 불어넣으며, 전체적인 성과를 높여 생산성과 수익을 극대화한다.

밀리어네어 마인드셋 나는 내 비전과 가치에 부합하는 인재를 끌어당기고 선택한다. 나는 영감을 주고 활력을 불어넣으며 나의 성공을 뒷받침할 사람을 찾는 데 전념한다.

실수
8

MISTAKES
THAT MADE ME
A MILLIONAIRE

스스로 자격이 부족하다고 생각하기

지금껏 저질렀던 실수들보다 자기 의심으로 날려 버린 기회들이
더 후회된다. 나는 내 잠재력보다 내 안의 불안을 더 믿었다.

대학교 4학년 때, 나는 베벌리힐스의 작은 마케팅 대행사에 취업했다. 원대한 계획이 있었던 건 아니었다. 그저 밥값과 자동차 할부금을 낼 돈이 필요했을 뿐이다. 일을 시작한 지 6개월 만에 가장 큰 고객사 몇 곳을 관리해 보라는 제안을 받고 주위 사람들은 물론 나 자신도 놀랐다. 설득력 있는 기획안을 만들고 상세한 보고서를 작성해야 하는 일이었다. 기말고사 공부와 팀 프로젝트 과제로 밤을 지새우던 스물한 살 대학생치고는 꽤 근사한 성과였다.

이후 10년간 내 자아 존중감을 통째로 바꿔 놓을 대화가 이어졌다.

상사가 사무실에서 조용히 이야기하자고 나를 불렀다. "부탁 하나만 할게요. 사람들에게 나이를 밝히지 마세요." 나는 어떻게 답할지 몰라 당황했고, 상사는 내 당황한 기색을 알아차린 듯했다. "자, 킴의 업무 성과가 정말 훌륭해요. 고객들도 좋아하고 실적도 뛰어나고요. 그래서 당신을 고객 서비스 팀장으로 승진시키려고 해요." 그는 잠시 말을 멈추고, 신중하게 단어를 골랐다. "팀원들에게 새로운 팀장은 스물여덟 살이고 경험도 풍부하다고 말하는 게 여러모로 편할 거 같아요."

스물한 살 남성이었다면 결코 그런 요구를 받지 않았을 것이다. 오히려 앞날이 창창한 유망주라며 칭송받았을 것이다. 하지만 여자인 나는 나보다 나이가 많고 직급이 높은 사람들이 안심하고 리더 역할을 맡길 수 있도록 나이를 속여야 했다. 그들이 던진 메시지는 분명했다. 내 나이와 경험의 부족은 축하받을 성과가 아니라 감춰야 할 약점일 뿐이었다.

나는 실제 나이보다 일곱 살이나 많다고 속이기로 했다. 돌이켜 보면 그것은 큰 실수였다. 상사의 권위라는 무게가 내 직감을 무색하게 만들도록 내버려두었다. 잘못된 일인 줄 알면서도 당당히 맞서야 할 때 굴복했다. 나는 옳은 것을 위해 싸우지 않았다. 무엇보다 최악인 것은, 나 자신을 위해서도 싸우지 않았다는 것이다. 20대 초반은 아직 자신을 알아 가고, 자신의 본능을 신뢰하는 법을 익히는 시기다. 권위 있는 사람이 성공하기 위해 지금과는 달라져야 한다고 말하면, 대부분 그 말을 따르기 마련이다.

당시 나이를 두고 했던 작은 거짓말은 사소한 일처럼 보였다. 하지만 그 거짓말은 내 실제 경험과 성취만으로는 부족하다는 사고방식을 강화했다. 내 성공이 신뢰를 얻으려면 번듯한 가면이 필요하다고 믿으며 스스로를 갉아먹은 것이다.

그렇게 10년이 지났다. 나는 직접 세운 회사를 성공적으로 매각했다. 그 뒤 애드코니언 다이렉트를 운영하며 로스앤젤레스의 스타트업에 적극 투자하고 있었다. 서류상으로는 모든 게 완벽했다. 글로벌 기업을 키워 나가며 테크업계에서 저명한 투자자로 명성을 쌓고 있었다. 하지만 오래된 의심의 목소리가 가장 난처한 순간에 어김없이 터져 나왔다.

내가 투자했던 기업 중 한 곳이 대규모 자금 조달에 성공한 뒤, 나를 이사회 임원으로 영입하고 싶다며 기회를 제안했다. 나는 이를 내 경험과 가치를 인정받은 결과로 받아들이는 대신, 그 자리에 앉을 자격이 부족한 이유만 골라내고 있었다.

나는 회의실에 들어서는 내 모습을 상상했다. 아이비리그 MBA 학위와 수십 년의 화려한 경력을 자랑하는 백발의 남성들 사이에서, 수십 년이나 어린 유일한 여성으로서 그들 틈에 앉아 있는 모습 말이다. 나를 진지하게 받아들이는 사람은 아무도 없을 거라는 말을 듣던 이십 대로 다시 돌아가 있었다. 나는 역량이 부족하다고 느꼈고, 그들도 내 한계를 금세 알아차릴 것이라는 확신에 사로잡혔다.

그래서 그 제안을 거절했다.

몇 년 뒤, 샌타모니카에서 열린 기술 콘퍼런스에서 우연히 이사회 임원과 저녁을 함께하게 됐다. 옛일을 회상하던 중 그는 내게 왜 임원직을 거절했는지 물었다. 나는 솔직하게 털어놓았다. 투자자로서 경험이 부족하다고 생각했고, 이사회에 합류하기엔 자격 미달이라고 느꼈다고 말이다.

그는 진심으로 놀란 표정을 지었다. "대표님, 우리는 다름 아닌 바로 그 현장 경험 때문에 당신을 원했던 겁니다. 디지털 광고 분야에서 성공적인 회사를 일구고 운영해 본 당신 같은 사람이 정말 절실했으니까요. 당신이 우리에게 새로운 관점을 제시해 줄 거라고 믿었습니다."

이제 진심으로 놀란 사람은 내가 됐다. 머리를 한 대 맞은 듯한 아이러니에 정신이 번쩍 들었다. 부족하다고 생각했던 점들이 사실은 그 역할에 완벽히 부합하는 조건이었던 것이다. 나는 상황을 완전히 오판했고, 대행사 시절 과거의 메아리에 휩쓸려 이사회 자리를 스스로 밀어냈다. 나 자신이 너무도 원망스러웠다. 내 실수는 경력이 부족한 젊은 여성이라는 조건 자체가 아니라, 그런 조건 때문에 자격이 부족하다고 믿은 데 있었다.

그날 저녁, 나는 식사를 마치고 10년 전 사무실이 있던 베벌리힐스 거리를 지나 집으로 차를 몰았다. 마치 시간 여행을 하는 기분이었다. 그 시절부터 지금까지 내가 걸어온 길을 돌이켜 보니 감회가 새로웠다. 그 순간, 나는 스스로 굳게 다짐했다. 다시는 내 불안 때문에 지레 겁먹고 기회를 저버리지 말자고 말이다. 또다시 내 자격을 의심하게 되는 때가 온다면, 일단 '예'라고 말하고 방법은 나중에 찾아보기로 했다.

몇 년 후, 급성장하는 기술 기업에서 이사회에 합류해 달라는 제안이 또 한 번 찾아왔다. 이번에는 일말의 망설임도 없이 '예'라고 수락했다.

처음 회의실에 들어섰을 때, 나는 단순히 회의에 참석하는 것을 넘어 완전히 새로운 세계로 발을 들이고 있었다. 그곳은 저명한 벤처 투자자들과 업계에서 가장 영향력 있는 의사결정자들로 가득했다.

그리고 이제, 나에게도 그들과 나란히 앉을 자리가 생겼다.

모든 회의가 막중한 책임이 따르는 의사결정을 다루는 실전 수업 같았다. 나는 거래가 성사되는 과정을 지켜보는 데 그치지 않고, 협상과 구조화, 실행이 이뤄지는 현장에 직접 참여했다.

그야말로 짜릿함 그 자체였다. 기업 리스크와 지배 구조, 보상 위원회, 그리고 최고위층에서 권력이 어떻게 움직이는지를 배웠다.

마침내 내 가치를 온전히 긍정하자 유능감이 솟아났다. 실무 경영자로서 일해 온 세월 덕분에 다른 이사회 구성원들에게는 없는 나만의 통찰이 있었다. 그들은 투자 회수를 알았지만, 나는 기업 운영을 알았다. 그들이 자본 분배를 이해했다면, 나는 무에서 유를 창조하는 현장의 고된 과정을 뼛속 깊이 이해했다. 나는 그들이 나를 보듯 스스로를 바라보았다. 운 좋게 끼어든 사람이 아니라 당연히 그 자리에 걸맞은 사람으로 말이다. 첫 이사회 경험은 내 경력뿐만 아니라 내가 할 수 있는 일에 대한 시각을 통째로 바꿔 놓았다. '예'라는 대답은 단순히 이사회 합류를 의미하지 않았다. 마침내 내가 원래 있어야 했던 곳으로 당당히 걸어 들어가는 순간이었다.

자기 의심이라는 보이지 않는 족쇄

스스로 자격 미달이라고 느껴서 기회를 놓친 적이 있는가? 자신을 믿지 못해 회의 시간에 입을 꾹 닫은 적은 없는가? 걱정하지 마라. 당신은 혼자가 아니다. 살면서 적어도 한 번은 자기 의심 탓에 기회를 포기했다는 사람이 85퍼센트에 달한다는 기사를 수없이 접했다. 이 통계가 증명하는 것은 수많은 이들이 의심하는 마음과 사투를 벌이고 있다는 사실이다.

자기 의심은 자신이 부족하다는 생각에 기름을 붓는다. 이는 경력 초반이나 새로운 일을 시작할 때만 나타나는 현상이 아니다. 재능 있는 수많은 사람, 심지어 정상의 자리에 오른 이들조차 자기 의심에 시달리며 자신이 진정으로 성공할 자격이 있는지 자문하곤 한다. 이것이 바로 자기 파괴가 작동하는 방식이다. 위대한 성과를 거두거나 남부럽지 않은 찬사를 받았을 때조차 의심의 씨앗을 뿌린다. 마치 당신이 성공을 누릴 자격이 없는 것처럼 느끼게 하고, 조만간 밑천이 드러나 정체가 탄로 날 것이라는 두려움을 심어 준다.

자기 의심에 관해 반드시 이해해야 할 사실이 있다. 그것은 단지 자아가 내뱉는 혼잣말일 뿐이라는 점이다. 우리가 재능과 능력을 걸고 도전하려 할 때마다 자아는 우리의 유능하고 강력한 이미지를 필사적으로 방어한다. 직장에서 연봉 인상을 요구하거나 새로운 곳에 지원하고 싶다가도, 자격 미달이라는 걱정에 망설이게 되는 것도 그 때문이다. 자존심과 자부심을 사수하는 것이 자아의 임무이기에, 자아는 새롭거나 익숙하지 않은 모든 것을 위험하다고 간주한다.

사람들이 춤추러 나가는 대신 바 근처에만 머무는 이유, 파티에 참석한 사람들이 노래방에서 선뜻 마이크를 잡지 못하는 이유, 공개 연설이라는 과제가 누군가에겐 말할 수 없는 공포인 이유도 모두 마찬가지다. 자아는 어리석어 보이거나 밑천이 드러날 것 같은 상황으로부터 우리를 보호하려 든다.

이 현상을 철학자이자 작가인 루퍼트 스파이라(Rupert Spira)보다 더 잘 설명하는 사람은 없다. "우리가 한계를 넘어설 때마다 자아는 작은 죽음을 경험한다. 자아는 그 한계 자체에 의해 정의되는 존재이기 때문이다." 하지만 그는 자기 의심이란 그저 '마음의 표면에만 존재할 뿐'이기에, 더 깊은 곳의 진실과 직감에 닿아야 한다고 말한다. 그리고 이렇게 제안한다. "의심에 귀 기울이지 마라. 가슴이 하는 말에 집중하라."

높은 성취를 이룬 이들이 자신의 업적에 스스로 자격이 없다고 느끼는 일은 결코 드물지 않다. 기술업계에서 가장 영향력 있는 인물 중 한 명인 전 페이스북의 최고운영책임자였던 셰릴 샌드버그(Sheryl Sandberg)가 대표적인 사례다. 자수성가한 억만장자인 그녀는 하버드 경영 대학원을 졸업한 후 세계은행 경제학자로 경력을 시작해, 구글(Google)에서 온라인 판매 부문을 거쳐 페이스북에 합류했다. 2011년에는 〈포브스(Forbes)〉에서 매년 발표하는 '세계에서 가장 영향력 있는 여성 100인' 중 5위에 이름을 올리며 커리어의 정점을 찍었다.

그러나 카리스마 넘치는 외면과 화려한 이력 뒤에서 그녀는 자신이 사기꾼일지도 모른다는 생각에 괴로워했다. 셰릴은 포브스 명단에 오른 것을 오히려 부끄러워했다. 자신의 부족함이 탄로 날 것만 같아 당황스러웠던 나머지, 친구들이 페이스북에 이 소식을 공유하자 글을 내려 달라고 부탁할 정도였다. 그녀는 자신의 저서 《린 인》에서 당시 소동이 '터무니없고 바보 같은 일'이었다고 회고했다.

의심은 누구도 비켜 가지 않는다. 최고경영자부터 부사장까지, 초보 사업가부터 베테랑 기업가까지, 프로 운동선수부터 오스카상을 거머쥔 배우에 이르기까지 모두가 자기 의심을 안고 산다. 아무리 높은 곳에 오르더라도 자기 의심은 끈질기게 당신의 뒤를 쫓을 것이다. 이는 모든 단계의 사람들에게 영향을 미친다. 회의에서 의견을 내지 못하거나, 브레인스토밍 시간에 아이디어를 공유하지 못하고, 당연히 요구해야 할 연봉 인상을 주저하게 만들기도 한다. 모든 지식을 갖추고 있어도, 자기 의심은 당신을 침묵하게 만들고 존재감을 지워 버릴 것이다.

두려움을 느끼는 것이 지극히 정상인 것처럼, 자기 의심을 경험하는 것 역시 자연스러운 일이다. 두려움이 경계심을 높여 위험을 평가하게 한다면, 의심은 잠시 멈춰 서서 자신의 능력과 역량을 가늠하게 한다. 예를 들어 절벽에서 바다로 다이빙하려는데, 지금까지 해 본 거라곤 동네 수영장 다이빙대에서 배치기나 하던 게 전부라면 어떨까? 이때 자기 의심은 한 걸음 물러나 상황을 재검토하라는 현명한 신호가 된다. 하지만 자기 의심을 자신의 실제 능력이라고 믿어 버릴 때 문제가 된다.

자기 의심 한가운데에 자리를 잡고 그것을 베이스캠프로 삼아서는 안 된다. 그런 출발점에서 산을 오를 수 있는 사람은 아무도 없다. 당신의 베이스캠프는 믿음으로 지어지고 자신감으로 지탱되는 견고한 구조물이어야 한다. 베이스캠프를 제대로 구축한다면, 제아무리 많은 의심이 밀려와도 당신이 정상에 도달하는 것을 막지 못할 것이다.

의심의 세 얼굴

의심이 늘 진실을 반영하는 것은 아니다. 놀이공원에서 거울의 집을 걷고 있는 자신의 모습을 상상해 보라. 거울마다 당신의 모습을 조금씩 다르게 비출 것이다. 어떤 거울은 당신을 나무보다 더 크게 늘려 놓고, 어떤 거울은 볼링공처럼 납작하게 찌그러뜨린다. 대부분의 거울은 당신을 알아볼 수 없을 정도로 왜곡한다. 자기 의심도 마찬가지다. 우리가 스스로를 인식하는 방식을 왜곡한다. 바로 눈앞에 있는 자신의 장점을 긍정하기보다는, 끊임없이 자기 자신을 의심하게 만든다. 나는 상황에 따라 의심이 드러내는 세 가지 얼굴을 마주해 왔다.

사기꾼의 얼굴

기회가 찾아온 순간 거울을 들여다보면, 종종 우리를 응시하는 사기꾼의 얼굴을 마주하게 된다.

이사회 자리를 스스로 포기한 뒤로 나는 다시는 기회를 발로 차지 않았다. 하지만 그렇다고 해서 가면 증후군에서 완전히 자유로울 수는 없었다. 가면 증후군이란 타인이 나를 사기꾼으로 여길지 모른다는 불안으로 스스로 한계를 긋는 믿음이다. 자신의 지능과 경험, 재능을 깎아내리고 성공의 공을 순전히 타이밍이나 운으로 돌릴 때, 우리는 누구나 자신의 삶 속에서 사기꾼이 된 듯한 기분을 느낀다.

특히 여성들이 이러한 경향과 지독하게 씨름하곤 한다. 내가 멘토링하고 조언하는 이들에게서도 이런 모습이 자주 보인다. 그들은 리더 직급에 지원하거나 연봉 인상을 요청하고, 사업 아이디어를 제안하는 일에 훨씬 더 주저한다. 엔젤 투자자로 활동해 온 15년 동안 내가 받은 투자 제안서의 90퍼센트는 남성이 보낸 것이었다. 이는 멋진 기업을 세우는 여성이 부족해서가 아니라, 여성들이 먼저 손 내밀기를 주저하기 때문이다.

여성 창업자들에게 왜 더 일찍 연락하지 않았느냐고 물으면, 대개 스스로 기회를 저버리는 대답을 내놓는다. "경험이 부족해서 관심 없을 거라 생각했어요" "아직 준비가 안 됐다고 생각했어요" "구체적인 성과가 나올 때까지 기다리고 싶었어요"라는 말을 수없이 들었다.

'가면 증후군'이라는 용어는 1978년 높은 성취를 이룬 여성들을 대상으로 한 연구에 집중했던 두 여성 심리학자가 처음 고안한 말이다.[28] 여성들이 이 증상을 조금 더 예민하게 느끼는 경향이 있긴 하지만, 겉보기에 가장 자신감 넘쳐 보이는 남성들조차 누군가 어깨를 톡톡 치며 이렇게 말할까 봐 전전긍긍한다고 고백한다. "미안하지만, 뭔가 큰 착오가 있었던 것 같군요." 사실 우리 대부분은 속으로 자신을 사기꾼처럼 느끼면서도, 겉으로는 완벽하게 포장하는 데 꽤나 능숙하다.

톰 행크스(Tom Hanks)에게 물어봐도 마찬가지일 것이다. 오스카, 골든글로브, 에미상을 휩쓸어 선반을 가득 채운 그조차도 가면 증후군에 시달렸다. 그는 NPR과의 라디오 인터뷰에서 고백했다. "살다 보면 '내가 대체 어떻게 여기까지 왔지?'라는 생각이 드는 순간이 있습니다. '사람들이 언제쯤 내가 사기꾼이라는 사실을 알아차리고 모든 걸 뺏어갈까?' 하고 말이죠."

내 머릿속에서 의심의 아우성이 가장 컸던 순간들을 짚어 보면, 내가 가장 크게 성장했던 시점들과 정확히 일치한다. 경험이 전무한 상태에서 첫 회사를 세울 때나, 거물급 투자자들 앞에서 사업 계획을 발표할 때, 혹은 '주니'를 통해 완전히 새로운 분야에 뛰어들 때도, 의심은 늘 내 역량을 뒤흔들었다. 이유는 분명했다. 자아가 경험해 본 적 없는 미지의 영역에 발을 내디뎠기 때문이다. 이에 대한 방어 기제로 자아는 나를 뒤로 잡아당겨 보호하려 했다. 하지만 바로 그 순간이 의심을 뚫고 한 단계 더 나아가야 할 때였다.

의심은 항상 당신을 잘못된 길로 이끌려 할 것이다. 학벌이나 배움에 불안감을 느껴 본 적이 있다면, 의심은 당신이 충분히 똑똑하지 않다고 속삭일 것이다. 자기 능력을 의심한 적이 있다면, 의심은 당신의 꿈을 비웃을 것이다. 경제적으로 어려움을 겪어 본 적이 있다면, 의심은 당신이 부를 누릴 자격이 없다고 말할 것이다. 망신을 당할까 봐 걱정한 적이 있다면, 의심은 당신이 어리석어 보일 뿐이라고 겁을 줄 것이다. 무시당했다고 느낀 적이 있다면, 의심은 당신이 주인공이 될 자격이 없다고 단언할 것이다. 하지만 이런 의심에 귀를 기울인다면, 당신은 위험을 감수하고, 꿈을 좇고, 승진을 요구하고, 더 높은 연봉을 협상하거나, 새로운 일을 시작할 엄두도 내지 못하게 될 것이다.

비교의 얼굴

나는 자라면서 내가 똑똑하다고 생각한 적이 없다. 학교 수업을 따라가는 데 애를 먹었고, 쌍둥이 언니와 나를 끊임없이 비교했다. 어떻게 비교하지 않을 수 있었겠는가? 우리는 유전적으로 동일한 DNA를 공유한 사이였으니 말이다. 나는 어린 시절 내내 '비교'라는 감정과 사투를 벌였다. 한 친구가 던졌던 농담이 아직도 기억난다. "똑똑한 쪽이 네가 아닌가 보네." 그 말은 평생 그림자처럼 나를 따라다니며 괴롭혔다. 수십 년이 흘러 쌍둥이 두 쌍을 키우는 부모가 된 지금, 나는 그때와 똑같은 광경이 매일같이 되풀이되는 것을 본다. 아이들이 함께 놀고 경쟁하는 모습을 보며, 비교라는 본능이 얼마나 자연스럽고 깊이 뿌리박혔는지 다시금 깨닫는다.

비교는 쌍둥이뿐만 아니라 지구상의 모든 사람이 겪는 일이다. 우리는 타인의 직함, 연봉, 승진, 성취를 잣대로 자신을 측정하곤 한다. 외모와 나이, 건강은 물론 심지어 연애 상대까지 남과 비교하며 꼼꼼히 따진다. 소셜 미디어에 올라오는 사치스럽고 화려하며, 현실과 동떨어진 게시물들과 자신의 삶을 비교한다. 인간관계와 결혼 생활, 가족까지 남과 비교하며 결국 우리에게 불리하게 설계된 마음속 점수판을 만들어 낸다.

이런 환상에 빠져 주변 사람들이 모두 나보다 더 똑똑하고 매력적이며, 더 성공하고, 더 행복하고, 부유하기까지 하다고 믿게 되면 자기 의심의 굴레에 갇히기 십상이다. 하지만 겉모습은 속기 쉬운 법이다. 비교는 나만 빼고 다른 사람들은 모두 잘 살아가고 있다는 착각을 불러일으키고, 결국 자신이 부족하다는 감정을 부채질하며 자신감을 깎아내린다. 우리가 보는 타인의 모습은 대개 삶에서 가장 잘 다듬어지고 선별된 단면일 뿐이다. 특히 오늘날처럼 정교하게 보정되고 빈틈없이 가공된 소셜 미디어 속 화려한 순간들이 넘쳐 나는 세상에서는 더욱 그렇다.

어머니 덕분에 나는 어릴 때부터 남들과 다른 나만의 개성을 받아들이는 법을 배웠다. 어머니는 내가 가진 재능과 목표에 집중하라고 격려하며 이렇게 말씀하시곤 했다. "쌍둥이 언니와 네 자신을 늘 비교하기만 하면 절대 행복해질 수 없단다."

우리 모두 마찬가지다. 우리에게는 저마다 고유한 역량과 재능, 그리고 삶의 목적이 있다. "당신의 인생 첫 번째 장을 누군가의 스무 번째 장과 비교하지 마라"라는 격언을 들어 본 적 있는가? 정 누군가와 비교하고 싶다면, 10년 전 혹은 1년 전의 자신과 비교하라. 그리고 당신이 얼마나 멀리 왔는지를 증명해 주는 성취와 발전, 성장의 기록들을 찬찬히 살펴보자.

타인의 삶에 집착하는 것은 자신의 목표로부터 눈을 돌리게 만드는 방해 요소일 뿐이다. 이는 자신의 잠재력을 갉아먹고, 당신을 당신답게 만드는 모든 고유한 특성을 보지 못하게 가린다. 주야장천 외부로만 시선을 돌린다면, 언제나 나보다 더 '강하고 똑똑하며 건강한 데다 부유하기까지 한' 사람을 마주하게 될 것이다.

내가 삶의 지침으로 삼는 강렬한 격언이 있다. 바로 "비교는 기쁨을 훔치는 도둑이다"라는 말이다. 타인을 잣대로 자신을 측정하는 행동은 당신의 행복을 앗아 갈 수 있다. 이 격언은 시선을 내면으로 돌려 나만의 자질과 강점에 집중하라고 일깨워 준다. 그것이야말로 당신을 진정한 성공으로 이끄는 열쇠이기 때문이다. 당신을 특별하게 만드는 것은 무엇인가? 다른 누구와도 차별화되는 당신만의 특징은 무엇인가? 타인과 비교하지 말고, 오직 나만이 가진 차별점에 주목하라.

우리는 모두 '남들만큼은 살아야 한다'는 강박에 사로잡히곤 한다. 기업가는 경쟁사와 자신의 성공을 비교하며 스스로를 평가하고, 예술가는 타인의 작품과 비교하며 자신의 실력을 의심한다. 또한 사람들은 매일 화려하게 편집된 타인의 일상만 보고, 카메라 뒤에 숨겨진 고통과 좌절은 보지 못한다. 끊임없는 비교는 거울의 집처럼 왜곡된 모습을 만들어 내고, 현실감각과 자아존중감을 뒤틀어 버린다. 타인과 비교하기보다 자신만의 고유한 강점과 여정을 온전히 받아들이는 것이 진정한 잠재력을 꽃피우는 열쇠다. 아인슈타인의 말은 우리에게 중요한 사실을 되새기게 한다. "모두가 천재다. 하지만 나무를 타는 능력으로 물고기를 평가한다면, 그 물고기는 평생 자신이 멍청하다고 믿으며 살게 될 것이다."

자격지심의 얼굴

아무리 많은 성과를 내도 '나는 아직 멀었다'라고 느낀 적이 있는가? 자격 미달이라는 기분은 자신감을 갉아먹으며 당신에게 성공할 자질이 없다고 속삭인다. '나는 이 직무에 적합하지 않아. 나는 이 프로젝트를 감당할 능력이 없어'라는 식으로 말이다. 이는 연애 관계에서도 마찬가지다. '나는 그 사람에게 어울리지 않아'라는 생각이 들게 한다.

놀랍게도 우리가 존경해 마지않는 롤모델들조차 자격지심에 시달린다. 유명한 사례로, 미셸 오바마(Michelle Obama)는 회고록《비커밍》에서 프린스턴 대학 시절부터 '내가 과연 이 자리에 있을 자격이 있는 사람일까?'라는 의문에 끈질기게 시달려 왔다고 고백했다. 하지만 그녀는 의심이 자신을 집어삼키게 내버려 두지 않았다. "나는 그 의문을 다른 모든 일과 마찬가지로 노력을 통해 극복했다. 묵묵히 할 일에 매진하며 결과로 증명하기로 마음먹은 것이다. 나 스스로의 발목을 잡지 않기 위해 노력해야 했다."

우리 모두가 스스로에게 던져야 할 질문은 이것이다. '어떻게 하면 스스로의 발목을 잡지 않을 수 있을까?'

결국 자신이 부족하다는 믿음은 자아가 브레이크를 밟는 또 하나의 사례일 뿐이다. 혹시라도 실패할 경우에 대비해, 자아는 당신의 무한한 잠재력이 세상에 드러나는 것을 원치 않는 것이다. 대신 당신이 익숙하고 안락한 영역에만 머물길 고집한다.

자격 미달이라며 나를 현혹하는 생각들이 머릿속을 스칠 때마다, 나는 그 목소리에 귀를 닫는다. 나의 태도는 명확하다. 실제로 부딪쳐 보지 않고 충분히 해낼 수 있을지 없을지 어떻게 안

단 말인가? 자신의 '한계'를 뛰어넘고 싶다면 새로운 일과 미지의 영역에 기꺼이 도전하려는 의지가 있어야 한다. 이러한 한계가 스스로 그어 놓은 선임을 깨닫는 순간, 비로소 자격지심이라는 굴레에서 자유로워질 수 있다.

내게 회사를 운영할 만큼 능력이 있는지는 나조차 알지 못했다. 실제로 해내기 전까지는 말이다.

제품 라인을 성공적으로 세상에 내놓을 수 있을지도 몰랐다. 이 역시 실제로 해내기 전까지는 말이다.

의심에 주도권을 뺏긴 채 인생이라는 경기장 밖에서 방관자로 남는 사람들이 많다. 하지만 나는 의심이 내 삶을 휘두르도록 내버려두지 않을 것이다. 미셸 오바마가 말했듯, 스스로의 발목을 잡지 말고, 묵묵히 할 일에 매진하며, 자신의 재능과 자질이 그 가치를 스스로 증명하게 하라. 누군가에게 실력을 증명해야 한다면, 그 대상은 오직 당신 자신이어야 한다.

자기 의심에서 자기 확신으로

자기 의심을 넘어 자기 확신으로 나아가려면 자신의 능력을 믿는 마음을 기르고, 본연의 가치를 인정하는 과정이 필요하다. 인내심을 갖고 꾸준히 노력하다 보면, 어느덧 목표를 향해 자신 있게 나아갈 힘을 얻게 될 것이다. 불안한 자기 의심을 단단한 자기 확신으로 뒤바꾼 나의 네 가지 비결은 다음과 같다.

무조건 '예'라고 말하는 사고방식을 지녀라

이사회에 합류할 기회를 스스로 날려 버렸다는 사실을 깨닫고 난 이후로 나는 나 자신과 한 약속을 지켜 나갔다. 내가 얼마나 자격이 부족하다고 느껴지든 상관없이 내게 찾아온 모든 성장의 기회에 무조건 '예'라고 답하기로 했다.

2017년, 잡지 〈석세스(Success)〉 콘퍼런스에서 2,000명의 청중을 대상으로 연설해 달라는 초청을 받았을 때 느꼈던 위축감과 압박감이 아직도 생생하다. 그 어떤 영광도 수많은 인파 앞에 서야 한다는 사실에서 오는 긴장감을 잠재우기엔 역부족이었다. 당시 강연 경험이라고는 사내 팀원이나 소규모 기업가 모임 정도가 전부였기에, 그런 대규모 청중은 비교조차 할 수 없는 차원이었다. 멜 로빈스(Mel Robbins)나 브렌든 버처드(Brendon Burchard) 같은 업계의 거물들과 한 무대에 선다는 사실에 부담감은 극에 달했다. 어김없이 의심이 고개를 내밀기 시작했다. '내가 정말 이런 일을 감당할 자격이 있을까? 그냥 정중히 거절하는 게 낫지 않을까?' 하지만 그 순간, 나 자신과 했던 약속이 떠올랐다. 결국 나는 초청을 수락했다.

이후 철저한 연습과 리허설을 거듭하며 의심에 맞섰다. 준비야말로 놀라운 해독제다. 두려움이 완전히 사라지진 않았지만, 그 기세는 확실히 꺾였다. 마침내 전석 매진된 공연장 무대에 올랐을 때 온몸에 전율이 흘렀다. 여전히 떨렸지만 도전을 마주할 준비는 충분히 되어 있었다. 나는 무대 위로 걸어가 당당하게 연설을 마쳤다.

연설을 마친 뒤, 세차게 뛰는 심장 소리 뒤로 벅찬 자부심이 밀려왔다. 단순히 연설을 성공적으로 해냈기 때문만은 아니었다. 내 안의 의심이 믿게 만들려 했던 모습보다, 내가 훨씬 더 큰 내 역량을 가진 사람임을 스스로 증명해 냈기 때문이었다.

의심의 다양한 얼굴을 이해하고 다스리는 법을 배운다면, 거대한 심리적 장애물이 사라지면서 더 많은 기회가 들어설 자리가 생긴다.

무대에 설 기회가 오거나, 새로운 도전에 직면했을 때, 혹은 일상의 틀을 깨야 할 때, 의심을 밀어내고 일단 '예'라고 말해 보자. 그 기회가 당신을 얼마나 성장시켜 줄지 다시 한번 상기해 보라. '예'라고 말하는 습관을 기르는 과정은 성공을 위한 토양을 적극적으로 일구는 일과 같다. 이는 당신이 무언가를 할 수 없는 이유가 아니라, '할 수 있는 온갖 이유'에 집중하게 만든다. 당신은 스스로 생각하는 것보다 훨씬 더 유능한 사람이다.

'예'라고 말하는 횟수가 늘어날수록 자신감은 커지고, 자기 의심이 당신을 휘두르는 힘은 약해질 것이다. 나아가는 과정에서 마주한 배움에 기꺼이 '예'라고 답하라. 그리고 성장과 준비된 상태는 오직 실전 경험을 통해서만 얻어지는 것임을 스스로 증명해 보여라.

모든 전문가도 시작은 초보자였다는 사실을 기억하자. 신입 변호사는 첫 재판을 직접 맡기 전까지는 진짜 실무를 경험할 수 없다. 신입 파일럿 또한 자신의 손으로 직접 비행기를 이착륙시켜 보고 나서야 비로소 하늘을 정복할 수 있다. 신입 교사 역시 개학 첫 주의 교실을 온몸으로 겪어 내기 전까지는 자신의 역할을 진정으로 이해하기 어렵다. 누구에게나 처음은 있는 법이다. 그리고 새로운 시작을 위한 첫걸음은 바로 '예'라고 말하는 것이다.

스스로의 코치가 되어라

내 쌍둥이 아들들은 그야말로 축구에 미쳐 있다. 축구에 살고 축구에 죽는 녀석들은 틈만 나면 가장 좋아하는 선수인 리오넬 메시(Lionel Messi)와 크리스티아누 호날두(Cristiano Ronaldo)의 영상을 보여 달라고 졸라 댄다. 어느 날 저녁, 유튜브로 호날두의 하이라이트 영상을 함께 보고 있었다. 아이들은 호날두가 기술을 선보일 때마다 눈 한 번 깜빡이지 않고 감탄했다.

그러다 예상치 못한 장면이 나왔다. 경기장 관중은 물론 아이들도 숨을 죽인 가운데 호날두가 페널티킥을 준비하던 순간이었다. 그는 서두르지 않았다. 잠시 눈을 감고 집중하더니 스스로에게 무언가를 속삭였다. 화면 자막에 따르면, 그는 계속 이렇게 되뇌고 있었다. "넌 할 수 있어! 네가 골 넣는 건 당연한 거야!"

호날두가 스스로에게 건넨 격려는 재능이나 기술 이상의 가치를 보여 주었다. 세계 최고의 선수조차 압박감을 떨쳐 내고 자신의 능력을 믿기 위해 주문이 필요했던 것이다. 아이들에게는 그들의 영웅조차 가장 중요한 순간에 의심을 잠재우고 최고의 기량을 끌어 내기 위해 스스로에게 말을 건넨다는 사실을 깨닫게 해 준 소중한 순간이 되었다.

당신도 자기 격려를 통해 스스로에게 힘을 북돋아 주라. 자신에게 동기를 부여하는 최고의 코치가 되어 보는 것이다. 당신이 가진 모든 강점을 되새기고 과거에도 지금과 같은 상황에서 성공을 거두었던 기억을 떠올려 보라.

의심의 목소리는 언제든 믿음의 목소리로 얼마든지 뒤바뀔 수 있다.

〈허핑턴 포스트(The Huffington Post)〉와 〈스라이브 글로벌(Thrive Global)〉의 공동 창립자 아리아나 허핑턴(Arianna Huffington)은 자기 의심과 싸우는 독특한 비결이 있다. 그녀는 이렇게 말한다. "나에게 가장 큰 장애물은 머릿속에서 들려오는 목소리다. 나는 그 목소리를 성가신 룸메이트라고 부른다. 누군가 우리 뇌에 부착해 스스로에게 하는 모든 말을 기록하는 녹음기를 발명해 주면 좋겠다. 그러면 부정적인 혼잣말을 멈추는 게 얼마나 중요한지 금방 깨닫게 될 테니까. 마치 지혜라는 처방전을 써서 그 성가신 룸메이트를 밀어내는 일과 같다."

레이디 가가(Lady Gaga) 역시 자기 의심에 대해 공개적으로 인정하며, 엄청난 성공을 거두었음에도 여전히 '고등학교 시절의 낙오자'처럼 느껴진다고 고백했다. 그녀는 다큐멘터리에서 "나는 슈퍼스타다. 그러니 오늘 하루도 잘 헤쳐 나갈 수 있다"라고 매일 아침 스스로 다짐하며 의심과 싸운다고 밝혔다.

자신에게 어떤 말을 건네든, 오직 사실에 근거해 자신감을 북돋아 주는 말만 해라. 자신의 역량을 되새겨라. 나는 성공할 것이며, 지금 이 자리에 서 있을 자격이 충분하다고 매일 다짐하는 습관을 들여라. 아침을 이런 격려로 시작할수록 눈에 띄게 달라지는 마음가짐을 느낄 수 있을 것이다. 성공한 사람들은 자신이 성공할 것임을 믿는다. 자신이 부족하다는 생각에 빠질 때도 있지만, 그럴 때마다 자기 확신이라는 더 강력한 대항마를 불러낸다. 그들은 의심이 승리하도록 절대 내버려두지 않는다. 결국, 당신은 당신이 믿는 모습 그대로가 된다. 그리고 당신이 자신을 믿기 시작하면, 주변 사람들도 당신을 믿어 줄 것이다.

단 하나의 작은 승리를 거두어라

달성할 수 있는 목표를 설정하는 것은 자기 의심을 극복하는 아주 강력한 방법이다. 원대한 목표나 거대한 성취만을 바라보면, 앞으로 마주할 일의 규모에 압도되거나 확신을 잃기 쉽다. 하지만 목표를 작고 관리하기 쉬운 단계들로 쪼개면 나아갈 길이 명확해지고, 그 과정에서 작은 승리들을 만끽할 기회가 생긴다.

수년간 거창한 일들에 파묻혀 허우적대던 끝에, 나는 '단 하나의 작은 승리'가 가진 놀라운 변화의 힘을 발견했다. 매일 아침, 메일함이 관심을 달라며 아우성치기 전에 삶을 진전시킬 가장 중요한 과제 딱 하나를 정한다. 오직 단 하나의 과제만 정한다. 단순해 보이지만 이는 혁명적인 변화를 불러온다. 나는 모든 방해 요소를 차단하고 알림을 끈 뒤, 오직 하나의 승리를 향해 모든 에너지를 쏟아붓는다. 중요한 프레젠테이션을 끝내든, 피해 왔던 껄끄러운 대화를 마치든, 그 목표를 달성하는 순간 내 안의 자신감이 차오른다.

작은 승리들은 더 큰 자신감을 지탱하는 단단한 기초 벽돌이 된다. 이러한 일상의 실천은 어떤 일도 해낼 수 있다는 흔들림 없는 믿음을 심어 주어, 더 큰 도전에 당당히 맞설 채비를 갖추게 한다. 제임스 클리어(James Clear)는 저서 《아주 작은 습관의 힘》에서 작고 꾸준한 개선이 장기적으로 얼마나 큰 발전을 가져오는지 강조하며 이를 '1퍼센트 원칙'이라 불렀다. "습관은 자기계발의 복리와 같다. 매일 1퍼센트씩 나아지는 것은 장기적으로 보았을 때 엄청난 차이를 만든다." 작은 승리를 하나씩 쟁취해 나갈 때, 당신은 비로소 가장 큰 목표를 정복할 자신감을 갖게 될 것이다.

성공을 시각화하라

시카고 대학의 유명한 실험에서 우리 뇌는 머릿속으로 시각화한 것과 실제로 한 행동을 완벽하게 구분하지 못한다는 사실이 밝혀졌다. 세 그룹의 농구 선수들이 경기장에 선 장면을 상상해 보자.

첫 번째 그룹은 한 달 동안 자유투 연습을 한다.

두 번째 그룹은 완벽한 슛을 던지는 모습만 시각화한다.

세 번째 그룹은 아무것도 하지 않는다.

몇 주 후 선수들이 코트로 돌아왔을 때 놀라운 결과가 나타났다. 공이 골대에 들어가는 모습을 상상만 했던 선수들의 기량이 실제로 훈련한 선수들만큼이나 향상된 것이다. 공중을 가른 농구공이 그물 안으로 깔끔하게 들어가는 모습을 상상하는 것만으로도 마법 같은 효과가 나타난 셈이다.[29]

시각화를 의도적으로 꾸는 꿈이라고 생각하자. 상상력을 발휘해 어떤 목표나 프로젝트의 성공적인 결과를 머릿속에 명확한 그림으로 그려 보는 것이다.

마이클 펠프스(Michael Phelps)의 사례를 보자. 선수권 대회를 준비하며 그는 단순히 몸을 단련하는 데 그치지 않고 정신도 훈련했다. 눈을 감고 주변 환경과 수영장 풍경, 모든 팔동작과 방향 전환, 그리고 마침내 거머쥘 승리의 순간까지 머릿속으로 리허설했다. 펠프스의 올림픽 코치 밥 보먼(Bob Bowman)은 2016년 〈포브스〉와의 인터뷰에서 이렇게 말했다. "그는 자신이 승리하는 장면을 봅니다. 공기의 냄새를 맡고, 물의 맛을 느끼며, 주변의 소리를 듣고, 전광판의 기록을 보죠."

펠프스는 자신의 성공을 시각화했다. 당신도 똑같이 할 수 있다. 그저 편안한 장소를 찾아 눈을 감고 현실에서 펼쳐질 성공적인 결과를 상상하기만 하면 된다. 어떤 기분이 들지, 어떻게 반응할지, 그리고 그 성공이 어떤 의미를 갖는지를 마음속으로 생생하게 그려 보라. 운동선수들에게 효과가 있다면 당신에게도 효과가 있을 것이다. 나 역시 중요한 비즈니스 발표를 앞두고 시각화 기법을 활용한다. 오갈 대화와 현장의 에너지, 그리고 원하는 결과를 미리 그려 보는 것이다. 이렇게 성공을 예습하고 나면 훨씬 더 철저히 준비된 기분이 들고 자신감이 솟구친다.

매년 나는 잡지에서 오려 낸 사진들을 가득 붙인 '비전 보드'를 만들어 다가올 한 해의 꿈을 시각화한다. 베스트셀러가 되는 내 책, 아이슬란드로 떠나는 가족여행, 코스트코에 입점하는 내 음료 브랜드 주니처럼 말이다. 나는 이 비전 보드를 보면서 매일 목표를 되새긴다. 비전 보드의 힘을 깊이 믿기에 매년 12월이면 비전 보드 파티를 연다. 목표 설정을 본격적인 축제로 바꾸는 우리만의 전통이다. 이때만큼은 부엌이 창의적인 실험실로 변신한다. 사방에 흩어진 잡지, 신문, 종이 조각 들이 곧 잘리고 붙여져서 가능성의 조각들로 탈바꿈한다. 친구들과 나는 몇 시간 동안 직업적 야심부터 개인적 희망까지 전부 담아 낼 이미지를 찾아 헤매며, 미래의 모습을 구체화한 청사진을 만든다. 이 의식이 강력한 힘을 발휘하는 이유는 단순히 만드는 과정 때문이 아니다. 강렬한 시각적 요소들이 논리적 사고를 우회하여 감정의 중추를 직접 파고드는 힘이 있기 때문이다.

연구 결과도 이 효과를 뒷받침한다. 종이에 목표를 기록하는 사람은 그렇지 않은 사람보다 목표를 달성할 확률이 33~42퍼센트나 더 높다.[30] 게일 매슈스(Gail Matthews) 박사의 연구는 목표를 직접 적는 행위가 성공을 앞당기는 강력한 촉매제가 될 수 있음을 시사한다.

원하는 모습의 생생한 이미지를 눈에 담으면, 그것은 우리 무의식에 깊이 각인된다. 이렇게 각인된 이미지는 당신의 의도를 명확히 해 주고, 더 깊은 차원에서 스스로의 목표와 맞닿게 해 준다. 우연히 본 마이애미의 일출 사진 한 장이 대륙 반대편으로 거처를 옮기겠다는 결심에 불을 지폈을 때, 나는 이 사실을 몸소 깨달았다.

내가 친구나 동료들에게 비전 보드에 관해 이야기하면 종종 회의적인 반응이 돌아오곤 한다. 하지만 시각적 버팀목을 무의미하거나 단순하다고 치부해 버리는 사람들은 미래를 시각화하는 행위가 지닌 놀라운 힘을 알지 못한다.

톰의 사례를 보자. 그는 전형적인 CEO였다. 아이비리그 MBA 출신으로 포춘 500대 기업을 15년간 이끌었으며, 철저히 데이터에 기반한 의사결정으로 정평이 나 있었다. 그런 그가 예상치 못하게 해고되었을 때 그의 정체성은 뿌리째 흔들렸다. "난 항상 완벽한 계획을 가진 사람이었어. 그런데 내 커리어에서 처음으로 다음 단계를 전혀 그려 볼 수조차 없게 됐어." 점심을 먹으며 그가 말했다.

나는 평소 영감을 주는 명언 따위엔 눈길도 안 주던 톰이 즉시 질색하며 눈을 흘길 만한 제안을 했다. 바로 비전 보드를 만들어 보라는 것이었다. 내가 설명을 덧붙였다. "톰, 비전 보드는 네가 찾고 있다는 사실조차 깨닫지 못했던 새로운 가능성을 발견하게 해 줄 거야."

"생각해 보지." 나는 그 말을 사실상 거절의 의미로 받아들였다.

하지만 몇 주 후, 톰은 결국 비전 보드를 직접 만들어 보았다고 털어놓았다. 캠핑, 인공 지능, 자율주행차 등 비전 보드에 붙일 이미지를 하나씩 조합해 나가며 그는 새로운 가능성을 진지하게 검토하기 시작했다. 그리고 그것은 정말로 효과가 있었다. 3개월 후, 그는 인공 지능 전문 컨설팅 회사를 설립했다. "비전 보드가 직접 기회를 열어 준 건 아니야. 하지만 기회를 알아볼 수 있도록 내 마음을 열어 줬지."

비전 보드의 힘은 가능성을 바라보는 사고방식의 전환에 있다. 톰의 사례가 증명하듯, 때로는 가장 강력한 비즈니스 도구가 스프레드시트보다는 새로운 것을 시도하려는 의지에서 나오기도 한다. 비전 보드를 만들어 본 적이 있는가? 아직 경험해 보지 못했다면, 꿈을 현실로 만드는 아주 재미있고 영감을 주는 방법을 놓치고 있는 셈이다. 이제 시작해 볼 준비가 되었는가? 비전 보드 가이드를 활용해 오늘 바로 당신의 비전을 설계해 보자!

자신을 믿어라

성공이란 자신의 모습을 있는 그대로 받아들이고, 그 자체로 충분하다고 믿는 데서 온다는 사실을 깨닫기까지 오랜 시간이 걸렸다. 나는 너무나 자주 내 능력을 의심했고, 불확실함이 내 안을 파고들도록 내버려두었다. 스스로 자격이 부족하다고 믿었던 실수는 단순히 기회를 놓치는 것에 그치지 않았다. 나를 보잘것없는 존재로 가두고, 불안을 고착시키는 사고방식을 만들었다. 나만의 고유한 기술과 경험은 걸림돌이 아니라 자산이며, 의심의 순간들은 자기 믿음을 단단하게 다지기 위한 도전일 뿐이라는 사실을 깨닫는 데에도 수년이 걸렸다.

　살면서 위대한 일을 해냈던 순간들을 떠올려 보라. 정말로 완벽히 준비된 상태였는가? 아니면 직접 부딪치며 방법을 찾아냈는가? 멋지게 끝낸 프로젝트, 완벽하게 성공시킨 발표, 팀원들에게 영감을 주었던 순간, 모두가 찬사를 보냈던 제안서까지, 그 어떤 것도 당신이 직접 해내기 전까지는 완벽히 준비될 수 없는 법이다. 이건 우연이 아니다. 성장은 오직 실천 속에서만 일어난다는 증거다. 그러니 이제 이렇게 행동하라.

자격이 부족하다고 느껴져도 과감히 지원하라.

준비 여부와 상관없이 기회가 오면 일단 "예"라고 답하라.

마땅히 받아야 할 연봉 인상을 당당히 요구하라.

전문가가 아닐지라도 당당하게 합류하라.

의심이 들 때면 당신은 자신이 생각하는 것보다 훨씬 더 유능한 사람이라는 사실을 떠올려라. 당신과 당신이 마땅히 누려야 할 성공 사이를 가로막는 유일한 장벽은 스스로를 믿지 못하는 마음뿐이다.

현재 머물고 있는 곳과

도달하고 싶은 곳 사이의 틈은

단순히 기술이나 자격으로 메워지지 않는다.

그 빈자리를 채우는 것은

다름 아닌 당신의 믿음이다.

스스로 되돌아보기 자격이 부족하다는 생각에 기회를 그냥 흘려보낸 적이 있는가? 충분히 가치 있는 의견이 있는데도 입 밖으로 꺼내지 못하고 망설인 적은 없는가? 스스로가 부족하다는 느낌이 당신의 삶에서 어떤 모습으로 나타나고 있는가?

핵심 메커니즘

- **자기 의심은 보편적이다** 누구나 인생의 어느 시점에서 자기 의심을 마주한다. 이는 안락 지대를 벗어날 때 일어나는 자연스러운 반응이다. 그리고 그것은 자신의 재능이나 잠재력에 대한 진실이 아니라, 스스로 한계를 설정하는 생각일 뿐이다.

- **자기 부정을 멈춰라** 단순히 자격이 부족하거나 경험이 없다는 생각에 기회를 거절하는 것은 자신의 잠재력을 제한하는 행위다. 스스로의 코치가 되어라. 자신이 할 수 있는 일들을 떠올려라.

- **"예"라고 말하는 사고방식을 지녀라** 자신을 의심할 이유를 찾는 대신, 자격이 부족하다고 느껴도 새로운 기회에 일단 "예"라고 말하는 연습을 시작하라. 이는 자기 의심을 극복하는 습관을 만드는 가장 강력한 방법이다.

- **성공을 시각화하라** 비전 보드를 만들어 목표를 명확히 하고, 동기를 유지하며, 기회를 포착하고 꿈을 현실로 만드는 뇌의 잠재력을 활성화하라.

- **행동으로 자기 의심에 맞서라** 확신이 서지 않거나 스스로 부족하다고 느껴질지라도, 행동에 나설 때마다 의심은 사그라들고 자신감은 더욱 견고해질 것이다.

- **자신만의 방식을 찾아라** 타인과 비교하며 시간을 낭비하지 말고 나만의 차별점이 무엇인지 찾아라. 당신의 고유함을 받아들여라.

밀리어네어 마인드셋 나는 성공을 누릴 자격이 있다. 그렇기에 자기 의심이 들더라도 새로운 기회에 언제나 "예"라고 답한다. 나의 경험과 기술, 나만의 관점은 나를 두렵게 하는 일조차 거뜬히 해낼 힘이 된다. 내가 기꺼이 마주하는 모든 도전은 자신감을 북돋우고, 자기 확신을 견고하게 쌓아 올린다.

MISTAKES
THAT MADE ME
A MILLIONAIRE

실수

9

MISTAKES
THAT MADE ME
A MILLIONAIRE

너무 일찍 포기하기

실패의 무게를 견디기 힘들 때 포기가 유일한 탈출구처럼 느껴지곤 한
다. 내가 저지른 실수는 포기를 가장 쉬운 해결책이라 믿었던 점이다.

무언가를 너무 일찍 포기하는 바람에 수백만 달러를 날렸다는 극적인 이야기로 이 장을 시작하고 싶었다. 예를 들면 이런 이야기 말이다. "저는 아마존의 네 번째 직원이었지만 온라인 쇼핑이 일시적인 유행일 뿐이라고 생각해서 그만두었습니다." 하지만 나는 너무 일찍 그만두는 실수를 저지른 적이 없다.

바로 이 점이 내가 이 장을 쓸 자격을 갖춘 이유다.

나는 셀 수 없을 만큼 많은 순간에 포기 직전까지 갔었다. 사직서 초안을 쓰고 거울 앞에서 "그만두겠습니다"라는 말을 연습하기도 했으며, 새벽 3시에 '그냥 전부 다 때려치울까?'라고 고민하기도 했다. 수없이 벼랑 끝에 서 봤기에 우리를 그 끝으로 몰아세우는 심리가 무엇인지 뼈저리게 잘 안다. 사실, 벼랑과 나는 둘도 없는 친구 사이다.

실제로 너무 일찍 포기한 적이 없는데도 내 이야기가 의미를 갖는 이유도 바로 이 때문이다. 나는 사람이 한계점에 도달하기 직전에 일어나는 흥미로운 현상을 발견했다. 그 직전의 순간은 바로 진실이 드러나는 때이자, 내면의 모든 것이 '포기해!'라고 비명을 지르는 심리적 변곡점이다. 하지만 포기하고 싶은 강렬한 충동은 일종의 시험이다. 안타깝게도 대부분의 사람들이 실체를 알아보지 못해 시험에서 탈락하고 만다. 고비를 넘길 때마다 따르는 불편함으로부터 당신을 보호하려는 뇌의 마지막 발악일 뿐인데 말이다.

나를 벼랑 끝까지 가게 한 그 경험을 기록하고, 그 순간이 왜 기만적인지에 대한 데이터를 수집해 온 현장 연구원이라고 생각해도 좋다. 나는 포기하고 싶은 마음이 들 때(자주 그렇다)와 실제로 포기하는 게 맞을 때(드물다)의 차이를 나름의 과학적인 체계로 정립했다.

아이러니하게도 포기와 관련해서 내가 저지른 가장 큰 '실수'는 절대 포기하지 않는다는 점이다. 하지만 그 고집 덕분에 포기하고 싶은 지점을 넘어섰을 때 어떤 일이 벌어지는지 가장 가까이서 지켜볼 수 있었다. 단언컨대, 바로 그 지점에서 마법 같은 일이 일어난다.

모든 백만장자는 포기가 유일하면서도 가장 쉬운 선택처럼 느껴지는 순간을 마주한다. 참담한 실패, 뼈아픈 타격, 모든 것을 의심하게 만드는 막대한 재정적 손실 등을 겪는 순간에 포기의 유혹이 가장 강렬해진다. '나는 지쳤어. 이 정도면 충분해. 더는 못 하겠어. 차라리 그만두는 게 낫겠어.' 우리 모두 이런 경험이 있다. 인생의 가장 밑바닥에 있을 때 마음은 가장 약해지기 마련이다. 하지만 명심하라. 모든 좌절은 당신을 더 현명하고, 날카롭고, 강하게 만들 뿐이다. 내가 수많은 시련을 겪으며 깨달은 것은, 발길을 돌리고 싶은 바로 그 순간이 거대한 성공을 단 몇 걸음 앞둔 순간일 수도 있다는 사실이다.

인터뷰나 팟캐스트에서 예비 기업가에게 필요한 자질이 무엇인지 질문받을 때마다, 내 대답은 늘 명확했다. 바로 끈기다. 이것은 '전사의 정신'이며, 내가 아는 모든 백만장자에게 황금 실처럼 흐르는 귀중한 특성이다.

성공하는 사람은 절대 실패하지 않는 사람이 아니라, 절대 포기하지 않는 사람이다.

너무 일찍 포기하면 앞으로 펼쳐질 가능성도, 어쩌면 일어났을지도 모를 일들도 영원히 알 수 없게 된다.

로널드 웨인(Ronald Wayne)은 1976년에 스티브 잡스, 스티브 워즈니악(Steve Wozniak)과 함께 애플을 공동 창업했으나, 불과 12일 만에 지분 10퍼센트를 단돈 800달러에 되팔았다. 그 지분을 유지했다면 오늘날 그 가치는 1,000억 달러가 넘는 거액이 되었을 것이다.[31]

작가 스티븐 킹(Stephen King)은 데뷔작 〈캐리(Carrie)〉를 쓰던 중 첫 몇 페이지를 쓰레기통에 던져 버리고 작품을 완전히 포기했다. 그의 눈에는 서툴고 예술성 없는 실패작으로 보였기 때문이다. 다행히 그의 아내가 쓰레기통에서 원고를 건졌고, 남편이

글을 계속 쓰도록 격려했다.[32] 그녀가 아니었다면 스티븐 킹을 미국 소설계의 새로운 주역으로 만든 세계적 베스트셀러는 세상에 나오지 못했을 것이다.

스티븐 킹이 초기에 겪은 시련은 꿈을 실현할 때 누구나 마주하게 되는 진실을 보여 준다. 할아버지가 내게 자주 해 주셨던 말씀이기도 하다. "킴아, 모든 일은 예상보다 두 배는 더 오래 걸리고, 비용도 두 배는 더 들며, 에너지도 두 배는 더 써야 한단다. 일이 꼬이고, 지체되고, 거절당하고, 엉망진창이 될 거라고 미리 예상하렴. 그리고 모든 상황을 당연하게 받아들여라."

백만장자의 마인드셋을 갖추면 역경을 정면으로 마주하게 된다. 여기서 핵심은 과잉 반응하지 않는 것이다. 남들이 모두 평정심을 잃고 허둥댈 때도 냉정하고 침착한 태도를 유지해야 한다. 비전을 명확히 하고, 위기에 건설적으로 접근하며, 문제보다 해결책에 집중한다면 어떤 어려움도 이겨 낼 수 있다.

내가 16살이 되었을 때 아버지께서 나폴레온 힐(Napoleon Hill)의 《생각하라 그리고 부자가 되어라》를 선물해 주셨는데, 지금까지도 좋아하는 책 중 하나다. 이 책에는 너무 일찍 포기하는 것이 얼마나 큰 기회를 잃게 하는지에 대한 강렬한 교훈이 담겨 있다.

이 이야기는 채굴 장비에 투자한 금광꾼이 금을 찾으러 나서는 여정으로 시작한다. 그는 몇 주 동안 성공이 코앞에 있다고 믿으며 지칠 줄 모르고 땅을 팠다. 하지만 시간이 흐르면서 자신감은 점차 줄어들었고, 어느덧 의심이 스며들기 시작했다. 결국 지치고 낙담한 그는 포기하기로 결심한다.

금광꾼은 더 이상 장비가 필요없다고 생각하며 지역 고물상에게 팔아넘겼다. 고물상은 광산 전문가에게 조언을 구했고, 언덕에 여전히 거대한 금맥이 존재한다는 사실을 듣게 되었다. 정보를 얻은 고물상은 금광꾼이 포기했던 바로 그 자리에서 다시 작업을 시작했다. 조금 더 파 내려가자, 마침내 금맥을 발견하며 인생을 바꿀 만한 거금을 손에 넣었다. 금광꾼이 포기했던 지점에서 불과 단 세 걸음 떨어진 곳이었다. 이 이야기는 성공이 바로 눈앞에 와 있을 수도 있음을 깨닫게 해 준다. 포기하고 싶은 바로 그 순간, 어쩌면 우리는 '황금을 단 세 걸음 앞두고' 있을지도 모른다.

이 이야기의 교훈은 분명하다. 그토록 열심히 노력해서 여기까지 왔는데, 포기할 이유가 어디 있겠는가? 무엇을 추구하든 마지막 결승선을 통과하게 하는 힘은 스스로 정한 원칙을 지키는 자제력과 목표에 온 마음을 쏟는 전념에서 나온다. 물론 모든 계획이 뜻대로 되는 것은 아니다. 단념해야 할 막다른 길과 회복 불가능한 상황도 분명 존재한다. 하지만 나는 가능한 모든 해결책을 다 시도해 보기 전까지는 결심한 일을 절대 포기하지 않는다.

나는 일을 하며 힘든 순간이 올 때마다 나폴레온 힐의 '단 세 걸음 앞의 황금' 이야기를 수없이 되새기곤 했다. 가장 최근에는 케이 스킨(Cay Skin)을 운영하면서, 다시금 이 이야기가 떠올랐다. 아무리 힘들어도 늘 앞으로 나아가야 한다고 믿어 왔지만, 케이 스킨을 출시할 당시, 내 믿음은 상상조차 하지 못했던 방식으로 시험대에 올랐다. 어쩌면 내 인생에서 가장 포기에 가까이 갔던 순간이 바로 그때였는지도 모른다.

새로 육성할 혁신적인 아이디어를 찾는 데 몰두하고 있었다. 수많은 사업 제안서가 내 책상을 거쳐 갔지만, 특별히 관심을 끄는 것은 없었다. 슈퍼모델 위니 할로(Winnie Harlow)를 만나기 전까지는 말이다.

위니는 선크림 제품에 대한 대담한 비전을 품고 있었고, 이를 실현할 사업 파트너를 찾고 있었다. 내가 그녀를 처음 알게 된 건 2014년 〈도전! 슈퍼모델(America's Next Top Model)〉에 출연했을 때였다. 자가면역질환인 백반증을 앓는 모델이 세계 무대에 등장한 것은 그때가 처음이었다. 그녀는 강렬한 외모로 순식간에 전 세계에서 가장 유명한 인물 중 하나가 되었다. 마이클 잭슨 역시 같은 질환을 앓았지만 이를 필사적으로 감추려 했던 반면, 위니는 자신의 모습을 있는 그대로 받아들였다. 그녀는 "백반증은 나의 일부일 뿐, 나라는 사람을 규정하지는 못해요"라고 말했다.

이후 위니는 〈보그(Vogue)〉, 〈엘르(Elle)〉, 〈마리끌레르(Marie Claire)〉의 표지를 장식했고, 〈프로젝트 런웨이(Project Runway)〉

의 심사 위원으로 활동했다. 수많은 뮤지션들의 뮤직비디오에 출연하는가 하면, 빅토리아 시크릿(Victoria's Secret), 펜디(Fendi), 마크 제이콥스(Marc Jacobs)의 런웨이를 누볐다. 또한 퓨마(Puma)와 티파니앤코(Tiffany&Co)의 대표 모델로도 활동했다.

화려한 패션 화보만으로는 알 수 없었던 그녀의 따뜻함과 진정성은 코로나 봉쇄가 풀린 직후 샌타모니카에서의 만남을 통해 느낄 수 있었다. 세 시간 동안 점심을 함께하며 가장 깊은 인상을 남긴 것은 무엇보다 그녀의 끈기였다.

위니는 어린 시절의 상처를 털어놓으며, 백반증 때문에 '얼룩말'이나 '젖소'라고 놀림 받았던 경험을 들려주었다. 모욕적인 말들은 위니에게 큰 상처가 되었지만, 고통 속에서 비범한 강인함과 꺾이지 않는 정신이 싹텄다.

그녀는 백반증 때문에 햇볕에 화상을 입기 쉬운 체질이지만 백탁 현상이 없는 선크림을 구하는 게 사실상 불가능했다고 피력했다. 이는 슈퍼모델인 그녀에게 치명적인 문제였다. 선크림의 하얀 잔여물이 사진에서 보라색으로 비치는 탓에 야외 촬영이 큰 고역이었기 때문이다. 그녀가 직접 행동에 나서야겠다고 결심한 계기는 2018년 바하마에서의 촬영이었다.

이틀 동안 위니는 해가 뜨는 순간부터 지는 순간까지 뜨겁게 내리쬐는 불볕 아래서 일했다. 아침에 바른 선크림이 보기 흉한 백탁 현상을 남기자 완벽한 사진을 위해 더는 선크림을 덧바르지 않았다. 예뻐 보이기 위해 피부 보호를 포기한 탓에 결국 온

몸에 심각한 화상을 입고 말았다.

일광 화상은 치료가 필요할 정도로 심각했다. 그날의 촬영을 되돌아보며 그녀는 선크림이 단순히 미용을 위한 선택이 아니라 건강을 위한 필수품임을 깨달았다.

"보기 좋지 않다는 이유로 피부 보호라는 본연의 목적을 타협해서는 안 돼요. 피부색에 상관없이 모든 사람에게 효과적이면서도 백탁 현상이 없는 선크림을 만들고 싶어요."

나는 그녀의 대담한 비전에 매료되어 이야기에 집중했다.

"아무도 해내지 못한 일이에요. 모든 인종을 아우르는 범용적인 선크림을 만드는 건 세계 최초가 될 거예요."

위니의 사명이 깊은 공감을 불러일으킨 이유는 우리 집안에도 피부암 가족력이 있기 때문이었다. 나 역시 여러 번 기저세포암을 진단받았기에 햇빛 노출에 극도로 예민할 수밖에 없었다. 게다가 다섯 명 중 한 명은 피부암에 걸린다는 미국 피부과학회의 통계도 늘 의식하고 있었다.[33]

단순히 피부 보호를 넘어 잠재적으로 생명까지 구할 수 있는 제품을 만들겠다는 그녀의 아이디어를 듣고 의욕이 솟구쳤다. 다음 날 아침, 나는 결심을 굳히고 곧장 위니에게 전화를 걸었다. "당신의 공동 창업자이자 투자자가 여기 있습니다. 함께 세상을 바꿔 봅시다!"

명확한 목적의식과 강력한 영향력, 그리고 파괴적 혁신이 일어날 때가 된 산업까지, 우리에게는 성공을 위한 모든 요소가 완벽하게 갖춰져 있었다. 당대 최고의 흑인 슈퍼모델이자, 천만 팔로워라는 강력한 플랫폼을 보유한 위니는 자신이 그토록 간절히 원했던 선크림을 시장에 선보일 최적의 인물이었다.

우리는 브랜드명을 '케이 스킨(Cay Skin)'으로 결정했다. ('케이'는 카리브해의 작은 섬들을 의미하는데, 위니가 자메이카 출신이라는 점에서 영감을 얻었다.) 이름을 정하는 건 쉬운 일이었지만, 실제 선크림을 만드는 과정은 예상보다 훨씬 험난했다.

그 과정이 얼마나 고될지 미처 몰랐다. 하지만 모든 피부 타입에 맞는 선크림이 지금까지 왜 단 한 번도 출시되지 않았는지 이유를 깨닫는 데는 그리 오랜 시간이 걸리지 않았다. 업계의 거물들조차 까다로운 배합 비결을 찾아내지 못했던 것이다.

하지만 우리는 반드시 해내기로 결심했다.

그 후 몇 달 동안은 오로지 시행착오의 연속이었다. 수많은 샘플을 만들며 모든 성분들을 꼼꼼히 검토했다. 위니는 우리의 실험자이자 가장 까다로운 고객이었다. 테스트 중인 선크림이 아주 미세한 백탁 현상이라도 남기면 다시 원점으로 돌아갔다. 이 과정을 반복하고 또 반복했다.

마침내 자메이카의 배경을 담아낸 성분 조합에서 해결책을 찾았다. 알로에, 꽃꿀, 해초 같은 섬의 천연 성분들이었다. 특히 결정적인 마법 성분은 루틴(Rutin)이었다. 천연 황색 미네랄인 루틴은 선크림 특유의 백탁 현상을 중화하는 데 효과가 있었다. 모든 피부 타입에서 완벽하게 작용하는 것을 확인한 순간, 우리는 전율을 느꼈다. 드디어 최종 해답을 얻었고, 시장에 내놓을 모든 준비를 마쳤다.

2021년 봄, 우리는 세계적인 화장품 브랜드 세포라(Sephora)와 사업 제안 회의를 성사하며 첫 번째 쾌거를 거두었다. 뷰티 혁신에 앞장서고 흑인 창업 브랜드를 적극 지원하는 세포라는 우리에게 완벽한 파트너였다. 팬데믹 탓에 화상 회의로 진행해야 했지만, 사업 제안의 열기를 전하는 데는 아무런 문제가 없었다. 위니는 단순히 자신의 사연을 들려주는 데 그치지 않고, 그 자리에서 직접 제품을 증명했다.

"우리 제품이 시중의 다른 제품과 어떻게 다른지 말로만 설명하지 않겠어요. 직접 보여 드리죠."

먼저 그녀는 팔뚝에 일반 선크림을 발랐고, 피부에는 이내 백탁 현상이 나타났다. 그다음 케이 스킨의 제품을 발랐다. 이번에는 백탁이 전혀 없었다. 선크림은 그녀의 피부에 감쪽같이 스며들며 빠르게 흡수됐다. "이것이 바로 우리가 해결하려는 문제입니다." 백탁 없이 환하게 빛나는 피부를 내보이며 위니가 말했다.

세포라 경영진은 우리 제품과 일반 제품의 극명한 차이를 결코 무시할 수 없었다. 구매 책임자가 "케이 스킨 제품을 250개 매장에 입점시킬 기회를 드리고 싶습니다"라고 말했다.

아무리 원대한 꿈을 꾸었을지라도, 시작부터 이토록 전례 없는 규모로 출시하게 될 줄은 상상조차 못 했다. 보통의 브랜드가 유통업체에 진열대를 얻으려면 수년 동안 시장의 반응을 끌어내고 제품을 원하는 수요가 충분하다는 사실을 입증하며 자신들의 가치를 증명해야 한다. 하지만 세포라의 전폭적인 지원 덕분에 우리는 첫날부터 온오프라인 모두에서 출시할 수 있었다. 대다수 창업자가 꿈꾸는 기적 같은 기회였다.

그 시점부터 성장세에 가파른 탄력이 붙었다. 우리는 400만 달러의 투자금을 유치했고, 이로써 위니는 역대 100만 달러 이상의 자금을 조달한 단 100명뿐인 흑인 여성 창업자 중 한 명으로 이름을 올렸다. 모든 퍼즐 조각이 제자리를 찾아가는 듯했고, 새로운 역사를 쓰고 있다는 확신이 들었다.

첫 번째 제품 사진 촬영은 기대를 훨씬 뛰어넘는 결과물을 선사했다. 마이애미비치의 수정처럼 맑은 푸른 바다 한가운데 서 있는 위니를 떠올려 보라. 그녀는 눈부시게 아름다운 흰색 수영복을 입고서 한때 자신이 꿈꾸던 선크림을 자랑스럽게 치켜들고 있다. 매끈한 흰색 수영복을 입은 모델들에게 둘러싸인 채, 그들은 소리 내어 웃으며 물보라를 일으켰다. 더할 나위 없이 순조롭게 흘러갔다.

사진작가가 "컷, 수고하셨습니다"라고 외치자 모두가 환호성을 내질렀다. 현장을 정리하던 중, 무언가 수군거리는 소리가 들려왔다. 의상 담당 스타일리스트가 흰색 수영복 곳곳에 묻은 정체불명의 노란 얼룩을 발견했다는 것이었다.

노란 얼룩이라니? 완벽한 사진을 뽑았다는 황홀함에 취해 있던 우리는 그저 사소한 문제처럼 보였던 징후를 가볍게 치부해 버리고 말았다.

그리고 그것은 훗날 돌이킬 수 없는 실수로 드러났다.

우리는 모두 머피의 법칙을 잘 알고 있다. 잘못될 가능성이 있는 일은 결국 반드시 잘못된다는 법칙이다. 나에게도 나만의 법칙이 하나 있는데, '킴의 법칙'은 조금 다르다. 잘못될 일은 예상보다 훨씬 더 나쁜 방향으로, 그것도 최악의 시기에 발생한다는 법칙이다. 케이 스킨의 모든 여정은 바로 킴의 법칙이 실제로 어떻게 작동하는지 보여 주는 완벽한 본보기다.

2022년 3월, 우리는 대중의 사랑을 받는 슈퍼모델이 화장품 브랜드를 선보일 때 기대할 법한 뜨거운 관심과 환호 속에 브랜드를 공식 출범했다. 범용 미네랄 선크림 두 가지, 얼굴 및 보디용 로션 세 가지, 그리고 립밤 한 가지까지 총 여섯 가지 제품을 들고 시장에 나섰다. 케이 스킨이 세포라 매장과 온라인몰에 입점하자마자 뷰티 잡지는 물론이고 주요 언론의 대대적인 주목을 받았다. 이보다 더 화려한 시작은 상상할 수 없었고, 상황은 날이 갈수록 좋아지기만 했다.

스타트업 세계에서 가장 보람찬 순간은 자신의 비전이 눈앞에서 현실로 바뀌는 장면을 목격할 때 찾아온다. 우리에게 그 순간은 로스앤젤레스의 한 세포라 매장에 처음 발을 들였을 때였다. 혁신적인 화장품 브랜드를 소개하는 전용 코너의 진열대 위에 우리 제품이 반짝이고 있었다. 고객들이 위니와 셀카를 찍으려고 줄을 서는 모습을 보며 나는 자부심이 차올랐다. 그것은 단순한 제품 출시가 아니었다. 위니의 비전과 끈기가 눈에 보이는 실체로 구현된 순간이었다.

그 주 후반, 나는 헌드레드닷코의 분기 이사회 회의에 한창 집중하고 있었다. 그때 진동 소리와 함께 케이 스킨 CEO로부터 문자 한 통이 날아왔다. "대표님, 잠깐 통화 가능하십니까?"

누군가 이런 질문을 던질 때면 상황이 좋지 않다는 사실을 짐작할 수 있을 것이다. 전화를 받자 그녀의 목소리가 파르르 떨리고 있었다. "심각한 문제가 생겼습니다. 우리 선크림을 바르는 사람들의 피부가 노랗게 변하고 있어요!"

'잠시만, 뭐라고? 노랗게?'

"소셜 미디어에서 항의가 빗발치면서 고객 지원팀 업무가 마비될 지경이에요."

나는 내 귀를 의심했다. 상황이 파악되지 않아 혼란스러울 뿐이었다.

그녀가 보낸 수십 건의 불만 사항을 하나하나 읽어 내려가면서 가슴이 철렁 내려앉았다.

"제 몰골이 이글거리는 태양 같다고요!"

"댄스 수업에 바르고 갔는데, 중간에 거울을 보니 얼굴에 노란 물이 줄줄 흐르고 있더라고요."

"흰 셔츠에 노란 얼룩이 다 배었어요! 세탁비 물어낼 건가요?"

초기에 접수된 항의들은 앞으로 닥칠 거대한 위기의 희미한 전조에 불과했다. 이후 며칠간 성난 고객들이 줄을 이으면서 전조의 울림은 점점 더 커져만 갔다. 그러다 수백만 명의 구독자를 거느린 유명 뷰티 유튜버가 미네랄 선크림을 비판하는 후기 영상을 올리면서 위기는 마침내 정점에 달했다.

나는 밀려오는 공포감을 억누르며 재생 버튼을 눌렀다. 화면 속 유튜버는 실시간으로 우리 제품을 가차 없이 난도질하고 있었다. 그야말로 모든 것을 불태워 버릴 듯 신랄한 혹평이었다. 영상 속 비수 같은 말들은 지금까지도 나를 괴롭힌다. "피부가 온통 노랗게 변하네요. 이 꼴로는 도저히 밖에 못 나가겠어요. 이런 형편없는 선크림을 쓰느라 시간을 낭비하기에는 내 인생이 너무 아깝거든요."

신랄한 혹평에 대해 장담할 수 있는 게 한 가지 있다면 바로 놀라운 전파력이다. 이 영상은 순식간에 퍼져 나가 조회수 백만 회를 넘어섰다. 나는 충격에 휩싸인 채 한동안 멍하니 앉아 있었다. 꿈만 같던 출시가 어떻게 이토록 빨리 악몽으로 변할 수 있는지 도저히 믿기지 않았다.

그 여파는 재정적으로나 정서적으로, 그리고 브랜드 가치 측면에서도 타격이 막대했다. 우리는 미네랄 선크림 두 종류를 세포라 매장에서 전량 철수할 수밖에 없었다. 다른 제품들은 매장에 남아 있었지만, 공개적으로 망신을 당했다는 참담함은 좀처럼 누그러지지 않았다. 순식간에 모든 노력과 수백만 달러의 투자금이 수포로 돌아갈 위험에 처했다.

충분히 막을 수 있는 실수였다. 어떻게 이런 일을 그냥 지나칠 수 있었단 말인가? 운영에 관여하지 않았던 나로서는 도대체 왜 이런 일이 벌어졌는지 따져 물어야 했다. 하지만 해명을 듣는 것보다 시급한 문제는 우리 회사가 과연 이 재앙을 딛고 다시 일어설 수 있느냐였다.

위니에게 전화를 걸었을 때, 그녀의 목소리 너머로 깊은 상실감이 전해졌다. 그도 그럴 것이, 그녀는 브랜드의 얼굴이었다. 하지만 문제를 해결하기 위해 머리를 맞대면서 우리가 처음 점심을 함께했을 때 느꼈던 그녀의 강인한 끈기를 다시금 확인했다.

"대표님, 저는 빈민가에서 자랐어요. 제게 고난과 좌절은 그리 낯선 일이 아니에요. 오히려 모든 시련 속에는 반드시 배울 점이 있다는 사실을 삶을 통해 깨달았죠. 우리는 이번 일을 계기로 한층 더 배워서 이전보다 훨씬 강해질 거예요."

나는 사업을 하며 수많은 고비를 겪어 왔다. 그때마다 모든 것이 끝난 것처럼 느껴졌지만, 실패가 종착역이 되는 유일한 순간은 스스로 포기를 선택할 때뿐이다. 위니와 나는 함께 결의를 다졌다. 그 어떤 시련도 브랜드의 정신이나 케이 스킨이 지켜 온 가치를 꺾을 수는 없었다.

가장 먼저 원인 규명에 착수하여 배합 성분 중 어떤 것이 피부를 노랗게 만드는지 밝혀내야 했다. 팀의 분위기는 말할 수 없이 냉랭했다. 모두가 당혹감에 휩싸인 채 서로에게 비난의 화살을 돌리기에 바빴다.

"제품 테스트 제대로 한 거 맞아요?"

"그쪽에서 책임지고 있는 줄 알았는데…."

"대체 일을 어떻게 처리했길래 이런 사달이 납니까?"

다들 책임을 회피하는 데만 급급했다. 팀 전체가 방어적인 태도로 일관할 만큼 상황이 악화했다는 증거였다.

결국 문제의 원인을 찾아냈다. 생산 직전 단계에서 루틴 함량이 예기치 않게 높아지면서 노란색 성분이 묻어난 것이었다. 대화는 온통 무엇을 '해야 했다'는 자책뿐이었다. 관리 체계를 더 잘 갖춰야 했다거나, 테스트를 더 엄격하게 해야 했다는 식이었다. 하지만 서로 탓하며 시간을 낭비하는 대신, 나는 분열된 팀원들의 마음을 다잡는 데 집중했다.

"우리가 저지른 실수이니 우리가 책임져야 합니다. 마찬가지로 우리가 해결해야 할 숙제이기도 하죠. 힘을 합친다면 반드시 바로잡을 수 있습니다."

어떻게든 전세를 뒤집어 보려는 노력에도 불구하고, 팀의 사기는 이미 바닥을 친 상태였다. 마치 도미노가 연달아 쓰러지듯 먼저 제품 개발 책임자가 사임했고, 이어 마케팅 책임자도 그만두었다. 한때 단단히 뭉쳤던 팀원들의 관계는 가장자리부터 서서히 풀리기 시작했다.

앞으로의 계획은 핵심 인력을 새로 충원하고 제품 배합을 완벽히 수정해 재출시하는 것이었다. 선크림 시장은 보통 2월부터 8월 사이가 성수기이다. 이른바 '햇빛 시즌'을 놓치면 막대한 매출 기회를 잃게 되기에 압박감은 극에 달했다. 시기에 맞춰 선크림을 다시 진열대에 올리지 못하면 케이 스킨의 미래가 위태로워질 판이었다. 우리에게 주어진 반전의 기회는 단 10개월뿐이었다.

이런 차질 속에서도 다른 제품들이 호평을 받은 덕분에, 세포라로부터 캐나다 내 100개 매장으로 입점을 확장하자는 제안을 받았다. 이는 엄청난 성과였지만 동시에 훨씬 더 많은 자금이 필요했다. 상당한 자금 유입 없이는 도저히 해낼 수 없는 일이었다. 시간이 촉박해지자 위니와 나는 사비를 직접 투자하기로 결심했다. 우리의 확고한 의지는 기존 투자자들의 마음을 움직였고, 그들 역시 투자에 동참했다. 타인의 믿음을 끌어내려면 내가 먼저 나 자신을 믿어야 한다는 것을 다시금 깨달은 순간이었다.

해외 시장 진출은 엄청난 시간과 에너지는 물론, 물류 시스템을 구축하는 데도 어마어마한 공이 들어가는 일이다. 캐나다에서 제품 판매를 승인받기 위해 복잡한 법적 요건들을 해결하는 데만도 수개월이 걸렸다.

2023년 4월, 케이 스킨은 위니의 고향인 캐나다 온타리오주에 성공적으로 진출했다. 그녀의 뿌리로 돌아가 새롭게 시작하는 모습은 완벽한 도약대처럼 느껴졌다. 연이은 방송 인터뷰와 패션지들과의 화보 인터뷰, 매장 팬 미팅까지 대대적인 언론 홍보 일정이 빈틈없이 짜여 있었다. 행사 며칠 전부터 위니의 '금의환향'을 보기 위해 수천 명의 인파가 모여들 것이라는 소식이 들려왔다. 브랜드 역사에 남을 기념비적인 순간이 눈앞에 다가와 있었다.

그런데 출시를 단 이틀 앞두고 휴대전화가 울렸다.

케이 스킨의 CEO였다. "대표님, 잠깐 통화 가능하신가요? 문제가 생겼어요."

'또? 도대체 이번엔 또 뭐야?'

캐나다 세관 측에서 우리 제품을 '무기한' 보류하기로 결정했다는 것이다. 이토록 가혹한 불운이 또 있을까 싶었다. 매장에 입점할 제품은 물론, 홍보 행사나 위니를 응원하러 올 팬들을 위한 물량까지 전부 묶였다는 뜻이었다. 게다가 제품이 이틀 뒤에 나올지, 아니면 두 달 뒤에 나올지 도무지 알 길이 없었다. 현재 캐나다에 있는 케이 스킨 제품이라곤 위니의 핸드백 속에 든 얼마 남지 않은 선크림과 반쯤 쓴 립밤이 전부였다.

"이제 우리 어떡하죠? 출시를 연기하는 게 좋을까요?" 위니가 물었다.

위니의 질문을 함께 듣고 있던 케이 스킨 CEO의 목소리에서도 나만큼이나 깊은 피로감이 느껴졌다. 우리 중 누구도 명쾌한 답을 내놓지 못했다. 여기까지 오는 것만으로도 이미 진이 다 빠진 상태였다. 우리는 한계치까지 내몰려 있었고, 아무리 발버둥 쳐도 상황은 좀처럼 나아질 기미가 보이지 않았다.

잠시 물러나 생각을 정리할 시간이 필요했다. 위기 상황일수록 숨을 고르고 시야를 넓혀야 했지만, 당장은 모든 게 한계에 다다른 기분이었다.

집에 있는 남편에게 전화를 걸었다. 그가 내 목소리에서 이토록 깊은 좌절감을 느낀 적이 있었는지 모르겠다. 이제는 정말 포기할 때일까? 우리는 출시를 연기할 가능성에 관해 대화를 나눴지만, 한편으로는 감정 섞인 색안경을 벗고 상황을 냉철하게 직시해야 한다는 걸 알고 있었다.

감정이 격해진 상태에서는 결코 현명한 결정을 내릴 수 없다.

통화를 끝내고 나는 휴대전화를 서랍에 넣어 둔 채 한참을 산책했다. 마음을 비우고 마냥 걸었다. 내겐 쉽지 않은 일이었다. 몇 시간이 흐르자 여전히 감정의 잔상은 남아 있었지만, 상황을 객관적으로 바라볼 자신감이 생기기 시작했다.

위니와 나는 두 가지 선택지를 두고 신중히 검토했다. 판매할 제품 하나 없이 강행하느냐, 아니면 출시를 미루느냐였다. 답은 이미 정해져 있었다. 최악의 상황에서도 어떻게든 쇼를 이어 가는 것이었다.

"상황이 좋지는 않지만 제품 하나 없이 홍보 행사를 성공시킬 사람이 있다면, 그건 바로 당신일 거예요!"

그녀는 망설임 없이 대답했다. "좋아요, 가 보죠!"

예상대로 위니는 방송 인터뷰와 주요 언론사 오찬 행사를 완벽하게 소화했고, 매장 출시 행사에서는 팬들을 단숨에 매료했다. 감사하게도 고객들은 우리의 진솔한 고백에 박수를 보내며 너그럽게 이해해 주었다. 덕분에 몇 주 뒤 제품이 통관될 때까지 시장의 관심을 유지할 만큼 충분한 화제를 일으킬 수 있었다.

한 걸음 물러서서 찬사로 가득한 언론 보도들을 지켜보고 있으니, 제품이 없다는 사실은 이제 아무런 걸림돌도 되지 않았다. 더 기쁜 소식은 여름철 매출이 계속 급증하자 세포라가 입점 매장을 250개에서 550개로 대폭 늘리겠다고 제안한 것이었다. 우리는 세상을 다 얻은 듯한 기분에 휩싸였다.

이런 성공에도 불구하고 우리 앞에 놓인 역풍은 여전히 거셌다. 사업을 확장하려면 추가 재고를 확보하기 위한 자금이 더 필요했다. 하지만 경색된 경제 분위기 속에 투자 시장이 꽁꽁 얼어붙었고, 자본을 마련하기란 어느 때보다 힘겨웠다. 몇 주가 흐르고 다시 몇 달이 지나도록 회사 통장의 잔고는 계속 줄어만 갔지만, 새로운 투자자는 어디에도 없었다.

견딜 수 없는 스트레스는 우리와 현장에서 함께 발로 뛰던 CEO에게도 너무 큰 짐이었다. 결국 임계점에 다다른 그녀는 2주 뒤에 그만두겠다는 통보를 해 왔다. 솔직히 상황이 이 지경이니 그녀를 원망할 수도 없었다. 마음 한편에선 오직 이런 생각만 맴돌았다. '황금을 캐내기까지 얼마나 남았을까? 단 세 걸음? 열두 걸음? 아니면 아직 수 킬로미터나 남은 걸까?'

투자자들에게 연달아 거절당하고 유독 고된 하루를 마친 뒤, 나는 깊은 무력감에 짓눌린 채 집으로 향했다. CEO도 없고 투자금도 바닥난 상태에서 살아남을 길은 어디에도 보이지 않았다.

집에 들어서자마자 가방을 내팽개치고 소파에 쓰러지듯 몸을 던졌다. 존이 나를 보더니 한마디 했다. "언제까지 이러고 살 거야?"

나는 한 치의 망설임도 없이 대답했다. "이제 끝이야. 그만둘래."

아무리 이성적으로 생각해 봐도 회사를 살릴 길이 보이지 않았다. 나는 CEO에게 남은 2주 동안 사업을 정리할 계획을 세워 달라고 요청했다.

그동안 나는 정말 회사를 관둔 사람처럼 지냈다. 친구들에게 사업을 접는다고 말했고, 밤늦게 스트레스를 받으며 이메일을 뒤적이는 일도 멈췄다. 내 마음은 이미 회사 밖으로 떠나 있었다.

그런데도 무언가가 계속 나를 괴롭혔다. '잠깐… 나 진짜 그만두는 거야? 정말 이대로 끝이라고?'

아침에 눈을 뜰 때면 내 선택을 확신했다. '그래, 난 관뒀어. 이제 앞만 보자!'

하지만 저녁이 되면 다른 생각이 들었다. '좋아, 그런데 너무 성급하게 포기하는 건 아닐까?'

밤낮으로 이런 상태가 이어졌다. 마음속으로 매일 아침에 사표를 냈다가 저녁이면 슬며시 거두어들이는 식이었다.

그러다 마침내 현실을 직시했다. '정말 끝냈다면 왜 아직도 이토록 집착하고 있는 걸까?'

답은 믿음이었다. 우리가 하는 일, 그리고 케이 스킨이 세상에 불러올 변화에 대한 믿음이었다. 노란 얼룩 사건부터 제품이 캐나다 세관에 묶였던 순간까지 모든 고비를 넘기게 해 준 바로 그 믿음 말이다. 이것이 바로 창업의 역설이다. 때로는 가장 거대한 의심의 순간이 가장 깊은 확신의 순간으로 탈바꿈하기도 한다.

나는 그만두는 대신 오히려 승부수를 던졌고, 임시 CEO라는 직함을 달았다. 시간적 여유는 전혀 없었지만, 그래도 포기하는 것보다는 나은 선택이었다. 그렇게 주니와 케이 스킨의 CEO를 겸임하게 되었고, 성격이 판이한 두 회사의 업무를 동시에 챙기면서 모든 일을 정상 궤도에 올리기 위해 고군분투했다. 가장 먼저 한 일은 케이 스킨의 현황을 냉정하게 진단하는 것이었다. 무엇이 잘 돌아가고 무엇이 삐걱거리는지, 그리고 자금이 바닥나기까지 버틸 수 있는 시간은 정확히 얼마인지 파악해야만 했다.

현실은 냉혹했다. 우리가 살아남으려면 막대한 자금 수혈이 절실했다. 하지만 어디를 둘러봐도 투자자는 보이지 않았다. 남은 선택지는 단 하나였다. 내가 정말 이 회사를 믿는다면 행동으로 증명해야 했다. 나는 수치를 분석하고 위험을 검토하며 최악의 시나리오를 치밀하게 따져 보았다. 그리고 마침내 결단을 내렸다. 나는 사비 100만 달러를 추가로 투자했다.

믿음이란 상황이 어려울 때 스스로에게 거는 최면이 아니다. 아무도 베팅하지 않을 때 기꺼이 모든 것을 걸 준비가 되어 있는가에 대한 문제다.

내 투자는 케이 스킨이 보여 줄 미래의 가능성에 던진 승부수였다. 그 결정과 함께 피로감은 순식간에 뜨거운 결의로 바뀌었다.

당장의 운영비는 확보했지만, 550개 매장 확장을 위한 재고 물량을 확보하려면 두 배의 자금이 더 필요했다. 새로운 투자자를 찾기 위한 발걸음은 계속되었다.

위니와 나는 샌프란시스코, 뉴욕, 마이애미를 돌며 100개가 넘는 벤처 캐피털과 회의를 진행했다. 거물급 투자자를 설득하기 위해 파리행 비행기에 몸을 싣기도 했다. 하지만 가는 곳마다 거절의 벽에 가로막혔다. 거듭되는 거절 속에 통장 잔액은 속절없이 줄어만 갔다.

하지만 우리는 희망의 끈을 놓지 않았다. 창업이라는 냉혹한 현실을 너무나 잘 알고 있었기 때문이었다. 열린 문 하나를 찾기 위해서는 닫힌 문을 계속 두드려야 하는 법이다. 거절당할 용기가 없다면, 결코 백만장자가 될 수 없다.

우리는 케이 스킨의 비전을 알아줄 투자자를 만날 때까지 멈추지 않기로 했다. 투자자를 더 많이 만날수록 성공 확률도 그만큼 높아지는 것이라며 서로를 다독였다. 그렇게 스스로를 향한 위로조차 공허하게 들릴 무렵, 몇 달간의 헛된 회의와 막다른 길 끝에서 마침내 기류가 바뀌기 시작했다.

피로에 지쳤지만 애써 의연한 표정을 지으며 베벌리힐스 호텔에서 열린 오후 투자 미팅에 들어섰다. 놀랍게도 그들은 우리에게 진심 어린 관심을 보였고, 거절 대신 좀 더 깊게 논의해 보자는 답을 건넸다. 그 대화는 3개월간의 치밀한 실사 과정으로 이어졌고, 이윽고 우리가 간절히 기다려 온 생명줄이 내려왔다. 그들은 자신들이 신뢰하는 CEO와 전문 운영팀을 투입한다는 조건으로 투자를 결정했다. 내게는 더할 나위 없는 최상의 시나리오였다. 뷰티업계의 베테랑 경영진이 합류해 CEO 역할을 인수하고, 회사의 실무를 책임지게 된 것이다. 참으로 오랜만에 그토록 갈구했던 든든한 지원군을 얻게 되었다.

신규 투자금과 희망으로 가득 찬 새로운 팀을 동력으로 삼아, 선크림의 성분을 다시 배합하고 포장도 전면 교체하여 제품을 출시했다. 이번에는 그 누구도 노랗게 물들지 않았다. 무엇보다 중요한 건 제품이 완판되고 온라인에서 극찬을 받았다는 사실이다. 우리가 처음부터 꿈꿔 왔던 제품이 마침내 현실이 되었다.

비전을 공유할 투자자를 찾기는커녕 사업을 이어 갈 수 있을지조차 불확실했던 순간이 많이 있었다. 모든 스타트업이 그렇듯 케이 스킨 앞에는 더 많은 어려움이 기다리고 있을 것이다.

하지만 앞으로 어떤 일이 벌어지든 지나온 시간을 후회 없이 돌아볼 수 있다. 우리가 가진 모든 것을 쏟아부었기 때문이다.

여러 기업을 창업하며 배운 것은 어려움이 닥쳤을 때 포기하지 않는 기업이 성공한다는 사실이다. 그들은 포기하고 싶은 충동을 인내하고 버텨 내며 황금이 불과 세 걸음 앞에 있다고 늘 믿는다.

포기를 유발하는 세 가지 요인

그간의 경험에 비추어 보면, 포기를 유발하는 요인에는 크게 세 가지가 있다. 감정적 포기, 거절로 인한 포기, 그리고 불운에 의한 포기이다. 나는 세 가지를 모두 겪어 봤고, 이 요인들이 얼마나 교묘하게 포기를 정당화하는 명분으로 둔갑하는지 잘 알고 있다.

감정적 포기

감정은 인간의 행동을 지배하는 원동력이다. 우리가 내리는 결정은 대개 그 순간의 감정에 좌우된다. 따라서 포기할 것인가, 끝까지 갈 것인가를 결정하는 중대한 갈림길에서는 감정으로부터 한 걸음 물러나는 태도가 무엇보다 중요하다.

어떤 중대한 좌절이든 우리를 무너뜨릴 수 있다. 특히 온 마음을 쏟았다면 타격이 더욱 클 수밖에 없다. 하지만 감정이 격해진 상태에서 충동적으로 행동하면 반드시 후회할 결정을 내리게 된다. '감정적 포기'를 피하려면 엄격한 자기 절제와 명료한 정신력이 뒷받침되어야 한다.

케이 스킨이 공개적인 위기에 처했던 사례를 떠올려 보자. 절망, 슬픔, 분노 같은 감정의 파도는 압도적이었지만, 나는 충동적으로 반응할 만큼 어리석지 않았다. 대신 한 발 뒤로 물러나 거리를 두었고, 중요한 결정을 내리기 전에 중심을 잡아 줄 활동들에 집중했다. 이러한 마음의 환기는 정신을 재충전하고 상황을 객관적으로 바라볼 명확한 시야를 갖게 해 주었다.

객관성을 유지할 수 있을 만큼 충분한 정신적 거리가 확보되지 않는다면, 다음의 유용한 마음챙김 기법을 활용해 보라.

- 조용한 장소를 찾아 가만히 눈을 감아라.
- 자신의 감정에 주의를 기울여 보라. 무엇이 느껴지는가?
- 감정에 휘말리지 말고 그저 관찰하라. 마치 컨베이어 벨트 위를 지나가는 물건을 바라보듯 하나하나의 감정이 지나가는 모습을 지켜보는 것이다.
- 감정이 지나갈 때마다 이름을 붙여 보자. 예를 들어, '이건 수치심이구나' '저건 분노야' '이건 죄책감이네'라고 말하며 흘려보내고, 이어서 나타나는 다음 감정에 집중하라.
- 마음이 차분해지고 시야가 명확해질 때까지 5분 동안 마음속

에 떠오르는 감정들을 하나씩 짚어 보라.

이 훈련의 핵심은 감정을 존중하고 수면 위로 떠오르게 한 뒤, 그것을 '당신과 분리된 존재'로 관찰하며 흘려보내는 데 있다. '내가 화났다'거나 '내가 스트레스를 받는다'고 생각하는 대신 '저건 분노구나' 혹은 '저건 슬픔이구나'라고 생각하라. 감정을 느끼되, 자신이 감정 그 자체가 되지는 말라. 관점의 작은 전환이 얼마나 놀라운 차이를 만드는지 경험하게 될 것이다. 그러니 다음에 무너질 듯한 좌절을 마주하고 백기를 들고 싶은 유혹이 든다면, 이 기법을 통해 감정적 포기와 이성적 포기를 명확히 구분해 보라.

거절로 인한 포기

내가 경험한 거절은 모두 마치 나라는 사람 전체가 부정당하는 것 같은 아픔이었다. 사업 초창기에는 거절을 당할 때마다 이불을 머리 끝까지 뒤집어쓰고 세상과 담을 쌓곤 했다. 하지만 이제는 나를 더 채찍질하고 새로운 길로 안내하는 선물로 기꺼이 받아들인다.

성공으로 가는 길목에서 마주한 수많은 '거절'들이 지닌 가치는 단 하나의 결정적인 '승낙'을 얻는 순간 비로소 명확해진다. 위니와 나 역시 완벽한 투자자를 만난 뒤에야 연이은 거절들이 남긴 의미를 객관적인 시각으로 바라볼 수 있었다.

거절은 흔히 성공의 반대말처럼 여겨지기에 실패와 마찬가지로 부정적인 낙인이 찍히곤 한다. 하지만 거절은 사실 성공이라는 목적지에 닿기 위해 반드시 거쳐야 할 필수 코스다.

마이클 조던은 고등학교 농구팀 선발에서 탈락하며 실력이 부족하다는 통보를 받았다. 그는 그 거절을 자신의 재능에 대한 평가로 보았을까? 전혀 그렇지 않았다. 그는 포기하지 않고 매진한 끝에 NBA에서 여섯 차례나 우승을 차지했다. 제임스 다이슨(James Dyson) 역시 진공청소기를 완전히 재발명하겠다는 일념으로 5,126개의 시제품을 만들었으나 모두 실패했다. 그러다 결국 단 하나가 성공했고, 진공청소기 산업을 뒤흔들며 개인 순자산 45억 달러를 보유한 자산가로 거듭났다. 만약 그가 거절 앞에서 멈춰 섰다면 어떻게 되었을까?

J. K. 롤링(J. K. Rowling)도 잊지 말자. 그녀의 첫 원고는 무려 열두 번이나 거절당한 끝에《해리 포터와 마법사의 돌》로 세상에 나왔고, 1,000만 부가 넘는 판매고를 올렸다. 보정 속옷 브랜드 스팽스(Spanx)의 창업가 사라 블레이클리(Sara Blakely)도 있다. 그녀는 발 없는 팬티스타킹을 출시하기 위해 시제품이 간절했으나 노스캐롤라이나의 모든 공장에서 문전박대를 당했다. 하지만 자신의 '미친 아이디어'를 지원할 공장주 한 명을 찾을 때까지 계속 전화 영업을 했고, 결국 억만장자가 되었다.

거절을 당한다면 그것을 선물로 여겨라. 포기하고 그만두는 대신, 배우고 적응할 기회로 삼길 바란다.

불운에 의한 포기

케이 스킨을 출범시킨 첫해에 나는 불운을 연이어 겪었다. 거듭되는 좌절은 마치 온 우주가 내게 포기하라는 신호를 보내는 듯했다.

좌절을 마주할 때마다 포기할 것인가 더 현명해질 것인가, 혹은 물러설 것인가 더 힘껏 밀어붙일 것인가 둘 중 하나를 골라야 한다. 아무리 열심히 노력하고 최선을 다해도, 예상치 못한 변수가 당신의 회복 탄력성을 시험할 것이다. 자신의 아이디어를 흔들림 없이 믿으며 끊임없이 전진하는 기업가만이 결국 승리한다. 토머스 제퍼슨(Thomas Jefferson)의 명언 중 가장 아끼는 구절이 있다. "나는 운의 존재를 믿는다. 그리고 내가 더 열심히 일할수록 운도 그만큼 더 따른다는 사실을 깨달았다."

불운 속에서도 살아남아 번창하는 기업들은 위기 속에 숨겨진 기회를 포착한다. 그들은 좌절을 겪었다고 해서 그 안에 자신을 가두지 않는다. 그러니 다음에 불운이 닥치거든 잠시 멈춰 서서 상황을 재평가하라. 그것을 끝이 아니라, 다음 돌파구로 향하는 출발점이다.

포기해야 할 때를 아는 법

너무 일찍 포기하지 않는 것만큼이나 언제 포기해야 하는지를 아는 것 또한 중요하다. 사람마다 처한 상황이 다르고 한계점도 제각각이겠지만, 때로는 포기가 가장 현명한 전략이 되기도 한다. 우리는 스스로가 할 수 있는 모든 것을 쏟아부었음을 직감적으로 안다. 그 지점에 이르면 이제 남은 것은 오직 용기뿐이다. 중도 포기자, 게으름뱅이, 혹은 패기 없는 사람이라는 낙인을 찍는 사회에서 물러날 때를 인정하는 것은 계속 나아가는 데 필요한 결심만큼이나 커다란 용기가 필요하다.

인내의 의미가 '절대 포기하지 않는 태도'에 매몰되어 경제적, 정서적, 신체적으로 자신을 파괴하는 지점까지 몰아넣어서는 되어서는 안 된다. 긍정적이고 낙관적인 태도로 투지와 결의를 보여 주는 것과, 장밋빛 안경을 쓴 채 현실을 낙관하는 것은 전혀 다른 문제다. 만약 이만하면 충분한지 헷갈린다면, 물러나야 할 때를 알려 주는 세 가지 징후를 살펴보자.

경제적 손실

언제 손실을 끊어 내야 할지 알아야 한다. 각종 대금과 고정비 납부가 곤란할 정도라면, 그만두는 것이 가장 현명한 선택일 수 있다는 분명한 신호다. 당신이 사업을 시작한 목적은 돈을 벌기 위해서지 잃기 위해서가 아니라는 점을 명심하라.

첫 회사를 창업했을 때 내 전 재산은 할머니께 받은 1만 달러와 신용카드 한도액 2만 달러가 전부였다. 그것이 내가 기꺼이 감당할 수 있는, 그리고 감당할 의사가 있는 최대 손실 한도였다. 새로운 사업에 뛰어들 때는 이처럼 경제적 마지노선을 설정하는 것이 매우 중요하다. 내게 큰 도움이 된 방법은 손실 한도를 숫자로 기록하고, 어떤 일이 있어도 이를 넘지 않겠다고 스스로 약속하는 것이었다. 절대 넘지 않을 레드 라인을 구체적인 숫자로 정하라. 그 선이 바로 언제 멈춰야 할지 알려 주는 이정표가 될 것이다. 이렇게 한계를 미리 정해 두면 순간적인 감정에 휩쓸려 무모한 선택을 내리지 않도록 막을 수 있다.

열정의 상실

열정이나 동기를 잃었다는 것은 더 이상 당신의 마음이 동하지 않는다는 신호다. 아침에 눈을 뜰 때마다 다가올 하루가 두렵게 느껴진다면, 한 걸음 물러나 처음 시작했던 이유를 떠올려 보라. 당신의 '초심'은 여전히 가슴 깊이 공명하고 있는가? 그 초심이 여전히 활력과 영감을 주는가? 만약 대답이 '아니요'라면, 이제 포기를 진지하게 고려해야 할 선택지로 여겨야 한다. 열정이 식어 버린 데는 여러 이유가 있을 수 있다. 일상에서 당신의 집중력과 에너지를 앗아 가는 일이 벌어지고 있을 수도 있고, 새롭게 추구하고 싶은 꿈을 발견했을 수도 있다. 현재 하는 일에서 열정을 느끼지 못하고 나아가는 길에 더 이상 활력이 솟지 않는다면, 이제 그만둬야 한다는 신호일지 모른다.

건강 악화

정신적, 신체적 건강은 당신의 근간이다. 삶의 모든 요소는 이 두 가지 토대 위에 존재한다. 만약 번아웃을 느끼거나, 감당하기 힘든 압박에 시달리거나, 건강을 유지하는 것조차 버겁다면 당신의 몸이 삶의 방식을 바꾸라고 보내는 절실한 신호다. 나의 경우, 커리어 초창기에는 오로지 몰입만이 정답이라 믿었다. 밤을 새우는 것은 물론, 바닥난 체력으로 간신히 버티며 일에 매달렸다. 이것만이 성공으로 가는 유일한 길처럼 보였다. 하지만 시간이 흐르며 자신을 한계까지 몰아세우는 방식은 지속 가능하지 않다는 사실을 호된 대가를 치르고서야 깨달았다.

어머니의 첫 직업은 대형 병원에서 뇌졸중, 심장마비, 우울증 환자들의 회복을 돕는 작업치료사였다. 어머니는 환자들에게서 이런 말을 자주 듣곤 했다. "이러고 있을 시간 없어요. 얼른 일하러 돌아가야 한다고요." 많은 사람들이 건강보다 일을 선택하지만, 건강을 잃으면 일터에서 역량을 온전히 발휘할 수 없다. 어머니가 들려주신 이야기들은 가슴에 깊이 박혔고, 직장 스트레스로 심각한 건강 문제를 겪는 동료들을 지켜보면서 그 깨달음은 더욱 강렬해졌다. 나는 어떤 예외도 없이 건강이 최우선이라고 다짐했다. 수백만 달러를 벌어도 그걸 누릴 건강이 없다면 무슨 소용이겠는가? 자신의 건강을 해치는 일에서 물러나는 것은 부끄러운 일이 아니다.

실패와 도전이 반드시 여정의 끝을 의미하지는 않는다. 오히려 원하는 것을 쟁취하기 위해 얼마나 치열하게 싸울 준비가 되어 있는지 확인하는 시험대에 가깝다. 케이 스킨의 사례처럼, 창업은 롤러코스터와 같다. 짜릿한 희열을 느끼다가도, 참을 수 없는 절망을 맛보게 된다. 그것이 바로 이 험난한 세계의 본성이다. 온갖 감정에 휩쓸리고, 인격을 시험하는 고난에 직면하며, 심지어 자신의 정신 상태를 의심하게 될지도 모른다. 하지만 모든 게 어긋나는 것처럼 느껴지는 바로 그 순간에 이 길에 발을 들인 초심을 되새기는 것이 중요하다.

당신의 원래 비전은 무엇이었는가? 자신의 삶이나 타인의 삶에 어떤 변화를 일으키고 싶었는가? 처음 시작했던 이유를 떠올리고 계속 나아갈 동력을 찾아낸다면, 당신은 물러서지 않을 것이다. 마음 깊은 곳에서 여전히 지켜야 할 가치가 있는 무언가를 발견할 것이기 때문이다.

너무 지쳐 포기하고 싶은 순간이 찾아온다면 스스로에게 물어보라. '황금까지 고작 세 걸음밖에 안 남았다면 어쩌지?'라고 말이다.

실수로부터 배운 아홉 번째 교훈

성공은 직선으로 뻗은 길이 아니다.
수많은 우회로와 장애물,
그리고 막다른 골목이 뒤엉킨 굽이 길이다.
잠시 숨을 고르며 휴식하고
다시 시작할 에너지를 충전하라.
그저, 포기하지만 마라.

<u>**스스로 되돌아보기**</u> 포기하고 싶은 마음이 굴뚝같았지만 끝내 멈춰 서지 않았던 순간을 떠올려 보라. 무엇이 당신을 붙잡아 다시 나아가게 했는가? 그 경험을 통해 어떤 깨달음을 얻었는가?

핵심 메커니즘

- **'단 세 걸음 앞의 황금'** 포기하고 싶은 순간, 생각보다 성공이나 돌파구에 훨씬 가까이 와 있을지 모른다. 항상 스스로에게 질문하라. '내가 황금에서 단 세 걸음 떨어진 지점에 있는 건 아닐까? 인내할 가치가 충분한가?'

- **전사의 정신을 체득하라** 성공하는 사람은 절대 실패하지 않는 사람이 아니라, 절대 포기하지 않는 사람이다. 전사의 정신을 가져라. 복잡한 난관과 지연, 수많은 거절과 혼란이 닥칠 것을 예상하고 이를 의연하게 받아들여라.

- **거절은 방향 지시등이다** 거절은 삶이라는 여정에서 필연적인 일부다. 모든 '아니요'는 '예'를 향한 발걸음이다. 거절은 더 적합한 장소, 더 나은 인연, 더 가치 있는 무언가로 안내하는 이정표다.

- **감정은 판단을 흐린다** 감정이 격해진 상태에서는 현명한 결정을 내릴 수 없다. 감정에 휩쓸린 대응은 비이성적인 선택으로 이어진다. 감정에서 한 걸음 물러나라. 중대한 결정을 내리기 전에 평정심과 명료함을 되찾는 것이 우선이다.

- **효과적인 재충전 기법을 활용하라** 포기의 유혹이 찾아오면 결정을 내리기 전 최소 24시간의 유예 기간을 둬라. 운동이나 명상 같은 긍정적인 전환을 통해 마음을 이완하고 상황을 재평가하라.

- **포기해야 할 때를 알라** 때로는 포기해야 할 때를 아는 것이 가장 용감하

고 현명한 행동이다. 특히 경제적 손실이 임계점을 넘었거나, 열정을 상실했거나, 건강을 해치고 있다면 더욱 그러하다.

밀리어네어 마인드셋 나는 모든 일이 결국에는 잘 풀릴 것이라는 확신을 가지고 역경과 좌절에 맞선다. 나는 주변에서 어떤 풍파가 일든 이성적이고 평온한 태도를 유지한다. 내 비전에 늘 충실하고, 건설적인 방식으로 위기를 돌파하며, 통제할 수 없는 환경이 아닌 오직 내가 통제할 수 있는 일들에만 집중하기 때문이다.

MISTAKES
THAT MADE ME
A MILLIONAIRE

실수

10

MISTAKES
THAT MADE ME
A MILLIONAIRE

비즈니스를 인간적인 유대와 무관하다고 착각하기

성공은 단순히 거래를 성사하는 것이 아니라 관계를 구축하는 일이다. 마침내 이 사실을 깨달았을 때, 모든 것이 달라졌다.

"사적인 감정은 없어. 이건 단지 비즈니스일 뿐이야."

영화 〈대부〉에 나오는 유명한 대사는 뒷골목뿐만 아니라 이 사회실에서도 심심찮게 들려온다. 월스트리트 경영진과 마피아 두목이 똑같이 애용하는 위장술인 셈이다. 이는 우리에게 꽤 익숙한 가면이자 연막이다. 힘겨운 결정이 주는 책임감으로부터 거리를 두려는 수법이다.

비즈니스가 사적인 영역과 무관하다는 생각은 근거 없는 신화일 뿐이다. 개인적 감정과 사업적 의사결정은 나무뿌리처럼 한데 뒤엉켜 깊숙이 연결되어 있다. 모든 사업적 결정과 거래, 그리고 파트너십은 결국 사람으로 귀결된다. 대규모 거래를 성사하든, 첫 직원을 채용하든, 매주 주간 회의에서 피드백을 주고받든, 그 모든 과정에는 개인적인 감정과 영향이 개입된다.

오랫동안 현장에서 일하면서 어떤 이들은 정말로 '단지 비즈니스일 뿐'이라는 사고방식으로 움직인다는 사실을 알게 됐다.

하지만 내가 성사시킨 백만 달러 규모의 거래는 모두 한 가지로 귀결된다. 바로 관계를 개인적인 인연으로 만드는 것이다. 그 가치를 미처 몰랐던 단 한 번의 실수 때문에 내 커리어가 통째로 무너질 뻔했다.

첫 회사인 프론트라인 다이렉트를 창업했을 때, 나는 매 순간, 모든 것을 최적화하는 데 집착했다. 1인 기업가였던 나는 '개인적인' 일에 쏟을 시간 따윈 없다며 스스로를 다그쳤다. 고객 회의는 마치 외과 수술처럼 취급했다. 군더더기 없이 들어갔다 나오는 식이었다. 그게 내 방식이었다. 철저히 프로처럼 굴어야 이십 대의 초보 여성 기업가라는 사실을 감출 수 있다고 확신했기 때문이다. 잠시 커피를 마시거나 사적인 대화, 농담은 더더욱 없었다. 나는 순진하게도 비즈니스가 단순한 교환이라고 생각했다. 고객은 결과에 비용을 지불하고, 나는 성과를 내놓는다. 그것으로 끝이었다. 마치 인간 자판기처럼 돈을 넣으면 서비스가 제공되는 식이었다. 내게 시간을 투자할 가치가 있다는 걸 증명하는 데만 매몰된 나머지, 사람들이 진정으로 시간을 함께 보내고 싶어 하는 이유인 개인적인 유대감을 잊고 있었다.

사업은 겉보기에 번창하는 듯했으나, 실상은 고객이 하나둘 떠나가며 정체되고 있었다. 내 해결책이 무엇이었는지 아는가? 남아 있는 고객이라도 붙잡기 위해 더 열심히 일하는 것이었다. 더 나은 성과를 내려고 더 많은 시간을 갈아 넣었다. 당시 내게 '해결책'이란 통제할 수 있는 영역에 모든 것을 쏟아붓는 것뿐이었다.

그해, 매년 라스베이거스에서 열리는 세계 최대 기술 박람회인 CES에 참석할 예정인 고객이 여섯 명이나 있었다. 하와이에서 태평양을 건너 콘퍼런스에 가는 것은 비효율적으로 보였기 때문에 내가 직접 갈 생각은 추호도 없었다. 게다가 나는 모든 걸 혼자 처리하는 1인 기업이었기에 내가 자리를 비우면 업무는 그대로 마비될 게 뻔했다. 그런데 회사의 가장 큰 고객이 당연히 내가 올 거라 믿고 현장 회의를 요청하는 바람에 즉시 비행기 표를 끊어야 했다.

놀랍게도 나는 CES를 진심으로 즐겼다. 그동안 전화나 이메일로만 소통하던 사람들을 직접 마주하는 일은 생각보다 엄청난 에너지를 선사했다. 모든 대화 속에는 공들여 작성한 보고서가 포착하지 못한 비즈니스의 미세한 결들이 숨어 있었다. 그곳에서의 시간은 낭비는커녕 에너지를 쏟을 만한 훌륭한 투자처럼 느껴졌다. 사람들과 직접 만나 인연을 맺는 일은 단순한 비즈니스 차원을 넘어 서로를 인간적으로 이해하는 깊은 연결의 과정이었다.

콘퍼런스 마지막 날, 나는 새로운 활력을 안고 가장 큰 고객사와의 회의에 임했다. 하지만 그가 나를 부른 진짜 이유를 알게 되자 미소는 순식간에 사라졌다. 그는 새해 목표를 논의하려는 게 아니라 파트너십을 종료하겠다는 통보를 하러 온 것이었다.

"대표님, 업무 성과는 훌륭했습니다. 하지만 우리와 직접 만나기 위해 시간을 낸 건 이번이 처음이군요. 우리는 단기적 요구 뿐만 아니라 장기적 전략까지 깊이 이해해 줄 파트너가 필요해요.”

그날 저녁, 공항 라운지에서 오늘 일어난 일을 곱씹으며 애써 마음을 추스르고 있었다. 노트북을 펼쳐 놓았지만 전혀 집중할 수 없었다. 패배감에 젖어 창밖만 멍하니 바라보고 있을 때, 낯선 남자가 말을 건넸다.

“콘퍼런스 때문에 오셨나요?” 고급스러운 정장을 입은 60대 남자가 내 가방 밖으로 삐져나온 CES 배지를 가리키며 물었다.

“네.” 나는 억지로 미소를 지어 보였다.

그는 서류 가방에서 자신의 배지를 꺼내 보였다. “제가 CES 에 온 지 올해로 열 번째입니다. 그런데 정작 올해는 전시장에 발도 거의 못 붙였답니다.”

나는 그 말에 관심이 쏠렸다. “최신 기술을 확인하는 게 콘퍼런스의 백미 아닌가요?”

그는 내 옆자리에 앉았다. “예전에는 전시회장에 하루 종일 있으면서 모든 부스를 샅샅이 훑고 신기술을 하나도 빠짐없이 확인하겠다는 사명감에 불타 정신없이 돌아다녔죠. 마치 계주 경기라도 하듯이 말입니다. 하지만 세월이 흐르면서 완전히 잘못 생각하고 있었다는 걸 깨달았습니다. 콘퍼런스의 진정한 가치는 전시된 제품이 아니라, 제품을 세상에 선보이는 사람들에게 있더군요.”

단순하지만 깊은 울림이 있는 이야기였다. 나는 노트북을 덮고 그에게 완전히 집중했다. "그게 무슨 뜻인가요?"

"저는 일본에서 작은 전자 회사를 운영하고 있습니다. 매년 전 세계 사업 파트너들을 만나러 이곳에 오죠. 좋아하는 골프장에서 라운딩을 즐기고, 함께 저녁을 먹으며 서로의 근황을 나눕니다." 그는 잠시 멈추고 커피를 한 모금 들이켰다. "오늘 만난 파트너는 8년 전 CES에서 처음 인연을 맺은 사람입니다. 당시엔 작은 스타트업을 꾸리던 사람이었는데, 지금은 우리 회사의 최대 공급업체 중 하나가 되었죠."

도쿄행 비행기 탑승 안내 방송이 흘러나오면서 대화가 중단되었다. 짐을 챙기던 그가 나를 돌아보며 말했다. "이것만은 꼭 기억하세요. 당신이 맺은 관계가 당신의 가장 소중한 자산입니다."

멀어지는 그의 뒷모습을 보며 내가 어디서부터 길을 잃었는지 깨달았다. 나는 관계라는 본질을 놓치고 있었다. 하와이로 돌아가는 비행기 안에서 나는 비즈니스를 단순한 거래로만 치부하는 실수를 다시는 반복하지 않겠다고 다짐했다. 비즈니스에서 성공하기 위해서는 반드시 사람 대 사람으로 마음을 얻어야 했다.

개인적 유대의 중요성

20년 넘게 기술 분야에 몸담으며 수많은 창업자가 약속이라도 한 듯 간과하는 특정한 패턴을 발견했다. 혁신의 가치는 지나치게 높게 평가하면서 관계의 힘은 과소평가한다는 사실이다. 최신 기술과 최고의 혁신만을 좇다 보면 진정으로 영속하는 가치, 즉 인간관계를 간과하기 쉽다. 혁신이 중요하지 않다는 말이 아니다. 하지만 개인적인 유대가 뒷받침되지 않는 혁신은 연료 없는 로켓을 만드는 것과 다를 바 없다.

모든 일의 중심에 사람을 두기로 한 결정은 경력의 궤도를 완전히 바꾸었고, 상상 이상의 성공을 가져다주었다. 관계를 최우선으로 여기자 고객과 사업 파트너, 직원, 변호사, 심지어 세무사와도 든든한 신뢰를 쌓을 수 있었다. 그리고 그 신뢰는 내가 일궈 낸 모든 주요 거래의 두터운 밑거름이 되었다.

비즈니스의 본질은 사람이다. 상대가 품은 목표와 두려움, 그리고 야망을 이해할 때 비로소 성공의 문이 열린다. 우리가 나누는 인간적인 유대와 단단하게 쌓아 올린 신뢰가 사업 성패를 결정짓는 핵심이다.

라스베이거스에서 깨달음을 얻은 지 10년이 지난 후, 나는 막대한 자금이 오가는 거래의 한복판에서 그날의 교훈을 다시금 되새기게 되었다. 애드코니언 다이렉트가 아모비에 2억 3,500만 달러에 인수된 직후였다. 동시에 이스라엘 텔아비브

의 기술 기업 콘테라(Kontera)도 1억 5,000만 달러에 인수되면
서, 완전히 다른 세계에 있던 두 기업이 한 지붕 아래 묶이게 되
었다.

글로벌 기업을 경영한 역량을 인정받아 나는 통합 법인의 대
표로 임명되었고, 이스라엘 엔지니어 100명을 총괄하게 되었다.
나는 두 공동 창업자와의 첫 회의가 새로운 출발을 축하하는 장
이자, 팀으로서 결속을 다지는 순간이 되기를 바랐다. 그래서 캘
리포니아의 일출과 텔아비브의 일몰이 교차하는 시간에 맞춰
화상 회의로 그들과 처음 마주했다.

나는 평소처럼 활기차게 인사했다. "안녕하세요! 킴입니다.
여러분과 함께하게 되어 정말 기쁩니다. 이번 변화로 다들 불안
하고 불확실한 마음이 크다는 걸 잘 알고 있습니다. 하지만 지금
의 성공을 일궈 낸 여러분만의 노하우를 배우려는 마음으로 제
가 여기 왔다는 사실을 꼭 알아주셨으면 합니다."

하지만 내 열정적인 인사를 맞이한 것은 경계심 가득한 무표
정뿐이었다. 창업자들은 지나칠 정도로 절제되고 형식적인 태도
로 사무적인 답변만 내놓았다. 격식에 얽매이지 않는 것을 미덕
으로 여기는 활달한 캘리포니아 출신의 나는, 대화의 빈틈을 메
우려 쉬지 않고 떠들어 댔다. 어떻게든 진짜 대화를 끌어내려고
질문을 던졌지만 모두 헛수고였다. 시간대만 다른 줄 알았는데,
서로가 사는 세상이 이렇게나 딴판일 줄은 몰랐다. 대화는 삐걱
거렸지만 유대감을 쌓으려는 노력을 멈추지 않았다. 이번에는

전략을 바꿔 조금 더 편안하게 다가갔다. 하지만 아무리 분위기를 띄우려 농담을 던져 봐도 싸늘한 정적만이 되돌아왔다. 그들의 팀과 핵심 인재들, 그리고 미래 비전에 관해 물었을 때도 무미건조한 대답만 들을 뿐이었다. 마치 발레 공연장에서 록 음악을 연주하는 기분이었다.

그들이 왜 회의적인지는 충분히 이해할 수 있었다. 그들에게 나는 기업의 위계질서와 관료주의를 상징하는 존재였다. 자신들만의 고유한 색깔과 성공 방정식을 내가 망가뜨리지 않을 거라는 확신이 그들에겐 없었다. 게다가 상사에게 일일이 보고해야 하는 상황 자체를 겪어 본 적도 없는 사람들이었다.

회의를 끝내고 나니 위장이 뒤틀리는 듯한 긴장감이 몰려왔다. 이 팀을 이끌고 약속한 매출 목표를 달성해야 한다는 압박감이 어깨를 짓눌렀다. 위험 부담은 상상을 초월했다. 이번 인수합병을 성공적으로 안착시키지 못하면 3억 8,500만 달러라는 거액의 투자가 공중에 뿌려질 판이었다. 나를 믿지 않는 두 창업자는 고사하고, 1만 3,000킬로미터나 떨어진 곳에서 100명의 팀원을 어떻게 이끌고 동기부여를 할 것인가? 답은 명확했다. 바로 개인적인 유대감을 쌓는 것이었다.

며칠 후, 나는 로스앤젤레스에서 열다섯 시간이나 걸리는 텔아비브행 비행기에 몸을 실었다. 두 창업자와 회사에 관한 모든 정보를 샅샅이 조사하며 관련 기사를 하나도 빠짐없이 읽어 내려갔다. 그들의 삶으로 깊숙이 들어가 사업을 시작한 진짜 이유를 이해하고, 어떻게든 공감대를 찾아내고 싶었다.

텔아비브에 도착하자마자, 철저하기로 이름난 이스라엘의 보안 절차를 마주했다. 이곳 세관 직원들은 지극히 사적이고 예리한 질문을 던지는 것으로 유명하다. 단순히 행선지를 묻는 게 아니라, 이스라엘에 온 이유와 누굴 만날 예정인지 꼬치꼬치 캐묻는다. 이 나라에서는 신뢰를 쌓는 일이 공항 문턱을 넘어서는 순간부터 시작된다는 사실을 새삼 일깨워 주는 듯했다.

세관 직원은 화상 회의에서 본 창업자들과 똑같은 표정으로 나를 훑어보았다. "고작 4일요?" 그는 내 여권을 살피며 물었다. "그거면 충분하다는 건가요?" 그의 회의적인 태도가 오히려 내 안의 투지를 불태웠다.

"아니요, 4일은 시작일 뿐입니다. 하지만 어디서든 시작은 해야 하잖아요."

그날 오전, 나는 여독으로 녹초가 된 상태였지만 함박웃음을 지으며 사무실에 들어섰다. 당연히 회의실에서 첫 회의를 할 줄 알았건만, 그들의 생각은 전혀 달랐다. "일단 식사부터 하시죠." 그들이 말했다.

그들은 단골 레스토랑으로 나를 데려갔다. 지금까지 먹어 본 것 중 가장 큰 그릇에 담긴 후무스와 가장 맛있는 라파 빵(후무스는 병아리콩을 주재료로 한 중동 지역의 전통 소스이며, 라파 빵은 중동 지역에서 흔히 먹는 납작한 빵의 일종-옮긴이)을 먹으며, 비로소 서로를 사람 대 사람으로 알아 가기 시작했다. 분위기는 눈에 띄게 달라졌다. 어느새 우리는 동등한 위치에 서 있었고, 형식적이고 서먹했던 대화는 진실한 교감으로 바뀌어 있었다. 생각보다 훨씬 많은 공통점이 있었고, 지금 이 자리에 서기까지 각자의 여정에서 쏟아부은 초인적인 노력에 서로 깊이 공감했다. 10년 넘게 맨바닥에서 일궈 온 회사가 그들에게는 자식과도 같으며, 성공을 위해 모든 것을 바쳤음을 이해하게 되었다. 그들은 자신들의 고유한 문화와 정체성이 거대 조직에 흡수되어 사라질까 봐 걱정하고 있었다. 나 역시 첫 회사가 인수될 때 당신들과 똑같은 입장이었으며, 똑같은 두려움과 걱정을 안고 있었다고 고백하자 그들의 표정이 누그러졌다. 공감대와 이해심이 모든 것을 바꿔 놓았다.

이후 사흘 동안 우리는 평생의 우정으로 이어질 견고한 협력 관계의 기반을 닦았다. 모두가 합병의 성공을 간절히 원한다는 사실에는 의심의 여지가 없었다. 그저 상대의 의도를 기꺼이 믿고 신뢰하는 것만으로도, 성공은 충분히 현실이 될 수 있었다.

대면 소통의 힘은 무엇으로도 대체할 수 없다. 말 한마디에 담긴 미묘한 온도와 몸짓, 그리고 속내를 솔직하게 털어놓는 순간들은 오직 직접 마주할 때만 포착할 수 있다. 오늘날 디지털 소통과 원격 근무는 의미 있는 관계를 맺고 유지하는 일에 새로운 과제를 던져 주었다. 수많은 기업이 슬랙, 아사나(Asana), 줌(Zoom)을 주요 소통 창구로 삼고 있다. 이런 도구들이 효율을 극대화해 줄지는 몰라도, 때로는 유대감이 깊어지는 길을 가로막는 장애물이 되기도 한다. 현대 사회의 실상은 명확하다. 이제 우리는 화면이라는 장벽을 넘어 사람 대 사람의 관계를 맺기 위해 훨씬 더 많은 공을 들여야 한다.

스티브 잡스는 가능한 한 직접 얼굴을 맞대고 나누는 소통의 중요성을 역설했다. "네트워크 시대에는 이메일과 메신저만으로도 아이디어를 발전시킬 수 있다는 착각에 빠지기 쉽지만, 이는 말도 안 되는 생각이다. 창의성은 즉흥적인 만남과 우연한 토론 속에서 싹트기 때문이다."

기술적 진보를 이루는 대가로 비즈니스에 생명력을 불어넣는 인간적 유대감을 잃게 될까 봐 우려스럽다. 디지털 액정 화면과 같은 전자 기기들이 진정한 창의성과 연결을 가로막는 견고한 장벽이 되고 있는 것은 아닌지 두렵기까지 하다.

저녁 식사 자리에서 사람들이 서로 대화하는 대신 폰만 뚫어지게 응시하는 모습을 얼마나 자주 보았는가? 나도 가끔 그럴 때가 있다. 인간적인 교류를 맺어야 하는 순간조차 나도 모르게 휴대전화로 손을 뻗곤 한다. 우리는 모두 새로운 세상을 항해하고 있다. 데이트는 우연한 만남 대신 앱에서 시작되고, 면접은 사무실이 아닌 온라인에서 진행되며, 직장에서의 첫인상은 대면 회의가 아니라 화상 회의를 통해 형성된다. 지난 수년간 택시 기사들과 우연히 나눈 대화들이 떠오른다. 만약 내가 고개를 숙인 채 전화기만 보고 있었다면, 그들이 들려준 꿈의 조각들을 영영 놓치고 말았을 것이다.

이런 즉흥적인 순간들을 차단해 버릴 때, 서로가 얼마나 닮았는지 그리고 공통점이 얼마나 많은지 일깨워 주는 소중한 우연과 대화를 잃게 된다. 기술은 소통을 유지하는 놀라운 도구들을 선사했지만, 동시에 직장과 가정, 그리고 사회생활 전반에서 의미 있는 순간과 유대를 형성하는 길을 방해하기도 한다. 나는 기술 활용에 반대하는 사람이 아니다. 오히려 최전선에서 혁신을 주도하며 경력을 쌓아 왔지만, 여기서 강조하고 싶은 것은 사람과 기술 사이의 균형이다.

비즈니스의 본질은 결국 사람임을 기억하고, 모든 일에 관계 우선의 사고방식으로 접근한다면 이미 성공의 핵심 비결을 손에 쥔 것이나 다름없다. 나는 유대감을 쌓기 위해 수많은 노력을 기울여 왔고, 그 보상은 열 배 이상으로 돌아온다고 자신 있게 말할 수 있다. 저녁 한 끼를 위해 뉴욕행 비행기에 몸을 싣고, 외진 도시라도 직접 만나기 위해 기꺼이 찾아가며, 심지어 골프 실력이 형편없음에도 불구하고 얼굴을 마주하기 위해 18홀을 돌기도 한다. 사람의 온기를 전하는 일의 가치를 알기에 나는 기꺼이 한 걸음을 더 내딛는다. 텔아비브까지 날아가는 극단적인 행동이 아니어도 좋다. 아주 사소한 행동이 예상치 못한 거대한 파동을 일으키는 법이다.

사소한 진심이 만드는 거대한 차이

사람들이 흔히 범하는 실수는 사소하지만 정성 어린 행동이 지닌 파급력을 과소평가한다는 점이다. 기대 이상의 성과를 낸 동료에게 손으로 직접 쓴 감사 편지, 누군가 공들여 완성한 프로젝트에 대한 진심 어린 칭찬, 혹은 생일이나 기념일을 기억했다가 꽃을 보내는 섬세함 등 작은 배려야말로 신뢰와 충성심을 형성하는 견고한 기초가 된다. 그리고 상대에게 자신이 인정받고 가치 있는 존재라는 확신을 심어 준다.

나는 내가 이끌었던 모든 회사에서 업무 중 얻은 작은 승리들을 반드시 짚고 넘어갔다. 직원들의 노고에 감사하며 그들의 공헌을 소중히 여기고 있음을 꾸준히 표현하는 것을 리더십의 원칙으로 삼았다. 수고했다는 가벼운 한마디, 고맙다는 진심이 담긴 인사말이 누군가의 하루를 마법처럼 바꿔 놓기도 한다. 제삼자에게는 대수롭지 않아 보일지 몰라도, 거대한 프로젝트에 밤낮없이 매진해 온 직원에게는 결코 그렇지 않다. 칭찬에는 돈이 들지 않지만, 누군가의 노고를 인정하는 데 이보다 더 의미 있는 방법은 없다. 중요한 점은 아주 작은 부분까지 세심하게 살핀다는 사실을 사람들이 알게 될 때, 변치 않는 두터운 신뢰가 형성된다는 점이다. 일상에서 친절과 배려를 실천할 기회를 절대 놓치지 마라. 주변 사람들에게 어떤 변화의 물결을 일으키는지 직접 보고 느끼게 될 것이다.

리더십에 깊이를 더하는 공감 능력

"저기 건너편에 커플이 보이니?" 아버지가 길 건너를 가리키며 물으셨다. 나는 고개를 끄덕였다. 70대 후반쯤 되어 보이는 남녀가 팔짱을 꼭 낀 채 길을 건너고 있었다.

당시 열 살이었던 나는 아버지와 함께 포틀랜드 시내에 있는 쇼핑몰인 파이어니어 플레이스(Pioneer Place) 계단에 앉아 있었다. 어머니와 언니가 쇼핑하는 동안 우리는 잠시 시간을 보내야 했고, 아버지는 이 틈을 타 당신이 가장 즐기던 취미인 '관찰 게임'을 시작했다. 이 게임은 지나가는 사람을 골라 그들의 사연이나 생각, 오늘 하루가 어땠을지 상상해 보는 놀이였다.

"저분들은 어떤 모험 같은 삶을 살아오셨을까? 지금 이 순간에는 무슨 생각을 하고 계실 것 같아? 킴, 상상력을 마음껏 발휘해 보렴. 아주 창의적으로 말이야."

나는 그들의 고향과 꿈, 그리고 일상의 고단함에 관한 이야기를 지어내기 시작했다. "좋구나." 아버지는 고개를 끄덕이며 또 다른 사람을 가리키셨다. 세 아이를 챙기느라 정신없는 아이 엄마와 전화기를 붙들고 격렬하게 논쟁 중인 남자였다. "저 사람들에게는 무슨 일이 벌어지고 있는 걸까?"

아버지는 우리가 어딜 가든 이 게임을 즐겼다. 아버지가 제안한 대부분의 '게임'이 그러하듯, 여기에도 깊은 뜻이 담겨 있었다. 바로 타인의 눈으로 세상을 바라보도록 우리를 이끄는 것이었다. 이야기를 하나씩 만들어 갈 때마다, 아버지는 우리의 공감 근육을 소리 없이 단련시켰다. 누군가에게 온전히 집중하다 보면, 오로지 자기만 생각하던 이기적인 시야에서 벗어나게 된다. 아버지는 늘 이렇게 말씀하시곤 했다. "타인을 이해하려 애쓸수록, 그들과 진정으로 맞닿을 기회도 많아지는 법이란다."

아버지께 배운 공감의 교훈은 늘 내 마음 한구석에 남아 있었다. 그 가르침은 세상을 바라보는 방식을 형성했고, 대학 시절을 지나 사회에 나와서도 타인이 어떤 상황에서 무엇을 느끼고 경험하는지 본능적으로 궁금해하는 호기심을 갖게 해 주었다. 나는 이 가르침 덕분에 함께 일하는 이들의 말을 경청하고, 그들을 지지하며, 진심으로 아끼는 따뜻한 리더가 되었다고 믿는다. 사람들은 누군가 자신의 입장을 진심으로 이해하려 노력한다는 걸 느끼는 순간, 눈빛부터 달라진다. 이것을 인간 심리라 부르든, 존중이라 부르든 상관없다. 진심 어린 호기심으로 상대에게 몸을 기울이는 순간, 공기의 흐름이 바뀐다. 경계의 벽이 허물어지고 신뢰가 싹트기 시작한다.

하지만 아모비가 1,000명 이상의 직원을 둔 거대 기업으로 성장하면서, 나의 에너지도 점차 바닥을 드러냈다. 누군가에게 공감해 줄 마음의 여유가 줄어들기 시작한 것이다.

샌디에이고 사무실에서 50명의 팀원을 이끌던 초창기에는 끈끈한 팀워크를 구축하고 기업 문화를 가꾸는 일이 수월했다. 하지만 전 세계 20개 지사를 두고 여러 시간대를 아우르는 규모로 확장되면서, 내 상징과도 같았던 세심한 밀착형 리더십을 고수하기가 갈수록 벅찬 일이 되었다. 소통은 점차 사무적이고 차갑게 변해 갔고, 오로지 눈앞의 업무를 처리하는 데만 매몰되었다. 실망한 직원의 질책을 듣고 나서야 나는 그녀의 간절한 도움 요청을 완전히 놓치고 있었다는 사실을 깨달았다.

최고의 성과를 내던 레이철은 새로 부임한 매니저와의 갈등으로 스트레스를 받고 있다는 암시를 여러 번 보내 왔다. 나는 둘 사이에 불편한 기류가 흐른다는 걸 알고 있었지만, 시간이 지나면 저절로 해결될 일이라 치부해 버렸다. 레이철이라면 어떠한 부조리도 용납하지 않고 스스로 잘 헤쳐 나가리라 믿었기 때문이다. 그녀는 내게 몇 차례나 이메일을 보냈으나 그저 불만을 털어놓고 싶은 것이라 짐작했고, 내 여유가 바닥난 탓에 답장조차 하지 못한 채 방치했다. 게다가 다른 인수합병 건을 마무리하느라 이미 지칠 대로 지쳐 있었기에, '사람 문제'까지 들여다보는 일은 감정적으로 너무나 버겁게 느껴졌다. 그녀의 사직서가 내 책상에 놓였을 때 큰 충격을 받았다. 사실 예견된 결과나 마찬가지였다. 즉시 전화를 걸어 마음을 돌려 보려고 애썼지만, 레이철의 결심은 이미 굳어진 뒤였다.

"대표님, 제가 계속 기색을 내비쳤는데도 제 말을 들어주지 않으셨잖아요."

그녀는 내 관심을 끌기 위해 얼마나 노력했는지 차분히 짚어 주었다. 그 순간 내가 그토록 바랐던 따뜻한 리더와는 거리가 멀었다는 사실을 깨달았다. 나는 그녀의 눈을 바라보며 사과했다. "진작 눈치챘어야 했는데 정말 미안해요. 실망시켜서 진심으로 미안합니다."

나 자신에 대한 실망감이 밀려왔다. 상황이 얼마나 감당하기 힘들 정도로 악화했는지 깨닫지 못한 내 잘못이었다. 모든 일을 차질 없이 굴리는 데만 혈안이 되어 발밑에서 소리 없이 번지고 있던 균열을 놓치고 말았다.

그녀의 퇴사는 내게 거대한 경종을 울렸다. 나는 두 번 다시 업무에 쫓겨 소중한 사람들의 필요를 외면하지 않겠다고 굳게 다짐했다. 10년 전 라스베이거스 여행에서 사람을 항상 최우선에 두겠다고 다짐했지만, 그 신념을 뒷받침하지 못했다. 이 경험을 통해 나는 팀원들뿐만 아니라 내 삶의 모든 영역에 있는 이들에게 주기적으로, 그리고 능동적으로 관심을 기울여야 한다는 것을 배웠다. 사람을 최우선으로 삼겠다는 말이 진심이라면, 이제는 훨씬 더 의식적으로 노력해야 했다. 내 말에 책임을 지는 리더가 되어야만 했다.

나는 대화에 임할 때 상대에게 온전히 주의를 기울이기로 다시금 다짐했다. 그뿐만 아니라 일대일로 대화할 때는 휴대전화를 아예 치워 두고 주의가 분산되는 일을 막았다. 내 앞에 있는 사람에게 온전히 마음을 쏟으며, 그가 어떤 맥락에서 이야기하는지 적극적으로 경청하려 애썼다. 얼마 지나지 않아 친구와 가족들도 변화를 알아차렸다. 그들은 내가 예전보다 훨씬 '온전하게 곁에 있는' 느낌이 들고, 덜 산만하며, 대화에 깊이 몰입하는 것 같다고 말했다. 나 역시 그 차이를 몸소 느꼈다. 주변 사람들과 더 깊이 맞닿아 있다는 기분이 들었다. 바쁜 일상에 휩쓸려 살다 보면 중요한 가치를 놓치기 쉽다. 그러나 결국 가장 중요한 자신은 사람임을 잊지 말아야 한다.

인간적 유대는 우리가 만들어 내는 모든 성취의 토대다.

공감은 유대를 지탱하는 뿌리이며, 단순히 성품이 좋은지를 따지는 '대인 관계 기술'에 그치지 않는다. 이는 신뢰를 구축하고 성공을 이끄는 핵심 동력이다. 연구에 따르면 리더의 공감을 경험한 구성원의 76퍼센트가 업무에 더 깊이 몰입한다고 한다.[34] 심리학자 브레네 브라운은 공감이 하나의 선택이라고 주장한다. "누군가와 온전히 연결되기 위해서는 그 감정이 무엇인지 이미 알고 있는 내면 속 감정의 기억을 먼저 마주해야 하기 때문이다."

이것이 바로 우리가 영화 속 이야기에 깊이 감동하는 이유다. 영화는 단순한 볼거리를 넘어 감정을 비추는 거울과도 같다. 우리는 영화 〈록키〉에서 복서 록키가 승리를 향해 고군분투할 때 아낌없는 응원을 보낸다. 쓰러져도 다시 일어나는 질긴 끈기를 이미 알고 있기 때문이다. 〈에린 브로코비치〉에서 거대 기업의 횡포에 고개를 끄덕이는 건, 불의 앞에서 느꼈던 좌절의 기억이 우리 안에도 있기 때문이다. 또한 〈제리 맥과이어〉를 보며 꿈을 좇는 데 수반되는 위험과 그 속에서 피어나는 희망에 깊이 공명한다.

비슷한 경험을 공유할 때 공감의 크기는 비약적으로 커진다. 가슴이 찢어지는 듯한 상실을 직접 겪어 보지 않고서는 타인의 고통을 진정으로 이해하기 어렵다. 해고의 절망, 사랑하는 이를 잃은 슬픔, 파산 직전의 공포 또한 마찬가지다. 우리는 이런 감정들을 통과해 봐야 한다. 직접 겪어 낸 시련에는 사람 사이를 더 가깝게 이어 주는 힘이 있기 때문이다. 우리가 할 일은 기꺼이 타인의 마음으로 들어가 보겠다는 의지를 갖는 것뿐이다. 이런 공감을 조금 더 자주 실천할 수 있다면, 우리 관계에 불러올 긍정적인 변화에 스스로도 놀라게 될 것이다.

관계는 신뢰라는 토대 위에 세워진다

공감은 신뢰를 쌓고, 신뢰는 다시 모든 관계의 기초가 된다. 신뢰가 없다면 관계는 성장은커녕 제대로 뿌리조차 내릴 수 없다. 이것이 내가 콘테라의 공동 창업자들을 만나기 위해 텔아비브로 날아갔던 이유다. 그들이 나의 진심 어린 의도를 확인하고 내가 어떤 가치를 지향하는지 직접 살피지 못했다면, 인수 과정은 순조롭지 않았을 것이다. 신뢰는 거저 주어지는 것이 아니라, 끊임없이 스스로를 증명하며 얻어 내는 것이다.

많은 공동 창업자가 스타트업 창업을 결혼에 비유하곤 한다.

여러모로 정확한 비유다. 부유할 때나 가난할 때나, 좋을 때나 나쁠 때나 이 결합의 성패는 신뢰에 달려 있다. 이는 파트너십과 협업, 멘토링과 우정 등 함께 무언가를 만들어 가는 모든 관계에 똑같이 적용된다.

당신의 삶에서 100퍼센트 신뢰하는 사람들을 떠올려 보라. 아마 그들은 정직함과 일관성, 충성심과 공감 같은 자질을 몸소 보여 주며 신뢰를 쌓아 왔을 것이다. 하겠다고 한 일은 반드시 해내고, 내뱉은 말은 끝까지 지키며, 곁에 있겠다고 약속하면 어김없이 그 자리에 나타난다.

어릴 적 할아버지께서 신뢰를 쌓는 핵심이라며 간결하지만 묵직한 철학 하나를 알려 주셨다. 바로 '말한 대로 행동하라'는 것이었다. 이는 평생의 지침으로 삼아야 할 원칙이다. 신뢰라는 토대를 쌓지 못하면 그 뒤에 따르는 모든 노력은 사상누각이 될 뿐이다. 성공을 꿈꾼다면 당신을 지지해 줄 든든한 인적 네트워크가 반드시 있어야 한다. 가정에서든, 직장에서든, 사회생활에서든, 단단한 지지 기반 없이는 성공할 수 없다.

내가 지금 이 자리에 있는 이유는 후원자이자 협력자, 때로는 조언자와 지지자가 되어 나를 도와준 직원들과 친구들, 가족, 고객, 파트너, 그리고 멘토들 덕분이다. 내가 성사한 모든 거래는 신뢰를 바탕으로 오랜 시간 공들여 쌓아 온 관계에서 싹텄다.

팀워크가 없었다면, 그 어떤 성취도 지금보다 열 배는 더 힘들었을 것이다. 최고의 스포츠팀이 승리의 기쁨을 누리는 것은 선수들이 하나의 팀으로서 완벽하게 조화를 이루는 덕분이다. 승승장구하던 팀의 기량이 떨어지면 팬들은 감독의 능력에 의구심을 품으며 수군거리기 시작한다. 동료애와 팀워크가 무너지면 모든 기반이 무너지기 때문이다. 비즈니스도 마찬가지다. 끈끈한 관계와 유대감 위에 세워진 문화를 가꾼다면, 직원들의 태도가 달라질 것이다. 진정으로 몰입하는 이들은 단순히 주어진 일을 처리하기 위해서가 아니라 변화를 일으키기 위해 발 벗고 나선다. 그리고 그러한 에너지가 조직의 생산성과 충성심에 불을 지핀다.

팀원들이 리더가 중요하게 여기는 가치와 동기를 진정으로 이해할 때, 신뢰 형성에 큰 도움이 된다. 그 반대 역시 마찬가지다. 리더가 시간을 내어 동료들의 이야기에 귀를 귀를 기울이고, 그들이 자신들의 존재를 인정받고 있다고 느낄 때 팀은 리더를 믿게 된다. 신뢰는 우연히 생기지 않는다. 서로의 동기가 맞물리고 상호 존중이 무대의 주인공이 되는 순간, 신뢰가 쌓이기 시작한다.

내가 함께 일해 본 최고의 리더 중 한 명은 신뢰와 존경을 순식간에 쌓아 올리는 놀라운 능력을 갖추고 있었다. 그야말로 그만의 초능력이었다. 아모비의 최고운영책임자로 부임한 첫날, 그는 전사 회의를 소집했지만 의례적인 경영진의 훈화로 입을 떼지 않았다. 회사의 비전이나 자신의 역할을 나열하며 분위기를 잡지도 않았다. 대신 그는 전혀 예상하지 못한 이야기를 시작했다. 바로 자기 자신에 관한 고백이었다. 어린 시절 이곳저곳 떠돌던 생활부터 보트에 대한 애정, 프렌치 불도그를 향한 유별난 사랑, 가족 이야기, 그리고 싱글몰트 위스키에 대한 열정까지 아낌없이 공유했다. 그가 심어 준 첫인상은 단순히 친근함을 주는 수준을 넘어 직원들의 경계심을 단숨에 녹여 버렸다.

나는 그가 권위와 역량을 잃지 않으면서도 기꺼이 마음을 열고 취약함을 드러내는 방식에 깊은 감명을 받았다. 한 시간도 채 되지 않아 그는 개방성과 투명성, 그리고 존중이 무엇인지 몸소 증명하며 서로를 신뢰하는 분위기를 조성했다. 그는 전형적인 리더의 가면을 과감히 벗어던짐으로써, 모든 구성원이 가장 나다운 모습으로 일터에 올 수 있도록 권유하는 초대장을 만들었다. 나는 삶의 모든 영역에서 이런 마음가짐을 가지길 권한다. 주변 사람들에게 '내 모습 그대로'를 보여 주는 일은 내가 왜 그 자리에 있는지 설명하는 것만큼이나 중요하다.

성공의 비결

'친구와는 절대 비즈니스를 하지 마라'라는 말을 들어 본 적 있을 것이다. 하지만 오랜 친구이자 동료인 사라 리(Sarah Lee)와 크리스틴 창(Christine Chang)이 함께 스킨케어 회사를 설립하기로 결심했을 때, 그들은 이 경고를 단순히 무시하는 데 그치지 않았다. 오히려 정반대의 길을 선택함으로써 거대한 뷰티 제국을 건설했다.

두 창립자는 한국 로레알(L'Oréal)에서 근무하며 처음 인연을 맺게 됐고, 몇 년 후 나란히 뉴욕 지사로 발령 받았다. 그들은 퇴근 후 자주 만나 한국의 뷰티 노하우를 담은 제품들을 전 세계에 선보인다면 얼마나 멋질지 상상하며 꿈을 나누곤 했다.

2014년, 마침내 두 사람은 저축해 둔 5만 달러를 밑천 삼아 안정적인 직장을 뒤로하고 창업의 길로 뛰어들었다. 비즈니스 세계의 철칙과도 같은 '친구와는 절대 비즈니스를 하지 마라'는 금기를 어겼을 뿐만 아니라, 그 관습을 완전히 박살 낸 셈이다. 사라가 내게 말했다. "모두가 우정과 비즈니스를 섞지 말라고 경고했어요. 하지만 그 둘을 나누고 싶지 않았어요. 우리가 이룬 모든 성취의 근저에는 단단한 우정이 있답니다."

판에 박힌 기업의 성공 공식을 따르는 대신, 사라와 크리스틴은 대담한 전략을 택했다. 우정을 쌓아 온 방식 그대로 화장품 브랜드를 키워 가기로 한 것이다. 그들은 모든 과정에 사람의 온기를 불어넣기로 했다. 정말로 모든 과정에 말이다.

기업의 CEO가 당신의 인스타그램 댓글에 직접 답글을 남긴 적이 언제였는지 생각해 보라. 정성껏 쓴 손 편지를 보내거나 당신의 생일을 축하해 준 적이 있었나? 사라와 크리스틴은 바로 그런 일을 해냈다.

고객 한 명, 한 명에게 진심을 다할수록 그들의 브랜드는 오히려 더 크게 성장했다. 다른 기업들이 자동화된 고객 서비스 시스템을 도입하느라 분주할 때, 글로우 레시피(Glow Recipe)는 손편지를 쓰고 소셜 미디어에 직접 답글을 달았다. "업계 베테랑들은 이런 방식으로는 사업 규모를 확장하지 못한다고 경고했어요. 하지만 진정성도 얼마든지 비즈니스 규모를 키울 수 있는 핵심 동력이 될 수 있습니다. 그 가치에 기꺼이 투자할 의지만 있다면 말이죠." 사라가 말했다.

결과는 어땠을까? 현재 400만 명에 달하는 충성스러운 팔로워를 지닌 커뮤니티가 탄생했다. 내가 여기서 '충성'이라는 단어를 쓴 데는 그만한 이유가 있다. 고객의 결혼식에 초대받는 창업자가 세상에 얼마나 되겠는가? (글로우 레시피에서는 실제로 일어나는 일이다.)

가장 혁신적인 부분은 이것이다. 대부분의 기업은 매출 전망치를 검토하며 월요일 아침을 맞이하는 반면, 글로우 레시피의 글로벌 팀은, 고객의 생생한 성공 후기를 공유하며 하루를 연다. 판매 목표치도, 분기별 실적 전망도 아닌 오직 사람의 이야기로 시작한다. 사라는 이렇게 말한다. "이야기 뒤에 있는 사람이라는 존재를 잊는 순간, 그 어떤 숫자도 의미를 잃게 됩니다."

이러한 우선순위의 전환은 모든 팀원에게 판매 실적 한 건마다 사연을 가진 사람이 한 명씩 존재한다는 사실을 일깨워주었다. 그리고 이것이 바로 글로우 레시피의 성공 비결인 '사람'이라는 핵심 재료다. 사람을 우선순위에 두면 이익은 자연스레 따라온다. 글로우 레시피가 기록한 연간 3억 달러의 매출은 단순한 숫자가 아니다. 자동화 시대일수록 사람의 온기를 더하는 것이야말로 가장 강력한 비즈니스 전략이 될 수 있다는 증거다. 그러니 누군가 비즈니스에 사적인 감정을 섞지 말라고 충고하거든, 글로우 레시피를 떠올려라. 때로는 성공으로 가는 가장 좋은 방법은 기존의 규칙을 따르는 것이 아니라, 그 규칙을 완전히 새로 쓰는 것이다.

관계 구축 마스터하기: 'I-CARE' 프레임워크

지속적인 비즈니스 관계를 일궈 내는 것은 그 자체로 하나의 정교한 전략이다. 거기에는 시간과 정성, 그리고 세심한 주의가 필요하다. 이를 위해 나는 I-CARE 프레임워크를 개발했다. 투자(Investment), 호기심(Curiosity), 적극적 경청(Active Listening), 공감대 형성(Relatability), 그리고 공감(Empathy)이 핵심이다. 이것은 단순히 중심을 잡아 주는 도구에 그치지 않는다. 고객과 직원부터 멘토나 파트너, 심지어 친구에 이르기까지 삶에서 가장 중요한 사람들과 진실하고 지속적인 유대를 쌓고 싶은 모든 이를 위한 지침이다.

I - 투자(Investment)

나는 늘 기업이 아닌 사람에 투자한다고 말한다. 하지만 진정한 유대는 하룻밤 사이에 생기지 않으며, 관계 형성에는 그만한 노력이 필요한 법이다. 그래서 새로운 인연을 맺을 때면 기초를 탄탄히 다지기 위해 무엇보다 초기에 시간을 투자하는 일에 공을 들인다. 이때 도움이 될 만한 실천 방법이 있다. 지금 당신의 업무에서 가장 중요한 핵심 인물 다섯 명을 추려 보고, 그들과 정기적으로 소통하는 일에 우선순위를 둔다. 짧은 안부 전화나 가벼운 커피 한 잔, 퇴근 후의 술자리, 혹은 음성 메시지 한 통이라도 좋다. 이런 사소한 순간들이 켜켜이 쌓이면 관계의 밀도가 짙어진다. 시간과 에너지, 관심을 내어 준다는 것은 신뢰를 싹틔우고 그 관계를 소중히 여기고 있다는 진심을 증명하는 가장 확실한 방법이다.

C - 호기심(Curiosity)

새로운 사람을 만날 때면, 나는 늘 호기심 어린 마음을 갖추려 노력한다. 호기심을 갖는다는 것은 진심 어린 관심에서 비롯된 질문을 던진다는 뜻이다. 나는 대화 시간의 대부분을 상대방의 목표와 열정, 취미, 그리고 그를 움직이게 하는 동기를 묻는 데 할애한다. 상대방의 세계를 이해하려는 태도는 그의 의견과 경험을 소중히 여긴다는 사실을 보여 주기 때문에 관계의 탄탄한 기반이 되어 준다. 호기심은 단순히 정보를 수집하는 차원을 넘어 사람 자체를 이해하는 일이다. 우리는 누구나 자신의 이야기에 진심으로 귀를 기울여 주었던 대화를 기억한다. 그런 대화는 긍정적이고 강렬한 인상을 오래도록 남기는 법이다.

A - 적극적 경청(Active Listening)

경청은 점차 외면받는 기술이 되고 있지만, 진실한 관계를 쌓길 원한다면 반드시 익혀야 할 필수 덕목이다. 어머니께서는 늘 이렇게 말씀하셨다. "사람에게 귀가 두 개고 입이 하나인 이유는 말하기보다 듣는 것을 두 배 더 많이 하라는 뜻이란다." 호기심이 관계의 문을 열어 준다면, 그 문 안으로 들어가게 하는 것은 상대에게 기울이는 세심한 주의력이다. 사이먼 시넥(Simon Sinek)은 이렇게 표현한다. "경청은 단순히 말소리를 듣는 행위가 아니라, 그 말 속에 담긴 진짜 의미를 이해하는 기술이다." 그의 말처럼 핵심은 상대방이 '내 이야기에 누군가 진심으로 귀를 기울여 주고 있구나'라고 느끼게 만드는 것이다. 그러기 위해서는 상대의 단어와 어조, 몸짓 하나하나에 집중할 수 있도록 온전히 상대에게 몰입해야 한다. 나는 생일이나 가족 관계, 좋아하는 스포츠팀이나 취미 같은 개인적인 세부 사항을 휴대전화에 메모해 둔다. 다음에 다시 만났을 때 이를 기억해 내기 위해서다. 나에게 의미 있는 무언가를 누군가 기억해 주고 있다는 사실을 깨닫는 순간, 상대방을 특별하게 기억하기 마련이다.

R - 공감대 형성(Relatability)

타인과 개인적인 차원에서 공감대를 형성하는 것은 지속적인 관계를 만드는 핵심 열쇠다. 누군가와 비슷한 경험이나 관심사가 있다는 사실을 알게 되면, 그와 더 쉽게 가까워질 수 있다. 나는 업무 외적인 주제로 대화의 폭을 넓힐수록, 타인과 깊이 연결될 기회도 그만큼 늘어난다는 사실을 깨달았다. 좋아하는 음악가가 같다는 걸 알게 되거나, 육아 고민을 나누며 유대감을 형성하고, 책이나 맛집 추천을 주고받는 일처럼 사소해 보이는 연결 고리들이 비즈니스의 경계를 허물고 끈끈한 신뢰를 쌓는 토대가 된다. 이러한 개인적인 유대는 업무적 교류에 인간미를 한 꼬집 더해 훨씬 더 기억에 남게 만든다. 상대의 경험과 열정에 보내는 진심 어린 관심은 당신을 수많은 경쟁자 사이에서 돋보이게 할 것이며, 새로운 기회를 향한 확실한 통로가 되어 줄 것이다.

E - 공감(Empathy)

공감은 단순히 기분 좋은 느낌을 주는 개념이 아니라, 사람과 사람 사이를 잇는 강력한 도구다. 상대의 입장이 되어 볼 때 그들의 관점을 더 잘 이해할 수 있다. 어떤 상황이 닥치거나 서로 의견이 부딪히더라도, 항상 상대의 시선으로 바라보려 노력하라. 이러한 태도는 즉시 관계를 부드럽게 누그러뜨리고, 대화의 바탕에 친절과 이해라는 단단한 뿌리를 내리게 한다. 공감하는 마음으로 관계에 다가갈 때, 당신이 상대의 생각과 감정, 그리고 경험을 얼마나 소중히 여기는지 보여 줄 수 있다. 이는 곧 개방적이고 솔직한 소통으로 이어진다. 결국 공감의 진가는 소통 방식을 통해 극명하게 드러난다. 상대의 경험과 감정, 생각의 결을 섬세하게 읽어 내고 그것을 적절히 표현해 주는 능력은 유대를 강화하고 신뢰를 쌓는 탁월한 기술이다. 공감은 단순한 주고받는 데 불과했던 대화를 의미 있는 교감의 순간으로 바꿔 놓는다.

비즈니스의 진정한 경쟁력

비즈니스에 인간미를 더하는 순간, 당신은 강력한 경쟁 우위를 점하게 된다. 글로우 레시피의 사례는 모든 의사결정을 관계라는 렌즈로 바라보는 것이 얼마나 거대한 자산이 되는지 여실히 증명한다. 나는 소셜 마케팅 전략가 테드 루빈(Ted Rubin)이 제시한 관점을 특히 좋아한다. 그는 기업이 전통적인 투자 수익률(ROI; Return On Investment)의 틀을 깨고, 관계 수익률(ROR; Return On Relationship)이라는 새로운 모델을 받아들여야 한다고 주장한다.

ROI가 제품이나 캠페인에서 얻는 즉각적인 재무적 이익을 측정한다면 ROR은 유대, 신뢰, 충성도, 추천, 그리고 공유를 통해 시간이 흐를수록 켜켜이 쌓이는 가치를 측정한다. 루빈은 이렇게 설명한다. "이것은 눈앞의 금전적 이익을 낚아채는 것과, 수익 지표에만 매몰되지 않고 장기적인 혜택을 구축하는 일의 차이다."[35] 핵심은 분명하다. 관계를 제대로 형성하면 고객 만족도는 높아지고 긍정적인 입소문이 퍼지며, 결국 사람을 소중하게 대하는 브랜드라는 이미지로 기억된다.

수치에 집중하는 태도도 중요하지만, 이는 장기적 관계 구축과 얼마든지 병행할 수 있다. 테드의 말처럼, 측정할 수 있는 재무적 성과를 위해 ROI를 활용하되, 신뢰와 충성도, 그리고 고객의 참여를 끌어냄으로써 얻는 ROR 역시 그 자체로 충분히 독자적 가치가 있다는 사실을 잊지 말아야 한다.

가장 최근에 고객이나 소비자, 혹은 누군가의 팬으로서 훌륭한 경험을 했던 순간으로 돌아가 그때의 감정을 떠올려 보자. 어느 식당 직원이 무척 세심하고 친근하게 응대해 준 덕분에 진심으로 대접받고 있다는 기분이 들었을지도 모른다. 아니면 어떤 브랜드가 택배 상자에 정성 어린 손 편지나 깜짝 선물을 동봉해, 기대 이상의 감동과 잊지 못할 인상을 남겼을 수도 있다. 우리는 종종 제품 자체보다 기억에 남는 대화나 사소한 배려, 혹은 나라는 사람을 한 명의 인격체로 대우해 준 세심한 디테일에 매료되어 기업을 기억하곤 한다. 바로 ROR이 힘을 발휘하는 순간이다.

나는 이런 질문을 자주 받는다. "당신만의 비결이 뭔가요? 어떻게 그토록 성공할 수 있었습니까?"

대부분의 사람들은 내가 디지털 광고 시장에 일찍 진입했거나, 현명하게 투자한 덕분이라고 답할 것이라고 생각한다. 하지만 진실은 이렇다. 내가 수백만 달러를 벌어들일 수 있었던 이유는 최고의 사업 계획이나 최첨단 기술 덕분이 아니라, 비즈니스를 사람 사이의 일로 대하겠다고 선택했기 때문이다. 나를 믿고 기꺼이 수표를 써 주신 할머니, 무에서 유를 창조하겠다는 내 비전을 믿고 밤샘 작업도 마다하지 않은 직원들, 전략을 믿고 맡겨 준 고객들과 고락을 함께한 파트너들, 그리고 무조건적인 지지와 응원으로 항상 내 곁을 지켜준 친구들이 있었다. 내 성공은 내가 쌓아 온 관계와, 그들에게 보답하고자 했던 마음에서 비롯되었다. 지그 지글러의 말처럼, "다른 사람이 원하는 것을 얻도록 충분히 돕는다면, 당신도 인생에서 원하는 모든 것을 가질 수 있다."

내가 성공시킨 계약, 일군 회사, 달성한 목표, 이끌어 준 사람들 모두 마음이 깊이 통했던 연결의 순간에서 시작했다. 텔아비브에서 후무스를 먹으며 나눈 대화부터 손으로 쓴 감사 편지, 생일을 기억하고 작은 성공을 축하하며 가장 중요한 순간에 곁을 지켜준 시간들 말이다. 수년 전 아버지께서 해 주신 말씀이 옳았다. "사람을 진정으로 바라보고 그들의 사연과 고민, 꿈을 이해하려 할 때 비즈니스는 단순한 거래를 넘어 삶을 바꾸는 경이로운 변화가 된다."

견고한 관계는 흔들림 없는 성공의 밑거름이라는 사실을 기억하라. 숫자와 전략도 중요하지만, 그보다 중요한 것은 사람이

다. 관계는 이 모든 과정에 의미와 가치를 더한다. 관계야말로
나의 비즈니스를 나의 삶으로 완성해 준다.

데이터는 무엇이 수익이 되는지 알려 주지만,

관계는 무엇이 가능한지를 결정한다.

스스로 되돌아보기 비즈니스와 일상 전반에서 인간관계를 얼마나 우선순위에 두고 있는가? 당신이 하는 모든 일에 인간적인 감성을 어떻게 담아내고 있는가? 상대에게 공감을 표하거나 자신의 취약함까지 솔직하게 드러내는 일을 얼마나 편안하게 느끼는가?

핵심 메커니즘

- 비즈니스는 사람 사이의 일이다 비즈니스와 사적인 감정은 별개라는 미신을 믿지 마라. 비즈니스는 언제나 사람이 중심이다. 대면이 주는 힘을 대체할 수 있는 것은 없다. 그러니 모든 거래와 프로젝트, 파트너십에 진정성을 담아라.

- 관계가 성공을 이끈다 성공은 진정한 인간적 유대 위에 세워진다. 상대의 입장이 되어 보면서 공감 능력을 길러라. 약속을 지키고, 늘 자리를 지키며, 일관된 태도로 신뢰를 얻어라. 정직과 성실함으로 임한다면 관계가 번성하는 것을 보게 될 것이다.

- 사소한 디테일에 집중하라 가장 작은 행동이 가장 큰 파동을 일으킨다. 감사 편지 한 통, 따뜻한 칭찬 한마디, 생일을 기억하는 사소한 배려가 모여 충성심이라는 벽돌을 쌓아 올린다. 당신의 세심함이 사람들의 기억 속에 각인되도록 노력하라.

- 대면 만남이 중요하다 그 어떤 것도 대면 교류의 힘을 대신할 수 없다. 사람과 사람이 직접 만날 때 피어나는 깊은 신뢰와 이해는 이메일, 영상 회의, 전화 통화만으로는 재현할 수 없다. 기술의 편리함을 수용하되, 인간적 감성을 포기해서는 안 된다.

- 나를 먼저 열어 보아라 대화 중에 개인적인 이야기나 취미, 혹은 관심사를

공유해 보라. 진솔한 나를 보여 주면 깊은 유대감이 형성되고, 관계가 강화되며, 신뢰가 빠르게 구축된다.

- I-CARE 프레임워크를 실천하라 관계를 진정으로 발전시키고 싶다면 I-CARE 프레임워크를 활용하라. 시간을 투자하고, 호기심을 가지며, 적극적으로 경청하고, 개인적 공감대를 형성하며, 진심으로 공감하라. 사람들은 진정성의 차이를 분명 느낄 것이다.

밀리어네어 마인드셋 나는 진정한 성공이란 사람 사이의 의미 있는 연결과 타인을 향한 진실한 정성 위에서만 세워질 수 있다고 믿는다. 나는 친절과 신의, 그리고 너그러움을 최고의 가치로 삼는 삶의 유산을 남기기 위해 끊임없이 노력한다.

실수를 나만의 무기로 삼아라

당신은 이미 부인할 수 없는 진실을 알고 있다. 실수는 적이 아니다. 실수는 성공을 빚어낼 재료이자, 더 높은 곳으로 도약하기 위한 디딤돌이다.

이 책에 담긴 실수들이 나를 성공으로 이끈 자양분이 되었듯, 실수에 대한 이야기는 단순히 나에게만 머물지 않는다. 바로 당신의 이야기이기도 하다. 앞으로 당신이 저지를 무수한 실수가 어떻게 당신의 미래를 조각해 나갈지에 관한 기록이다. 모든 실수는 당신을 가르치고, 날카롭게 단련하며, 충만한 삶을 넘어 진정한 부의 문을 여는 돌파구로 이끄는 힘이 있다.

혹시 나와 같은 실수를 반복하고 있다는 생각이 든다면, 내 경험에서 뽑아낸 지혜를 떠올리며 당신도 충분히 이겨 낼 수 있다는 사실을 기억하길 바란다. 수백만 달러를 벌어들이기 위해 완벽한 사업 계획이나 흠잡을 데 없는 실적, 수십 년의 경력이 반드시 있어야 하는 것은 아니다. 배움에 대한 갈망, 행동하는 용기, 그리고 남들이 포기하는 순간에도 끝까지 버텨 낼 수 있는 회복 탄력성만 있으면 충분하다.

실수는 선택이 아닌 필연이다. 살다 보면 판단을 잘못할 때도 있고, 행동해야 할 때 망설이기도 하며, 멈춰 서야 할 때 성급히 움직이기도 한다. 사람을 잘못 보고, 미련하게 너무 오래 붙들고 있거나, 반대로 기회를 너무 일찍 포기할 때도 있을 것이다. 하지만 좋은 소식도 있다. 실수가 당신이라는 사람을 정의하지 않는다는 사실이다. 진짜 당신을 정의하는 것은 실수에 대응하는 태도다.

이 책에 담긴 실수들은 나에게 경제적 성공 이상의 가치를 선사했다. 실수들은 내게 용기와 겸손, 그리고 명확한 안목까지 안겨 주었다. 덕분에 나는 더 강하고 현명해졌으며, 앞으로 마주할 그 어떤 미래에도 단단히 대비할 수 있게 되었다.

내가 저지른 모든 실수는 값진 가르침을 남겼다.

모든 준비가 완벽해지길 기다렸던 순간은 완벽주의가 성장의 가장 큰 적임을 깨우쳐 주었다. 모든 일을 혼자 짊어지려는 시도는 든든한 조력자와 함께할 때 비로소 발휘되는 연대의 힘을 일깨웠다. 두려움에 사로잡혀 얼어붙었던 순간들은 두려워도 한 발 내딛는 결단이야말로 진정한 용기임을 증명해 보였다.

사람을 잘못 선택하며 겪은 고통은 내 직감을 믿으라는 가르침을 남겼고, 너무 오래 제자리에 머물렀던 경험은 떠나야 할 때를 알려 주었다. 방향 전환의 실패는 유연한 적응력이 곧 실력임을 깨닫게 했다. 그리고 스스로 자격이 부족하다고 믿었던 실수에서는 우리를 가로막는 가장 높은 벽은 결국 스스로 쌓아 올린 것이라는 사실을 일깨워 주었다. 모든 실수는 경험이라는 포장지에 싸인 선물 같은 교훈이다. 그 포장을 뜯어내 배움을 얻는 것은 오직 용기 있는 자의 몫이다.

나의 실수는 아직 끝나지 않았다. 이 책은 내 인생이라는 실수 여행의 종착지가 아니라, 이제 막 넘어가는 새로운 챕터일 뿐이다. 나는 앞으로도 기꺼이 실수할 것이다. 성공은 모든 것을 완벽히 해내는 것이 아니라 일이 잘못될 때에도 계속 앞으로 나아가는 데 있기 때문이다.

이 책을 덮고 당신의 세상으로 발을 내딛는 지금, 스스로와 한 가지 약속하길 바란다. 완벽히 준비되기 전에 일단 시작하겠다고 약속하라. 실수를 실패의 증거가 아닌 성장을 위한 피드백으로 받아들이겠다고 약속하라. 제자리에 머무르는 안락함 대신 성장이 주는 기분 좋은 불편함을 기꺼이 껴안겠다고 약속하라. 그리고 당신을 이끌어 줄 멘토를 찾겠다고 약속하라. 살다 보면 일이 틀어지는 순간이 반드시 올 것이다. 그럴 때마다 스스로에게 이렇게 물어라. '이 실수를 발판 삼아 나는 무엇을 만들어 낼 것인가?' 이 단순한 질문 하나가 성장과 자기 혁신, 전환, 그리고 새로운 기회라는 무궁무진한 가능성의 문을 열어 줄 것이다. 단순히 실수에서 배우는 데 그치지 말고, 그 실수를 당신의 목표 달성을 위한 강력한 도구로 활용하라.

인생의 다음 챕터는 실수를 피하는 법이 아니라, 그것을 온몸으로 받아들이는 과정으로 채워질 것이다. 결코 쉬운 일은 아니지만 확언하건대, 당신은 마주하는 모든 실수를 양분 삼아 더 강인한 사람으로 거듭날 것이다.

지금이 바로 당신의 순간이다. 위험을 감수하고 눈부신 실수를 저지를 기회이자, 좌절을 발판 삼아 역전의 드라마를 쓸 기회다.

완벽을 기다리지 마라. 그런 순간은 결코 오지 않는다.

허락을 기다리지 마라. 권한은 이미 당신의 손에 있다.

확신을 기다리지 마라. 유일한 확신은 그 무엇도 확실하지 않다는 사실뿐이다.

그러니 당신에게 기분 좋은 도전을 제안한다. 과감하게 실수하라. 대담해져라. 용기 있게 행동하라. 삶을 뒤바꿀 변화의 열쇠는 당신의 손에 쥐어져 있다. 실수는 상상조차 못 할 만큼 당신을 더 강하고, 현명하며, 유능한 사람으로 버려 낼 것이다. 언젠가 지나온 길을 돌아보며, 그 여정에서 마주한 모든 실수에 감사하고 축하할 날이 오리라 믿어 의심치 않는다.

기억하라. 실수는 끝이 아니라 시작이다!

감사의 말

《미스테이크 밀리어네어》가 세상의 빛을 보기까지의 과정은 배움과 웃음, 그리고 당연히 수많은 실수로 점철된 여정이었다. 그 여정 속에서 내가 단 하나 완벽하게 해낸 일이 있다면, 나의 비전을 현실로 바꿔 준 최고의 팀을 만난 것이다.

2023년 처음 집필을 결심했을 때, 나는 준비가 100퍼센트 되지 않은 상태였다. 하지만 머릿속에 70퍼센트 정도 채워진 아이디어만으로도 시작하기에 충분했다. 그때부터 여정의 발걸음마다 나를 이끌어 줄 적임자들을 찾아 나섰고, 이 책에 힘을 보태 준 모든 분께 깊은 감사를 전한다.

평생의 동반자이자 가장 든든한 지지자인 남편 존에게, 당신의 변함없는 사랑과 격려에 고마움을 전한다. 당신을 만난 건 내가 평생 가장 잘한 선택이다. 그리고 사랑하는 네 아이들 엘과 존, 빌과 잭. 너희의 사랑과 호기심, 그리고 맑은 웃음은 매일 나를 깨어 있게 하는 영감의 원천이란다.

실수가 나를 만들기 훨씬 전부터 사랑과 지혜로 나를 빚어 주신 부모님께, 회복 탄력성과 노력이 무엇인지 몸소 보여 주셔서 감사합니다. 언제나 생각의 길잡이가 되어 주고 꼭 필요한 조언을 건네주는 쌍둥이 언니 트레이시, 그리고 늘 내 편에서 따뜻한 응원을 보내 주는 오빠 마크에게도 고마운 마음을 전한다.

이 책의 잠재력을 처음부터 알아봐 주신 맷 홀트(Matt Holt)와 벤벨라 북스(BenBella Books) 출판사의 뛰어난 팀원 케이티 딕먼(Katie Dickman), 제시카 리크(Jessika Rieck), 모건 카(Morgan Carr), 아리엘 주잇(Ariel Jewett), 레이철 페어스(Rachel Phares), 브리짓 피어슨(Brigid Pearson)께 진심으로 감사드린다.

소중한 집필 파트너인 리브 아우어바흐(Liv Auerbach)와 스티브 데니스(Steve Dennis)에게도 고마움을 전한다. 두 사람의 재능은 이 책의 모든 페이지에 녹아 있다. 여러분이 없었다면 나는 결코 마침표를 찍지 못했을 것이며, 제정신을 유지하지도 못했을 것이다. 또한 각 장마다 소중한 피드백을 남겨 주신 어머니와 전문가다운 정확함으로 원고를 세심히 다듬어 준 더그 와그너(Doug Wagner)에게도 특별히 감사를 전한다.

제시 가드너(Jessie Gardner)에게, 이 책의 디자인과 마케팅, 그리고 전체적인 분위기를 구성해 준 당신의 천재적인 감각에 경의를 표한다. 당신의 아이디어와 열정이 이 책에 생명력을 불어넣었다.

영감이 필요할 때마다 언제나 내 전화를 받아 준 크리스 버치에게, 비즈니스와 인생을 아우르는 당신의 지혜는 내게 무엇보다 소중한 무기가 되었다.

서문을 써 준 것은 물론, 현장 안팎에서 한계를 뛰어넘도록 이끌어 준 마크 랜돌프에게, 당신의 우정과 지도에 깊이 감사한다.

사라제인, 트리샤, 캐리(Cari), 어맨다에게, 너희의 우정과 이야기, 그리고 끝없는 지지 덕분에 내가 얼마나 운이 좋은 사람인지 매일 깨닫곤 한다.

이 책의 든든한 지원군이 되어 준 스티븐 파워(Stephen Power), 케빈 앤더슨(Kevin Anderson), 리 모로(Lee Moreau)에게, 꼼꼼한 편집 지도와 더불어 내가 길을 잃지 않고 완주할 수 있게 도와주어서 감사한다.

내 여정에 함께해 준 수많은 친척, 친구, 파트너, 투자자, 멘토 여러분께, 일일이 이름을 거론하진 못하지만 스스로 내게 어떤 존재인지 누구보다 잘 알고 있으리라 믿는다. 여러분의 지지와 격려, 그리고 지혜는 내게 세상 그 자체였다.

마지막으로 독자 여러분께, 당신은 내가 이 책을 쓴 유일한 이유다. 소셜 미디어, 콘퍼런스, 비즈니스 행사, 또는 공통의 인연 등 어떤 경로로 나를 만났든, 이 페이지들을 넘기는 데 시간을 써 준 당신에게 깊은 경의를 표한다. 이 책이 당신에게 실수는 막다른 길이 아니라 성공을 향한 자신만의 길임을 깨닫게 해 주는 작은 이정표가 되길 바란다.

주석

1 어맨다 루게리(Amanda Ruggeri), 〈완벽주의의 위험한 이면〉, BBC, 2018년 2월 21일, https://www.bbc.com/future/article/20180219-toxic-perfectionism-is-on-the-rise.

2 세스 J. 길리한(Seth J. Gillihan), 〈걱정은 얼마나 자주 현실이 되는가?〉, Psychology Today, 2019년 7월 19일, https://www.psychologytoday.com/us/blog/think-act-be/201907/how-often-do-your-worries-actually-come-true.

3 〈선택지가 많을 때 결정이 더 힘든 이유는 무엇일까?〉, The Decision Lab, 2024년 5월 28일 접속, https://thedecisionlab.com/biases/choice-overload-bias.

4 그랜트 A. 피냐티엘로(Grant A. Pignatiello) 외, 〈결정 피로: 개념적 분석〉, Journal of Health Psychology, 25권 1호, 2018년 3월 23일, https://pubmed.ncbi.nlm.nih.gov/29569950/.

5 〈브레인워크: 신경 가소성의 힘〉, Cleveland Clinic, 2023년 12월 13일, https://health.clevelandclinic.org/neuroplasticity.

6 리차 칼라(Richa Kalra), 〈아이들은 생각보다 일찍 평판을 관리하기 시작한다: 연구 결과〉" ABC 뉴스, 2018년 8월 27일, https://abcnews.go.com/Health/children-care-reputations-earlier-thought-study/story?id=57403548.

7 〈도움 요청은 어렵지만, 사람들은 생각보다 더 돕고 싶어 한다〉, Stanford Report, 2022년 9월 8일, https://news.stanford.edu/stories/2022/09/asking-help-hard-people-want-help-realize.

8 루이스 E. 로메로(Luis E. Romero), 〈리더십에서 취약성이 지니는 힘〉, Forbes, 2023년 3월 8일, https://www.forbes.com/sites/luisromero/2023/03/08/the-power-of-vulnerability-in-leadership-experts-say-authenticity-and-honesty-can-move-people-and-achieve-results/.

9 〈실패에 관한 스티브 잡스의 조언(빌 휼렛에게 전화한 일화)〉, Silicon Valley Historical Association, YouTube, 2011년 10월 31일 게시, https://www.youtube.com/watch?v=zkTf0LmDqKI.

10 케이트 머피(Kate Murphy), 〈두려움에 대한 우리의 원초적 반응을 능가하기〉, New York Times, 2017년 10월 26일, https://www.nytimes.com/2017/10/26/well/live/fear-anxiety-therapy.html.

11 위의 글, New York Times.

12 〈경기장 안의 투사〉, 시어도어 루스벨트(Theodore Roosevelt), 1910년 4월 23일, Theodore Roosevelt Center, https://www.theodorerooseveltcenter.org/encyclopedia/Culture-and-Society/Man-in-the-Arena/

13 로라 후앙(Laura Huang), 〈중요한 결정에서 직감을 믿어도 좋을 때〉, Harvard Business Review, 2019년 10월 22일, https://hbr.org/2019/10/when-its-ok-to-trust-your-gut-on-a-big-decision.

14 〈월터 아이작슨의 스티브 잡스〉, 아룬 칸트(Arun Kant), Soulveda, 2018년 4월 19일, https://www.soulveda.com/books/steve-jobs-by-walter-isaacson/.

15 에스터 페렐(Esther Perel), 〈우정을 끝내는 법〉, Instagram video, 2024년 4월 10일, @estherperelofficial.

16 토머스 C. 콜리(Thomas C. Corley), 〈5년간 자수성가한 백만장자 177명을 연구하며 배운 부자들의 친구 선택법〉, Thrive Global, 2020년 1월 31일, https://community.thriveglobal.com/studied-self-made-millionaires-learned-rich-people-choose-their-friends-differently-wisdom-wealth/.

17 스테파니 보자(Stephanie Vozza), 〈자수성가한 백만장자들의 7가지 습관〉, Fast Company, 2015년 11월 16일, https://www.fastcompany.com/3052770/7-habits-of-self-made-millionaires.

18 〈비즈니스 성장에 필요한 멘토링 통계〉, Upnotch, 2024년 4월 4일, https://www.upnotch.com/post/mentorship-statistics-you-and-your-business-need-to-know.

19 재키 맥멀런(Jackie MacMullan), 〈코비 브라이언트를 빚어낸 놀라운 멘토들〉, ESPN, 2020년 4월 5일, https://www.espn.com/nba/story/_/id/15193525/jordan-russell-kareem-even-king-pop-astonishing-mentors-shaped-kobe-bryant.

20 〈복잡한 문제 해결에서 집단은 개인보다 뛰어난 성과를 낸다〉, American Psychological Association, 2006년, https://www.apa.org/news/press/releases/2006/04/group.

21 노스웨스턴 뮤추얼(Northwestern Mutual), 〈미국 성인들은 위험 감수보다 안정을 선호한다〉, PR Newswire, 2019년 12월 11일, https://www.prnewswire.com/news-releases/us-adults-prefer-playing-it-safe-rather-than-taking-risks-with-their-money-careers-and-social-lives-300972273.html.

22 그렉 이아쿠르치(Greg Iacurci), 〈이직자의 임금 인상률은 평균 10%에 달한다〉, CNBC, 2022년 8월 2일, https://www.cnbc.com/2022/08/02/typical-job-switcher-got-a-pay-raise-of-nearly-10percent-study-finds.html.

23 라케시 코차르(Rakesh Kochhar), 킴 파커(Kim Parker), 루스 이겔닉(Ruth Igielnik), 〈이직을 선택한 미국 노동자 대다수가 실질 임금 상승을 경험하고 있다〉, Pew Research Center, CNBC, 2022년 7월 28일, https://www.pewresearch.org/social-trends/2022/07/28/majority-of-u-s-workers-changing-jobs-are-seeing-real-wage-gains/l.

24 샬럿 니커슨(Charlotte Nickerson), 〈각성과 성과에 관한 예르크스-도드슨 법칙〉, Simply Psychology, 2023년 11월 9일, https://www.simplypsychology.org/what-is-the-yerkes-dodson-law.html.

25 트레이시 퍼덤(Traci Purdum) 편, 〈연구 결과: 신규 채용 인력의 절반 가까이가 실패한다〉, IndustryWeek, 2005년 10월 4일, https://www.industryweek.com/the-economy/public-policy/article/21949369/study-nearly-half-of-new-hires-fail.

26 에바 드 몰(Eva de Mol), 〈성공적인 스타트업 팀의 조건〉, Harvard Business Review, 2019년 3월 21일, https://hbr.org/2019/03/what-makes-a-successful-startup-team.

27 오언 휴스(Owen Hughes), 〈단순한 인재 부족 문제가 아니다: 잘못된 인재를 채용하고 있는 고용주들〉, ZDNet, 2022년 4월 29일, https://www.zdnet.com/article/its-not-just-a-talent-shortage-employers-admit-theyre-hiring-the-wrong-people/.

28 마르와 아자브(Marwa Azab) 박사, 〈가면 증후군의 역사〉, Psychology Today, 2023년 8월 22일, https://www.psychologytoday.com/us/blog/neuroscience-in-everyday-life/202308/the-history-of-imposter-syndrome.

29 〈시각화: 마음속 영화관이 지닌 힘〉, Ball Is Psych, 2019년 1월 24일, https://www.ballispsych.com/post/visualization-the-power-of-the-movie-theater-in-your-mind.

30 데이비드 코린(David Coreen), 〈목표 달성 뒤에 숨겨진 과학〉, Davron, 2024년 1월 19일, https://www.davron.net/the-science-behind-goal-achievement/.

31 제프 헤이든(Jeff Haden), 〈46년 전, 애플 공동 창업자가 놓친 750억 달러의 기회〉, Inc., 2022년 4월 4일, https://www.inc.com/jeff-haden/46-years-ago-this-forgotten-apple-co-founder-left-an-estimated-75-billion-on-table.html.

32 스티븐 킹(Stephen King), 〈내가 쓰레기통에 던져 버린 베스트셀러 '캐리'〉, The Guardian, 2000년 9월 17일, https://www.theguardian.com/books/2000/sep/17/stephenking.fiction.

33 〈미국 피부과학회 발표 피부암 발생 통계(2024)〉, the American Academy of Dermatology, https://www.aad.org/media/stats-skin-cancer.

34 〈사무실에서 공감 능력을 발휘해도 좋은 이유〉, American Society of Administrative Professionals, 2023년 3월 19일, https://www.asaporg.com/articles/when-is-it-appropriate-to-be-empathic-in-your-office/

35 테드 루빈(Ted Rubin), 〈관계 수익률(ROR)의 기초〉, Ted Rubin Straight Talk, 2023년 8월 12일, https://tedrubin.com/return-on-relationship-basics/.

미스테이크 밀리어네어

초판 1쇄 발행 2026년 04월 22일

지은이 킴 퍼럴
옮긴이 이동희
펴낸이 김상현

콘텐츠사업본부장 유재선
출판팀장 전수현   **편집** 심재헌 윤정기 이경미   **디자인** 김예리
마케팅팀장 엄재욱   **IMC파트** 남소현 이영섭 배성경
미디어파트 김예은 정선영 정영원 정수아
경영지원 이관행 김준하 안지선 김지우

펴낸곳 (주)필름
등록번호 제2019-000002호   **등록일자** 2019년 01월 08일
주소 서울시 영등포구 영등포로 150, 생각공장 당산 A1409
전화 070-4141-8210   **팩스** 070-7614-8226
이메일 book@feelmgroup.com

필름출판사 '우리의 이야기는 영화다'

우리는 작가의 문체와 색을 온전하게 담아낼 수 있는 방법을 고민하며 책을 펴내고 있습니다.
스쳐가는 일상을 기록하는 당신의 시선 그리고 시선 속 삶의 풍경을 책에 상영하고 싶습니다.

홈페이지 feelmgroup.com   **인스타그램** instagram.com/feelmbook

ISBN 979-11-24468-07-4 (03190)